Karlheinz Weißmann

Karlheinz Weißmann

HERDER / SPEKTRUM

Band 4045

Das Buch

Druiden, Goden, Weise Frauen: Europas alte Religionen faszinieren zunehmend die Vorstellungskraft von Menschen. Sie versprechen eine neue Nähe zu Erde und Natur. Und sie fungieren auch als Wegweiser in eine Ganzheitlichkeit, die verspricht, Rationales und Irrationales zu integrieren.
Hinter den Mythologisierungen von scheinbar „alten", vorchristlichen Religonen, der Rückbesinnung auf das Germanen- und Keltentum, verbergen sich nicht selten extreme Ideologien, die auch in die Nähe des äußersten rechten politischen Spektrums geraten. Die Phänomene sind aber vielschichtiger und weiter verbreitet. Karlheinz Weißmann analysiert die Anziehungskraft dieser neu aufbrechenden Kulte, die Mischungsverhältnisse von völkischem, mythologischem, feministischem und grünem Denken und deckt ihre Hintergründe auf. Er macht aber auch deutlich, welche Sehnsüchte in solch vielfältigem Hang zum Irrationalen wirksam sind. Sein Buch ist eine spannende Lektüre dessen, was im religösen Untergrund geschieht.

Der Autor

Karlheinz Weißmann, geboren 1959, ist Historiker und hat mit einer Arbeit über die politische Symbolik der deutschen Rechten promoviert (Schwarze Fahnen, Runenzeichen, Düsseldorf 1991). Er lebt in Göttingen.

Karlheinz Weißmann

Druiden, Goden, Weise Frauen

Zurück zu Europas alten Göttern

Herder
Freiburg · Basel · Wien

Originalausgabe

Herstellung Freiburger Graphische Betriebe 1991
Umschlaggestaltung: Joseph Pölzelbauer
Umschlagmotiv: Alois Hanslian, SIG-Rune
ISBN 3-451-04045-X

Inhalt

gemeinde Sankt Markus Sießen

nachmittag
dvent

Einladung

Vorwort

„Nicht in kalten Marmorsteinen,
nicht in Tempeln, dumpf und tot,
in den frischen Eichenhainen
webt und rauscht der deutsche Gott."

Dieser Vers Ludwig Uhlands wird in jedem Leser bestimmte Assoziationen auslösen, positive wie negative. Das Wort vom „deutschen Gott" mag ein unbehagliches Gefühl hinterlassen, doch die Vorstellung, daß das Göttliche zum Natürlichen gehört, trifft immer noch eine verbreitete, als „unschuldig" begriffene Empfindung, – man hat die Deutschen nicht umsonst „geborene Pantheisten" genannt.

Dieses, Buch beschäftigt sich mit Ideen und den Trägern von Ideen, die sich in der Konsequenz jener Rede vom „deutschen Gott" oder vom „Natur-Glauben" als „Heiden" bezeichnen. Es behandelt ein Thema, das nur gelegentlich in die öffentliche Diskussion eindringt, aber doch Religion und Weltanschauung, sogar die Politik mitbestimmt hat und vielleicht wieder mitbestimmen kann. Hier sollen grundsätzliche Fragen geklärt werden, aber es geht auch darum, Traditionen nachzuzeichnen, in denen die verschiedenen Gemeinschaften und Einzelgänger stehen, die Brüche der Überlieferung, die Neuansätze. Die Darstellung bewegt sich dabei oft auf schwankendem Grund, den jeder betritt, der seine Aufmerksamkeit der nicht-etablierten, der Sub-Kultur widmet. Der Verfasser hat sich bemüht, Irrtümer zu vermeiden und mit Wertungen zurückzuhalten, ohne die eigene Position zu verleugnen. Das Buch enthält deshalb auch eine Reihe längerer Zitate, die zwar den fortlaufenden Text unterbrechen, aber dazu beitragen mögen, das „Neu-Heidentum" selbst und ungefiltert zu Wort kommen zu lassen.

Der Verfasser möchte an dieser Stelle allen denjenigen seinen Dank aussprechen, ohne deren Mithilfe das Buch nicht zustande gekommen wäre. Zuerst ist hier Dr. Hans Thomas Hakl (Graz) zu nennen, der in großzügiger Weise seine Bibliothek und sein Archiv zur Verfügung stellte, zahlreiche wichtige Hinweise gab und sich die Zeit nahm, in ausführlichem Gespräch einzelne Punkte einer Klärung näherzubringen. Für die Überlassung von Material und die Weitergabe von wichtigen Informationen bin ich außerdem Dr. Henning Eichberg (Odense) und Dr. Armin Mohler (München) verpflichtet. Schließlich danke ich für die Durchsicht und Kommentierung wichtiger Manuskriptteile Michael Großheim (Kiel) und Christian Bendrath (München).

Wolfenbüttel, im Frühjahr 1991

I. Kapitel: *Das Thema*

Regenpfeifer

Durch die Innenstadt von Worms zieht eine seltsame Familie, Mann und Frau bekleidet mit hemdartigen Wämsern und wollenen Umhängen, ein Barett auf dem Kopf, Doppelaxt oder Schwert über der Schulter. Ein skurriles Bild, dessen Merkwürdigkeit noch durch die Kinder, die die Jeans und Anoraks der Zeit tragen, vergrößert wird. Das Ehepaar Hoch hat den Rückzug aus der Gegenwart angetreten und kehrte in der Sozialbauwohnung zur keltischen Vorgeschichte zurück. Als Saruman und Ancalamie gaben die Eheleute ihre Arbeitsstellen auf, liefern sich statt dessen Schaukämpfe im Hain, heilen ihre Krankheiten mit Kräutern statt Pillen, trinken Met statt Bier und wollen kein Weihnachten oder Pfingsten mehr kennen, sondern feiern am Hausaltar oder an heiliger Stätte für die alten Götter Sonnenwende und Neumond.

Anläßlich des im Juni 1990 begangenen „Tages der Erde" versammelte sich in Hamburg eine Frauengruppe. Ihre Mitglieder pflanzten mehrere Linden ein, um gegen die wachsende Umweltzerstörung zu protestieren und ein Zeichen der Hoffnung für die Natur zu setzen. Sie wählten „die Linde als den Baum der germanischen Göttin Freya [...], die zuständig war für Wohlstand und Liebe. Lindenblüten sind ein allgemein bekanntes Heilmittel gegen Erkältungskrankheiten, und somit wollen wir die Linden auch als eine symbolische ‚Arznei' gegen die emotionale Erstarrung unseres Verhältnisses zur Natur durch die Verdinglichung von Tieren, Pflanzen und Mineralien einsetzen."[1]

Im August desselben Jahres konnten sich die Verehrer Friedrich Nietzsches in der Noch-DDR zum ersten Mal ungehindert am Grab des Philosophen versammeln, um seines Todestages zu gedenken. In den Zeiten des alten Regimes war das nur unter Schwierigkeiten möglich gewesen, der „bürgerliche" Denker gehörte zu den Gebannten, stand als Wegbereiter des „Faschismus" unter Verdacht. Nun trafen sich Schriftsteller, Dichter, Einzelgänger ohne die gewohnten Befürchtungen im sächsischen Dorf Röcken. In Ermangelung eines anderen Raumes fand die Feierstunde in der kleinen Kirche des Ortes statt; aber der Inhalt der Ansprache eines Dortmunder Professors hatte dann wenig oder nichts mit Christentum zu tun. Statt dessen wurde Nietzsches Wendung zur „persönlichen Form der Naturreligiosität bzw. Naturfrömmigkeit"[2] Ausgangspunkt für den Versuch einer Aktualisierung: Der „Antichrist" als Vordenker einer heidnischen Ökologie, eines ökologischen Heidentums.

Ebenfalls im Sommer 1990 mußte die britische Polizei die vorgeschichtliche Kultstätte von Stonehenge sperren, um den mächtigen Steinkreis vor Tausenden von Hippies zu schützen, die dort – wie schon in den Jahren zuvor – die Sommersonnenwende feiern wollten. Es gelang, die Gruppen in das benachbarte Glastonbury abzudrängen, in dessen Nähe sich ein keltisches Heiligtum befindet und das als sagenhafter Todesort des Königs Artus gilt. 70 000 Menschen sollen dort an einem Festival teilgenommen haben.

Neuerdings dringen Nachrichten in den Westen, daß sich die Anhänger der nationalistischen und antisemitischen Bewegung „Pamjat" in der Sowjetunion nur zum Teil auf den überlieferten großrussischen Patriotismus, auf die Verbindung von Zarentum und orthodoxer Kirche berufen, daß es in ihren Reihen auch viele gibt, die das Christentum für eine Form jüdischer Infiltration in die ursprüngliche slawische Kultur halten, und die Rückkehr zu den heidnischen Göttern Perun und Dash fordern.[3]

Was hat das alles miteinander zu tun? Wird hier nicht Belangloses aufgebauscht, ein Zusammenhang zwischen Unzusammenhängendem hergestellt? Berechtigte Fragen. Ohne Zweifel kann man aus solchen marginalen Notizen in der Presse noch nicht ableiten, daß in der nächsten Zeit mit einer Wiedergeburt des Heidentums, vielleicht sogar mit der Verdrängung der christlichen Kirchen durch naturreligiöse Gemeinschaften zu rechnen ist. Aber man sollte merkwürdige Symptome auch nicht einfach übersehen. Schließlich haben weder die Theologie noch die Gesellschaftswissenschaften oder die Meinungsforscher überhaupt vorausgesehen, daß dieses Jahrhundert mit einer Neubelebung der Religion und der religiösen Konflikte enden wird.

Es sei deshalb hier noch eine Stimme aus dem Lager der eher bürgerlichen und seriösen „Freireligiösen Gemeinschaft", einer der größeren nichtchristlichen Konfessionen in der Bundesrepublik Deutschland, zitiert: „Während bald zwei Jahrtausenden verstand man unter Heidentum etwas Böses, mindestens etwas Minderwertiges: Finsternis, Irrglaube, Unsinn oder gar etwas Dämonisches. Heute hat sich das Blatt gewendet; Heidentum ist wieder ›in‹, wird positiv beurteilt, zunehmend positiver als das Christentum [...]. Man kann es auch so darstellen: Befand sich nach früheren Vorstellungen das Heidentum in der Dunkelzone, das Christentum in der Lichtzone, so ist es heute bald umgekehrt."[4]

Christentum und Heidentum

Das Wort „Heide" hat eigentlich nur Sinn, wenn man es auf das Christentum bzw. das Judentum oder – was für unseren Zusammenhang keine Rolle spielt – den Islam bezieht. Es handelt sich also zuerst um eine negative Bezeichnung. Der Heide ist per definitionem der Nicht-Christ oder Nicht-Jude, der deshalb vom Heil Ausgeschlossene. Eine Vorstellung, die auf das engste mit dem jüdischen und christlichen Offenbarungsglauben und dem Monotheismus zusammenhängt, denn nur der formuliert das exklusive „Ich bin der Herr dein Gott [...] Du sollst nicht andere Götter haben neben mir" (Ex 20,2f.)

Solche Ausschließlichkeit kannte und kennt das Heidentum nicht. Sein Polytheismus war insofern tolerant, als ihm die Verehrung anderer Götter gleichgültig sein konnte. Intoleranz kannte das Heidentum nur im Politischen; die heidnischen Kultgenossen sahen für gewöhnlich allein ihre Gemeinschaft als „Menschheit" an, die „Feinde", deren Gott sich in der Niederlage als schwach erwiesen hatte, wurden nicht nur unterworfen, man zerstörte auch ihre Heiligtümer und die Bilder ihrer Götter. Als der „Heide" Cäsar die keltischen Druiden ächtete und tötete, tat er es aus politischen Erwägungen, um den gallischen Widerstand zu brechen, aber auch, um die Überlegenheit der Götter Roms unter Beweis zu stellen.

Nun ist an dem alten Wortlaut der Zehn Gebote – „Ich bin der Herr dein Gott [...] Du sollst nicht andere Götter haben neben mir." – noch erkennbar, daß Israel ursprünglich die Existenz der übrigen Götter nicht in Frage stellte. Fremde Völker mochten diese Götter verehren, die Hebräer aber mußten Jahwe dienen („Ihr sollt mein Volk sein, und ich will euer Gott sein." Ex 6,7). Erst ganz allmählich hat sich der Gedanke ausgebildet, daß dieser Jahwe nicht nur ein besonders mächtiger Stammes- oder Nationalgott sei, sondern daß es außer ihm keine anderen Götter gäbe. Die Propheten wurden zu den eindrucksvollen Verfechtern eines solchen universalen Monotheismus, für den die Götter, an die die anderen glaubten, nur „Nichtse" waren; wie Gott durch Jesaja sprach: „Ich bin Jahwe, und sonst keiner mehr, kein Gott ist außer mir" (Jes. 45,5). Die Anhänger der „Götzen" konnte man als „gojim", also Heiden, wegen ihrer Dummheit verachten.

Es ist sicherlich nicht zu behaupten, daß die Juden das einzige zum Monotheismus begabte Volk waren oder sind. In zahlreichen Religionen gab und gibt es monotheistische Tendenzen, die Neigung, einen Gott aus der Vielzahl über alle anderen zu stellen oder die vielen in dem einen zu verschmelzen („Henotheismus"). Daneben wäre auf die religiöse Revolution des Pharaos Echnaton im Ägypten des 2. vorchristlichen Jahrtausends und auf die Lehre des iranischen Propheten Zoroaster, auf die philosophischen Spekulationen der Griechen Platon, Aristoteles, Xenophanes und die Schule der Stoa zu verweisen. Aber niemals wurde dem Gedanken wie in Israel auf so radikale Weise Raum gegeben.

Auf der Suche nach einer Ursache für diesen außergewöhnlichen Zug in der hebräischen Religiosität hat man häufig die beduinische Lebensweise der Erzväter ausgemacht: sie besaßen „eine ausgeprägte Neigung zum abstrakten, bildlosen Denken, das sich in der kahlen, leeren, weiten Einöde besonders leicht entwickelt", für sie „gab es nur einen einzigen unbildhaften Gott, der sich selbst an den anthropomorphsten Stellen der Bibel nie zur sichtbaren Gestalt verdichtet. Immer bleibt er Stimme, manchmal aus einer Flamme heraus erschallend, manchmal – vor allem später, bei den Propheten – in Form eines inneren Befehls wahrnehmbar. Von allem Anfang an muß Abraham gespürt haben, daß eine solche Gottesvorstellung nur in der Steppe ausreifen konnte [...] umgeben von Städtern und Bauern mit ihren vielen Götzen des Haines, des Hauses, der Stadt und des Landes war Abraham, religiös betrachtet, ein Fremdling."[5]

Der strenge Monotheisemus also als der Glaube, der in der Wüste entstand, die Propheten seine Verkünder, die wie Mose immer wieder in die Einöde gingen, um ihrem Gott nahe zu sein. Insofern war das „Heidentum" auch etwas, das mit der die Sinne gefangennehmenden Vitalität der Natur zu tun hatte. Seit der Landnahme, dem Übergang der Israeliten vom Nomadentum zur Seßhaftigkeit in Kanaan, stand das Volk des einen Gottes vor der Versuchung, einem Fruchtbarkeitskult des Baal oder der Astarte zu verfallen, wie ihm die einheimischen Bauern anhingen. Denn der Heide ist in gewisser Weise immer „paganus", ein Mensch des Landes, für den sich das Numinose in der Natur offenbart. In den großen Kreisläufen des Jahres vollzieht sich auch das Leben der Götter: bei den Kanaanäern tötete im Herbst der finstere Mot den Himmelskönig Baal, für ein halbes Jahr mußte er in der Unterwelt bleiben, bis ihn seine Schwester Anat befreite, zum Beginn des Frühjahrs erstand er auf, vollzog mit Anat die geschlechtliche Vereinigung, durch die das Leben in die Vegetation zurückkehrte. Der Zyklus der Zeit, die ewige Wiederkehr der mythischen Ereignisse aus der Frühe, ist heidnisch, so wie der Glaube, für den Bäume, Quellen, Felsen, Wind, „alles voller Götter" (Thales von Milet) ist. Heidentum bleibt immer polytheistisch, Heidentum muß „dezentrierte Religion"[6] sein, in der sich die Heiligkeit auf alles beziehen kann.

Dagegen war der Glaube Israels im vollen Sinne „konzentriert", auf den einen Gott konzentriert, Folge einer außerordentlichen geistigen Anstrengung; eine Abstraktion ohne Zweifel, nicht „natürlich" wie das Heidentum. Und deshalb mußte der Versuch, das Göttliche in der Natur zu sehen, immer als Abwendung von Jahwe gelten. Für die Hebräer hatte Gott die Natur zwar geschaffen und dem Menschen zu verantwortungsvoller Herrschaft übergeben, die Natur mochte Gott auch als Medium seines Handelns dienen, aber seine Offenbarung fand in der Geschichte statt, einmalig, unwiederholbar, nicht in den natürlichen Abläufen der Jahreszeiten, der Vegetation, der menschlichen Lebensalter. In seinem Credo sprach Israel eben nicht vom Schöpfungsakt, sondern bekannte Jahwe allein als den Herrn der Geschichte.

Das Christentum hat diese Sichtweise aufgenommen, wenn der Apostel Paulus sich gegen die Verwechslung von „Schöpfer" und „Geschöpf" (Röm 1,25) und damit gegen jene „heidnische Frömmigkeit" wandte, in der sich „der Mensch der Gewalt der die Welt durchwaltenden Mächte als der geheimnisvollen göttlichen Wirklichkeit hingibt"[7] In der auf die Verbreitung des Glaubens an den einzigen Gott gerichteten Mission und der Fortführung dieser gegen die Vergöttlichung der Natur gerichteten Tradition liegt der geistige Konflikt zwischen Christentum und Heidentum eigentlich begründet.

Der Untergrund des christlichen Abendlandes

Auch wenn es durchaus sinnvoll sein kann, von „Christentum" und „Heidentum" in einem abstrakten Sinne zu sprechen, bleibt doch die Tatsache bestehen, daß beide historisch nur als sehr konkret geformte Erscheinungen aufgetreten sind. Dabei darf die ältere Redeweise vom „christlichen Europa" nicht darüber hinwegtäuschen, daß das Heidnische auch nach der „Konstantinischen Wende" niemals ganz verdrängt wurde. Ein Tatbestand, der vor allem mit der „aufsaugenden Kraft"[8] des Christentums zusammenhängt. Die Verschmelzung biblischer und außerbiblischer Vorstellungen war eine der wesentlichen Ursachen für die überraschenden Erfolge, die die Mission errang. Die neue Religion hatte nicht nur den alten Kulten, der Philosophie, den Rechtsvorstellungen und der politischen Ordnung des römischen Imperiums ihren Absolutheitsanspruch entgegengestellt, sie konnte sich auch alle diese Größen einverleiben – und sie verwandeln. Das „Heidentum" hatte seine Vitalität verbraucht, es war Zeit für etwas Neues, das Christentum konnte dieses Neue sein.

Das Christentum der Spätantike war sicherlich eine Synthese. Aber es trat dem verbliebenen Heidentum doch als Einheit gegenüber. Und es verkörperte jetzt auch die römische Kultur, und die „Barbaren", die Rom den Untergang brachten, wußten sich seiner Wirkung und dem Einfluß der überlegenen Zivilisation nicht zu entziehen. Nur verschwand das Heidentum der jungen Völker ebensowenig vollständig wie das des Hellenismus. Als diese sich bekehrten, enstanden weitere Legierungen, und in einzelnen Fällen konnte Paganes fast unberührt im Untergrund des Mittelalters weiterexistieren.

Welche der beiden Entwicklungen sich vollzog, hing vor allem von der Art der Mission ab. Entgegen einer heute verbreiteten Auffassung, ist diese keineswegs grundsätzlich gewaltsam durchgeführt worden. Zumindest im ganzen gallo-römischen Bereich, in Irland und England kann man von einer allmählichen Durchdringung der älteren religiösen Vorstellungen mit der neuen Lehre ausgehen. Sehr unterschiedlich war die Entwicklung bei den Germanen. Während die Goten schon im 4. Jahrhundert zum Christentum übertraten und bei den Franken vor allem die politischen Erwägungen ihrer Häuptlinge und Könige einen raschen Übergang förderten, haben Stämme wie die Sachsen und Friesen, vor allem aber die Nordgermanen sehr hartnäckig an ihren heidnischen Vorstellungen festgehalten. Erstere wurden gewaltsam bekehrt, in Skandinavien bestand der alte Glaube bis zum Beschluß des Allthings auf Island im Jahre 1000 und noch bis zum 13. Jahrhundert in Teilen Schwedens fort. Eine ähnlich unübersichtliche Situation findet sich bei den slawischen und baltischen Völkern Ostmittel- und Osteuropas. Auch hier gab es nebeneinander den freiwilligen Übertritt, die Taufe der Fürsten aus Kalkül und die gewaltsame Bekehrung vor allem der Stämme im Ostseeraum. Mehr oder minder außer Betracht bleibt, aufgrund der Besetzung durch die Araber, die Iberische Halbinsel.

Will man festhalten, in welchem Verhältnis heidnische Überlieferung und der neue christliche Glaube standen, müssen sorgfältig verschiedene Bereiche getrennt werden. Am deutlichsten dürfte der Sieg des Christentums in bezug auf die entwickelten theologischen Vorstellungen ausgefallen sein. Von einer Übergangszeit abgesehen – etwa im von Karl dem Großen unterworfenen Sachsen –, hat es im Mittelalter praktisch keine Verehrung der germanischen, keltischen, römischen Hochgötter mehr gegeben. Zum Teil wurden sie von der Kirche „getauft", d. h. in Heiligengestalten verwandelt. So spricht manches dafür, daß bei den Deutschen im Drachentöter St. Michael der den Fenriswolf bekämpfende Odin, bei den Norwegern in St. Olav mit der Axt der Hammerwerfer Thor weiterlebte. Auch daß die besonders intensive Marien-Verehrung der Basken mit dem vorchristlichen Kult einer Muttergottheit zusammenhing, scheint plausibel. Weiter darf man bestimmte „parareligiöse Phänomene"[9] des Mittelalters, wie das Sakralkönigtum und die Weihe des Ritters, literarisch die Artus-Romane und die Grals-Dichtung als neu gefaßte, aber ursprünglich heidnische Elemente betrachten.

Seine eigentliche Sphäre hatte das überlebende Heidentum in der Volksfrömmigkeit. In den gerade missionierten Gebieten der Germanen hielt sich noch länger der Brauch, die Toten zu verbrennen oder Wodan anzurufen. Die Kirche mußte die alten Götter erst zu „Unholden" – so die sächsische Abschwörformel – erklären. Allerdings darf man die entsprechenden Berichte auch nicht überbewerten. In jedem Fall ist der „Glaubenswechsel" zuerst ein „Kultwechsel"; für eine gewisse Übergangszeit – aus einer „allgemeinen traditionalistischen Einstellung und Pietät gegen die Sitte, die Religion der Vorfahren"[10] – bleiben ältere Formen noch erhalten, ohne daß auf eine echte Konservierung des Heidentums geschlossen werden darf. Andererseits hat auch später die Einbindung der Bauern in den Wechsel der Jahreszeiten, die zyklische Wiederkehr von Aussaat und Ernte, fast wie selbstverständlich zur Fortdauer von Vorstellungen geführt, für die sich das Göttliche in der Natur zeigte. Vielfach kam die Kirche dem entgegen, duldete oder christianisierte heidnische Praxis. Der Ackersegen des Priesters wurde wie jede andere sakramentale Handlung zauberisch (miß)verstanden, das Verhältnis zu den Heiligen, die man um Schutz und Fürsprache anflehte, hatte magischen und „Vertragscharakter"[11] insofern, als die Bauern dem Patron eine Gabe für den Fall versprachen, daß er helfe.

Und noch außerhalb dieser halbchristlichen, halb-heidnischen Ebene lebte eine Reihe von völlig paganen Vorstellungen weiter. Der italienische Historiker Carlo Ginzburg hat auf eine fast kriminalistisch anmutende Weise die Existenz „einer untergründigen eurasischen Einheit mythologischer Vorstellungen"[12] rekonstruiert, deren Wurzeln wahrscheinlich bis in die Jungsteinzeit zurückreichen. Vermittelt durch die skythischen Stämme bildete sich schon in der Antike ein Komplex primitiver religiöser Praktiken aus, der wahrscheinlich schamanistischen Ursprungs war. Dessen wichtigste Elemente bildeten Totenkult, Trance und Verwandlungszauber. Hierher gehörte die Gewohnheit, in den zwölf „geweihten Nächten" zwischen Weihnachten und Epiphaniae den Verstorbenen oder den (ursprünglich keltischen) drei „Matrones" Schalen mit Nahrung aufzustellen. Hierher gehörten die norditalienischen „Benandanti", die, mit Fenchelzweigen bewaffnet, gegen die „Malandanti" um die Ernte „kämpften", hierher die Frauen, die der Herrin „Richella", „Oriente", „Diana" oder „Herodias" folgten, die Männer, die als „Werwölfe" für „Christus" stritten. Alte Vorstellungen von der Fähigkeit, durch magische Praxis zum Tier zu werden, in die „andere Welt" der Toten einzugehen und dort für die Lebenden aufzutreten, Fruchtbarkeitskult und Volksmedizin lebten in den Köpfen vieler einfacher Menschen des Mittelalters weiter.

Mit „Hexerei", wie sie dann die christliche Kirche verstand, hatte das alles ursprünglich nur wenig zu tun. Die Hexe, die germanische „hagazussa", die „Zaunreiterin", d. h. diejenige, die auf dem „Zaun", der Grenze zwischen Diesseits und Jenseits, sitzt, war wie der Hexer eigentlich mehr mit „weißer" als mit „schwarzer" Magie befaßt. Auch die Heiden, vor allem die Germanen, kannten eine strenge Bestrafung (Verbrennung) derjenigen, die zauberische Fähigkeiten zum Nachteil des Mitmenschen gebrauchten.[13] Erst in der spätmittelalterlichen Kirche bildete sich ein förmlicher Verschwörungswahn, der von der Existenz einer „Hexensekte" ausging, die in dieser Form sicherlich niemals bestanden hat. Das Stereotyp des „Hexensabbats", aus Teufelsverehrung, sexueller Ausschweifung, Kannibalismus und „maleficium", war vor allem eine Wiederaufnahme der seit jeher den Ketzern vorgeworfenen Vergehen. Die meisten der Verdächtigungen hatte eine feindliche heidnische Umwelt auch gegen das junge Christentum erhoben.

II. Kapitel: *Die Apostaten*

Der Ursprung des Konflikts

Für das allgemeine Bewußtsein beginnt die Geschichte des „christlichen Abendlandes" 313 mit dem Sieg Konstantins an der Milvischen Brücke. Dadurch wurde das Christentum, bis dahin nur „erlaubte Religion" unter anderen, zur privilegierten Konfession im Römischen Reich. Trotz der lange unklaren persönlichen Haltung Konstantins – er erhielt die Taufe wohl erst auf dem Sterbebett – nahm so eine Entwicklung ihren Anfang, die am Ende des Jahrhunderts, unter Kaiser Theodosius, in der Errichtung des Staatskirchentums vollendet werden sollte.

Allerdings vollzieht sich die Geschichte selten ohne Ab- und Umwege. Kaiser Julian, der „Abtrünnige" (für die christliche Theologie lange die Verkörperung des „Antichrist"), unternahm in der Mitte des 4. Jahrhunderts den Versuch, die alten Götter zu restaurieren. Aber die Vorstellungen des „Apostata" waren unklar, gemischt aus der Philosophie des griechischen Neuplatonismus und orientalischen Mysterienkulten und der Verehrung des Sonnengottes Helios als Erlöser. Julian setzte zwar die aus ihren Heiligtümern vertriebenen Priester wieder ein und ließ die alten Riten vollziehen, aber das Leben wollte nicht in die frühere Form zurückkehren. Er erneuerte die Vorwürfe, die schon Celsus zwei Jahrhunderte zuvor gegen die Christen erhoben hatte, daß sie politisch unzuverlässig seien, da sie ihrem Gott mehr gehorchen wollten als dem Staat, daß ihre Religion, die das Leiden verklärte, häßlich sei. Aber die große Mehrheit der Bevölkerung hatte sich der Kirche schon zugewandt. Als Julian 363 starb, war die „heidnische Partei" Roms an ihrem Ende, selbst viele aus den vornehmen senatorischen Geschlechtern nahmen jetzt den neuen Glauben an. Und in der Kapelle von Esra, einem früheren heidnischen Tempel, der dann dem heiligen Georg geweiht wurde, findet sich eine Inschrift mit folgendem Wortlaut:

„Zum Hause Gottes wurde der Tummelplatz der Dämonen.
Licht des Heiles erstrahlt, wo Finsternis alles umhüllte.
Am Platz der schwelenden Götzenopfer wohnen nun die Chöre der Engel.
Wo Gott ehemals erzürnte, erklingen nun flehende Bitten."

Die Wiedergeburt der olympischen Götterm aus dem Geist der Kunst

Der Sieg des Christentums schien vollkommen. Und der neue Herr war unduldsam in seinem Triumph. Was an den alten Glauben erinnerte, wurde vernichtet, Tempel und Altäre eingeebnet, Statuen zerschlagen oder entstellt, Manuskripte verbrannt. Was in der Religiosität des einfachen Volkes überlebte, blieb oft verworren, der entwickelte Teil der heidnischen Religion, schon lange in Verfall, ging völlig zugrunde. Die Götter Roms und Griechenlands kamen in der Lehre der Kirche oft nur als Ausgeburten der Hölle vor.

Nach dem Tod des Julian Apostata vergingen mehr als tausend Jahre, bevor die olympischen Götter wieder Anziehungskraft auf Europa ausüben konnten. Aber sowenig die italienische Renaissance einer Rückkehr in das Altertum gleichkam, sowenig darf ihre Berufung auf die alten Gottheiten immer wörtlich genommen werden. Als 1513 der Medici Leo X. den Heiligen Stuhl bestieg, begrüßte ihn in Rom ein Triumphbogen mit den Sätzen: „Unter [Papst] Alexander hat Venus regiert, unter [Papst] Julius Mars; nun ist die göttliche Pallas zu uns herniedergestiegen." – Eher ein Hinweis auf die religiöse Indifferenz des Oberhauptes der katholischen Kirche als darauf, daß der Papst daran gedacht hätte, den heidnischen Kult wiederzubeleben.

Jacob Burckhardt sprach davon, daß die Religiosität der italienischen Renaissance vor allem gekennzeichnet war vom „Aufhören der wesentlichen christlichen Dogmen"[14], die das stellvertretende Leiden Christi, die Auferstehung, das Fortleben der Seele nach dem Tode und das Jüngste Gericht betrafen. Neben einem rationalistischen Unglauben verbreitete sich bei Künstlern und Intellektuellen ein „Theismus" oder „Deismus", d. h., es schwand der Glaube an den persönlichen Gott. Eine unpersönliche göttliche Kraft sahen diese Männer noch wirksam in der Natur, in den schöpferischen Fähigkeiten des Menschen. Aus dieser Richtung wurde auch die Kritik an der angeblichen Lebensfeindlichkeit des Christentums formuliert. Ein Einwand, den schon die antike Philosophie erhoben hatte, und wie eine Neuformulierung des Celsus klingt das Plädoyer Machiavellis für das „politische Heidentum" in Gestalt einer patriotischen Religion.

Das Heidentum der Renaissance konnte durchaus an kirchlichen Formen festhalten, füllte sie aber mit neuem Inhalt. Sein Protest gegen das Christentum war vor allem ästhetischer Natur und schuf eine geistige Tradition, die bis in die Gegenwart reicht. Eine Überlieferung, die sich auf den französischen Philosophen Voltaire ebenso berufen kann wie auf den britischen Historiker Gibbon. In Deutschland darf man Hölderlin, in gewissem Sinne Schiller und – als den wichtigsten – Goethe nennen. Denn obwohl die religiösen Auffassungen Goethes schwankten, wird man wohl die Formulierung, er, Goethe, sei „ein dezidierter Nichtchrist" (an Lavater am 29. Juli 1782), ein „alter Heide" (an Jacobi am 11. Januar 1808), ernst zu nehmen haben. Seine Haltung vertrug sich mit der Wertschätzung für die Person Christi. Aber Goethes „Pantheismus", für den vor allem die Natur von der göttlichen „Kraft" durchwirkt war, seine Suche nach dem Ebenmaß des Klassischen, die an Schönheit und Harmonie orientierte Auffassung der Kunst mußte mit der Lehre vom Gekreuzigten fast zwangsläufig in Konflikt geraten; in der Kirche stand man solcher "Weltlichkeit" immer mit einem gewissen Mißtrauen gegenüber:

„Und der alten Götter bunt Gewimmel
Hat sogleich das stille Haus geleert.
Unsichtbar wird Einer nur im Himmel,
Und ein Heiland wird am Kreuz verehrt;
Opfer fallen hier,
Weder Lamm noch Stier,
Aber Menschenopfer unerhört."[15]

In der zitierten Passage aus der „Braut von Korinth" klingt nicht nur der Einwand gegen die „Entgötterung" der Welt und die Abstraktheit des Monotheismus nach, angeschlagen wird auch das Thema des Widerspruchs zwischen der Sanftheit der Lehre Jesu und der Unduldsamkeit seiner Kirche. Eine Vorstellung, die später noch bei anderen „Neuheiden" wiederkehren sollte.

Der Antichrist

In vieler Hinsicht hat Goethe die Leitmotive gegeben, an denen sich zukünftig die intellektuelle Kritik des Christentums orientieren konnte. Selbst bei Nietzsche, dessen aufklärerische Instinkte weiter gingen, dessen Vorstellung von „Natur" wesentlich weniger harmonisch war und der die rauschhaften und archaischen Züge der Antike mehr zu schätzen wußte als die klassischen, blieb dieser Einfluß noch spürbar. So heißt es an einer der zahlreichen Stellen, die Nietzsches „Fluch gegen das Christentum" enthalten: „Das Christentum hat die Partei alles Schwachen, Niedrigen, Mißratnen genommen, es hat ein Ideal aus dem Widerspruch gegen die Erhaltungs-Instinkte des starken Lebens gemacht; es hat die Vernunft selbst der geistig stärksten Naturen verdorben, indem es die obersten Werte der Geistigkeit als sündhaft, als irreführend, als Versuchungen empfinden lehrte" (Der Antichrist, 5). Nietzsches „Übermensch", der nur „der Erde treu" sein sollte, frei von „Gewissen" und „Erlösungssehnsucht", das „herrliche Raubtier", steht ohne Zweifel im schärfsten Widerspruch zu christlichen Vorstellungen. Immerhin finden sich bei Nietzsche auch Worte von tiefer Schönheit über Jesus, von dessen „Martyrium des Wissens um die Liebe" (Jenseits von Gut und Böse, 269).

Nietzsches Heidentum hat begeisterte Anhänger gefunden, und seine glühendsten Verehrer dachten sogar daran, den Philosophen selbst zum Gott zu erheben. Jedenfalls gab es seit der Jahrhundertwende Pläne des Kreises um die Gebrüder Horneffer, die Leiche Nietzsches nach Weimar zu überführen und in einer Kultstätte mit Tempel und Stadion nach antikem Vorbild beizusetzen.[16] Dort sollte nicht nur das Gedächtnis des Heros in Lesung und

Drama wachgehalten werden, man wollte eine neue Liturgie und eine neue religiöse Symbolik (Adler und Schlange) schaffen, die von Nietzsche verherrlichte Körperlichkeit des Menschen würde ihren Anteil in athletischen Wettkämpfen erhalten. Die Liste derjenigen Männer, die bereit waren, das Vorhaben zu unterstützen, liest sich eindrucksvoll: Gabriele d'Annunzio, Maurice Barrès, Anatole France, André Gide, Gerhart Hauptmann, Hugo von Hofmannsthal, Harry Graf Kessler, Gustav Mahler, Charles Maurras, Edvard Munch, Walter Rathenau, Richard Strauss, H. G. Wells. Der Erste Weltkrieg machte allen Träumen ein Ende.

Häufig verband sich bei den „Nietzscheanern" die Kritik des Christentums auch mit einer politischen Kritik; ein Thema, das bei Nietzsche nur angedeutet, aber durchaus vorhanden war: „Ein Volk, das noch an sich selbst glaubt, hat auch noch seinen eignen Gott. In ihm verehrt es die Bedingungen, durch die es obenauf ist, seine Tugenden – es projiziert seine Lust an sich, sein Machtgefühl in ein Wesen, dem man dafür danken kann" (Der Antichrist, 16). Immerhin blieb das nur eine Seitenlinie der Argumentation, Nietzsche war zu sehr Philosoph wie Goethe zu sehr Dichter war, um an eine praktische Reorganisation der antiken Religion zu denken. Die Versuche, die auf diesem Feld im ausgehenden 18. und im 19. Jahrhundert gemacht wurden, hätten kaum ihren Beifall gefunden. Am bekanntesten dürfte die Einführung des Vernunft-Kultes bzw. die Verehrung des „Höchsten Wesens" während der Französischen Revolution sein. Die Republik wollte ursprünglich nur die katholische Kirche in die völlige Abhängigkeit zwingen, entschloß sich dann aber zur Vernichtung des Christentums, um es durch eine nationale Konfession zu ersetzen, was ebenso an Ideen Machiavellis wie Rousseaus erinnert. Dabei spielte nicht nur der aufklärerische Affekt gegen die alte Lehre, sondern vor allem das Vorbild Roms für die Revolutionäre eine wichtige Rolle. Die christliche Zeitrechnung wurde deshalb ebenso abgeschafft wie die alten Monats- und Tagesnamen. Die Religion sollte ausdrücklich „vernünftig" und „natürlich" sein. Schon aus diesem Grunde schien es unmöglich, der neuen Gottheit den Namen einer antiken zu geben. Immerhin profanierte man die Kirchen und weihte sie dem „Höchsten Wesen". Seine Verehrung wurde bis hin zu Feiertagen und

Liturgie organisiert, aber das Ganze fand keinerlei Anklang in der Bevölkerung. – Ähnlich wäre es ohne Zweifel auch allen anderen Religionen aus der „Retorte" ergangen, wie sie im 19. Jahrhundert der italienische Nationalist Mazzini oder der französische Sozialist Saint-Simon erdachten.

Germanische Renaissance

> „Enkel, Krieg! ich beschwör euch bei Siegmars Schwert und bei meinem,
> Aber cheruskischer Krieg!
> Dennoch ist Friede die schönste der Lösungen. Lasset von Hlyn euch
> Führen, von Freya zum Wagen im Hain!
> Nossa gürte sich, führe voran die blutigen
> Wodan, Thorr und Tyr in den Hain!"[17]

Die Zeilen stammen aus einem Gedicht, das Friedrich Gottlieb Klopstock 1794 unter der Überschrift „Hermann aus Walhalla" veröffentlichte. Die poetische Grundidee lag darin, daß der Cheruskerfürst Arminius, „Hermann", aus dem Jenseits zurückkehrte, um die Deutschen vor einem Angriffskrieg gegen das revolutionäre Frankreich zu warnen. Zwar habe sich das „ehmals freie Frankreich" im Augenblick von den großen Ideen des Jahres 1789 abgekehrt und werde eine Gefahr für Deutschland, und eine Verteidigung gegen den Feind sei geboten, aber zur Aggression solle sich niemand verleiten lassen, Friedensangebot und Defensive, das sei der „deutschere Plan".

Die alten Germanen als das Volk, das die Freiheit und Unabhängigkeit über alles liebte, waren seit der Zeit des Humanismus, der die „Germania" des Tacitus wiederentdeckt hatte, ein Leitbild derjenigen innerhalb der deutschen Intelligenz, die für eine politische Erneuerung des zerfallenden Reiches und der Nationalkultur eintraten, von Hutten über die „Barockpatrioten" des 17. Jahrhunderts bis hin zu dem genannten Klopstock. Und selbst ein Franzose wie Montesquieu glaubte, die Idee der Freiheit sei in den Wäldern Germaniens geboren worden, und

Thomas Jefferson schlug 1776 vor, das Siegel der Vereinigten Staaten solle folgende Inschrift tragen: „Die Kinder Israel in der Wüste, des Tages von einer Wolke, des Nachts von einer Feuersäule geführt, und auf der anderen Seite Hengist und Horsa, die sächsischen Häuptlinge, von denen wir die Ehre haben, abzustammen und deren politische Grundsätze und Regierungsform wir übernommen haben."[18]

Der germanische als Freiheits-Mythos kam im allgemeinen ohne besondere Glaubensvorstellungen aus. Die Begeisterung für Sittenstrenge und rousseauische Einfachheit der Vorfahren war sein eigentlicher Antrieb. Allerdings führte das historische Interesse des 18. Jahrhunderts bald nicht nur zur Klärung bestimmter Fehlurteile über die Germanen, dadurch wurde auch der Blick auf deren Religion gelenkt. Die in den 1790er Jahren und danach entstehenden Zeitschriften für eine patriotische Altertumskunde, „Bragur", „Braga und Hermode", „Idunna", enthielten zahlreiche Beiträge zu diesem Thema. – Dabei hatte das wachsende Bewußtsein der Geschichtlichkeit und der geschichtlichen Relativität der Kulturen, also auch der christlich-abendländischen, durchaus Folgen für die Bewertung der altgermanischen Religion. Eine neue Betrachtungsweise, die sich leicht mit einem Vorwurf aufklärerischer Kirchenkritik, dem der zwangsweisen Mission, verbinden konnte. Selbst bei dem evangelischen Theologen Herder finden sich Anzeichen für ein gewisses Unbehagen an der Bekehrungspraxis, das durch seine romantische Hochschätzung der Vergangenheit noch verstärkt wurde. Mit Bezug auf die „nordischen Reiche" hieß es in den „Ideen zur Philosophie der Geschichte der Menschheit": „Was sollten auch diesen Völkern auf ihren nordischen Inseln oder Bergen jene Glaubensartikel und kanonische Lehrsätze eines hierarchischen Systems, das alle Sagen ihrer Vorfahren umwarf, die Sitten ihres Stammes untergrub, und sie bei ihres Landes Armut zu zollenden Sklaven eines geistlichen Hofes im fernen Italien machte? Ihrer Sprache und Denkart war Odins Religion so einverleibt, daß, so lange noch eine Spur des Andenkens von ihm blieb, kein Christentum aufkommen konnte [...]."[19]

Herder hat daraus nicht die Folgerung gezogen, daß die Mission als solche verfehlt gewesen sei. Aber es gab doch schon vereinzelte

Stimmen, die diese schärfere Konsequenz einforderten. – Wie eine Frühgeburt „völkischer" Religion wirkt das 1802 in Gotha erschienene Buch des preußischen Regierungsrates Wilhelm Reynitzsch: „Uiber Truhten [= Druiden; K. W.], Truhtensteine, Skalden, Barden und Bardenlieder, Feste, Schmäuse etc. und Gerichte der Teutschen. Nebst Urkunden." Reynitzsch verwechselte zwar (wie damals allgemein üblich) Kelten und Germanen, häufte aber viel Gelehrsamkeit auf und entwickelte Gedanken, die später in den Vorstellungen von Völkisch-Religiösen und Neuheiden immer wieder auftauchen sollten. So hielt er die Germanen für Anhänger einer monotheistischen Urreligion, die ihren Gott Tus oder Teut ganz nüchtern als geistige „Urkraft" verehrten und seine Darstellung in Bildern verboten. Die Bedeutung Odins, die Reynitzsch durchaus bekannt war, erklärte er mit Hilfe einer merkwürdigen rationalistischen Konstruktion: „Meister von diesen Goten war Odin (Vodha) der Held, der mit einem Haufen tapferer Männer, Asen, Assen = Hanßen [von „Hans"! K.W.] 125. Jahr vor der christlichen Zeitrechnung einen Zug durch mehrere Länder (Rußland) nahm, und endlich im Norden einwanderte, den die Römer, ich weis nicht woher, Scandinavia nannten. [...] Durch Tapferkeit, weise Gesetze, Gebräuche und besondere fromme Lehrmeynungen, macht' er und seine Hannßen sich ehrwürdig, wurde nebst seiner Frau, Fraw, Freja (Frigga – die Freudige) vergöttert [...]."[20] Doch wandte sich Reynitzsch nicht hauptsächlich gegen solchen älteren „Aberglauben", sondern gegen die Unnatürlichkeit der Lehren „römischer Pfaffheit" wie gegen die Einführung des wankelmütigen jüdischen „Jehovah" in Deutschland. Seine Stellung zur „Glaubensvertauschung"[21] infolge der christlichen Mission war zwiespältig, schien ihm doch der Glaube an Teut am ehesten dem aufgeklärten Ideal „natürlicher Religion" zu entsprechen („Nur die angewandte Vernunft ist die göttliche Urkunde ohne Buchstaben"[22]). Aber bloß in einer Anmerkung findet sich seine Zukunftsvision von einer Vereinigung des altgermanischen und des neuen religiösen Rationalismus: „Doch, – das große Werk der Erlösung aus den Ketten des christl. Aberglaubens, und der Unduldsamkeit, scheint seiner Vollbringung jetzt immer näher zu kommen. Denn wir leben ja im Jahrhundert des siegenden

Menschenverstandes, wo die lästigen Fesseln des Geistes wieder abgenommen und die Denkkraft frey ist: dann können wir froh seyn, daß wir Tüstonen, daß wir Teutsche sind, und wunniglich das gemeinschaftliche Bardenlied anstimmen:

Dir nur Gott Tüs! allein dir,
Bringen unsre Seufzer wir,
Dir, dem Vater der Natur,
Tönen unsre Lieder nur."[23]

Für Reynitzsch waren alle Mißstände, von dere Unterdrückung der Frauen bis zum Niedergang der alten Volksfeste, vom Knechtsgeist bis zum Mangel an aufgeklärter Gesinnung, eine Folge religiöser Überfremdung. In dieser Auffassung folgten ihm zu seiner Zeit allerdings nur wenige. Selbst für die Mitglieder des 1772 gegründeten Göttinger „Hainbundes", die sich an der Rede vom deutschen Wald und an den Monumenten der Vorfahren berauschten und den „teutonischen" Dichter-Gott Bragur feierten, waren das nur Metaphern. Und auch bei Klopstock wirken Hlyn, Nossa, Wodan, Thor und Tyr eher wie Staffage, sie ersetzten offenbar die griechischen Götter, die im ausgehenden 18. Jahrhundert an solcher Stelle sonst zu finden waren.

Die meisten haben die Frage nach ddem Recht des christlichen Glaubens gegenüber „Odins Heldenreligion" wie Herder und nach ihm Arndt, Jahn oder Jakob Grimm dahingehend beantwortet, daß das Christentum den Germanen – trotz aller Widrigkeiten – innerlich gemäß gewesen sei, daß „nur der germanische Geist [...] zum Wiederauffassen des Urchristentums geschickt"[24] war. Die Vorstellung von der Verschmelzung von „Deutschheit" und Christlichkeit erklärt auch die Rede vom „deutschen Gott", der „Eisen wachsen ließ" und sein Volk in den „heiligen Krieg" gegen den Unterdrücker Napoleon führte. Noch die Höhenfeuer, die man nach dem Sieg in der Völkerschlacht bei Leipzig entzündete, und die zahlreichen großartigen Denkmalspläne in Erinnerung an den Kampf sollten beides sein: „echt germanisch" und „echt christlich".[25]

Zum Vergleich: „Nordische" und „Keltische Renaissance"

In der Französnischen Revolution wie in der frühen deutschen Nationalbewegung verbanden sich politische und religiöse Erneuerungsvorstellungen. Aber während in Frankreich entsprechende Versuche wie erwähnt immer sehr abstrakt und dementsprechend wirkungslos blieben, berührten sich die Impulse in Deutschland mit der ganz lebendigen Frömmigkeit der protestantischen Erweckung am Beginn des 19. Jahrhunderts. Selbst das, was hier an naturreligiösen Empfindungen enthalten sein mochte, wurde schließlich christianisiert; wenn da ein heidnischer Rest blieb, trat er jedenfalls kaum ins Bewußtsein.

Vergleichbare Entwicklungen gab es in Europa nur noch an zwei anderen Stellen: in den nordischen Staaten und in Großbritannien. In Skandinavien sprach man von einer „Nordischen Renaissance", die Anregungen aus der deutschen Romantik und aus den eigenen humanistischen Traditionen empfing. In zahlreichen Dichtungen haben die Dänen Johannes Ewald und Adam Oehlenschläger sowie die Schweden Erik Gustav Geijer und Tegner nicht nur die germanische Vorzeit wiederaufleben lassen, sondern vor allem auch den Widerstreit von Christentum und Heidentum thematisiert. 1809 wurde sogar ein „Gotischer Bund" gegründet, der allerdings eher antiquarische als nationalpädagogische Interessen entwickelte. Ganz im Gegensatz zu dem dänischen Theologen Nicolai Frederik Severin Grundtvig, dessen kurz darauf erschienener Band „Nordens Mytologi" zum Volksbuch wurde und in Dänemark dazu beitrug, daß man die germanische Frühzeit als Teil der eigenen Geschichte zu begreifen begann. Für ihn war der Glaube der Vorfahren „die herrlichste Form, unter der sich irgend ein Mensch das Ewige und seine Modifikation in der Zeit vorgestellt hat. Was daran fehlt, das konnte ihr kein Sterblicher geben, und Ragnarök wäre gekommen, wäre nicht ein reinerer Sohn von Allvater herniedergestiegen auf die verlangende Erde [...]."[26] Auch bei Grundtvig versöhnten sich also Christentum und Heidentum, „Allvater" Odin war nur der unerkannte Vater Jesu Christi. Wie in Deutschland blieb in der „Nordischen Renaissance" der Rückgriff auf die alten Götter für gewöhnlich ornamental, selbst in der

Staatshymne des dänischen Königreiches durfte Freya zur Zeugin angerufen werden.[27]

Einen wesentlichen Einfluß auf die deutschen wie die skandinavischen Anhänger einer Erneuerung der germanischen Überlieferung übten die sog. „Ossianischen Gesänge" aus. 1762 und 1763 veröffentlichte der schottische Schriftsteller James MacPherson Gedichte, die er dem keltischen Barden Ossian, der im 3. Jahrhundert nach Christus gelebt haben soll, zuschrieb. Obwohl die Werke bald als patriotisch motivierte Fälschung erkannt wurden, war ihre Wirkung erheblich, standen sie doch im Zusammenhang mit einer kulturellen Bewegung in Großbritannien und Frankreich, die durchaus als „Keltische Renaissance" bezeichnet werden kann. Auch hier spielten neben historischem Interesse und der Suche der keltischen Restbevölkerungen von Irland, Schottland, Wales und der Bretagne nach einer eigenen nationalen Identität, religiöse Vorstellungen eine Rolle. Die traten vor allem in dem Versuch, das Druidentum wiederzubeleben, deutlich hervor.

Bereits 1717 hatte John Toland, ein irischer Freidenker (bekannt geworden durch seine Schrift „Christianity not Mysterious"), in London den sog. „Ancient Druid Order" gegründet, der in enger Verbindung zur Freimaurerei stand und sich vor allem der Diskussion philosophischer Ziele widmete. Toland selbst hing einem Pantheismus an, der „Orden" war in religiösen Fragen tolerant, aber indifferent, ein wirklicher Rückbezug auf keltische Überlieferung läßt sich kaum erkennen. Der 1781 entstandene „Ancient Order of Druids" hatte einen ganz ähnlichen Zuschnitt, Doppelmitgliedschaften in beiden Gruppen kamen häufiger vor.

Seinen entscheidenden Anstoß scheint der Neo-Druidismus erst durch Edward William erhalten zu haben, einen walisischen Maurer, der sich als Autodidakt eine verblüffende Kenntnis der keltischen Überlieferungen aneignete. Unter dem gälischen Namen Iolo Morganwg veröffentlichte er Gedichte und Übersetzungen alter Texte, deren Authentizität allerdings nicht immer gesichert ist. Am 21. Juni 1792, am Tag der Sommersonnenwende, berief er ein „Gorsedd" ein, eine Zusammenkunft der Barden und Druiden „im Angesicht der Sonne, des Auges des Lichtes"[28]. Er verband das „Gorsedd" später, 1819, mit den in Wales sehr populären „Eisteddfod", einem traditionellen Sängerfest. Morganwg sympathisierte mit der Französischen Revolution, und in seiner Vorstellungswelt verschmolzen gälischer Nationalismus, republikanische und pazifistische Ideen mit einer heidnischen Naturfrömmigkeit, die sich in gewisser Weise auf die Kelten berufen konnte. Mit diesem Nonkonformismus blieb er jedoch allein; die drei Männer, die nach seinem Sohn als „Erz-Druiden" die „Gorsedd" leiteten, waren anglikanische Pfarrer; die Entwicklung nahm hier einen ähnlichen Verlauf wie bei den Druiden-Orden, die immer stärker den Charakter bürgerlicher philanthropischer Vereine bekamen.

Inkubation

Es gibt für die Jahre zwischen dem Ende der Befreiungskriege und dem Ausbruch der Revolution von 1848 in Deutschland verschiedene Bezeichnungen: „Restaurationszeit", „Biedermeier", „Vormärz". Alle diese Namen haben etwas für sich, denn sie benennen eine Phase der Geschichte, die von ganz unterschiedlichen Tendenzen gekennzeichnet war: von dem Versuch der konservativen Kräfte, die nationalen und sozialen Bewegungen durch Rückgriff auf alte Ordnungsmuster zu schwächen, von dem Bedürfnis des Bürgertums nach „Ruhe und Sicherheit", Privatleben und Beschaulichkeit einerseits, von dem Wunsch seiner jungen Generation nach Änderung der Verhältnisse andererseits. Und jede der Tendenzen hatte auch ihre religiöse Entsprechung: die Romantik mit ihren katholisierenden Neigungen, der neue Pietismus, der die „Heiligung" des Alltagslebens und Innerlichkeit forderte, und schließlich bestimmte geistige Strömungen, die vom liberalen Katholizismus und Protestantismus zu einer immer stärker werdenden Entchristianisierung führten.

Für unseren Zusammenhang sind diese Bemühungen um religiöse Emanzipation entscheidend. – Das 1835 von David Friedrich Strauß veröffentlichte Buch „Das Leben Jesu, kritisch betrachtet" wurde ein Jahrhundertwerk. Strauß vertrat darin die für die Kirchen unerhörte These, daß man den Evangelien nichts historisch Beweisbares über das Leben Jesu entnehmen könne, daß deshalb die Auferstehung Christi nur als Glaubensaussage faßbar sei und kaum als Grundlage von dogmatischen Lehren dienen könne. Was hier an die Oberfläche trat, war ein Anzeichen für den viel tiefergehenden Prozeß der allmählichen Erosion kirchlichen Einflusses. Er zeigte zuerst im Bürgertum Wirkung, und wer sich daraufhin nicht ganz von der Religion abwandte und jenen „schweigsamen Atheismus"[29] der Gebildeten pflegte, der suchte nun nach einer neuen religiösen Heimat.

Der ganzen Entwicklung nach mußte eine solche Alternative in geistiger Nähe zum politischen Liberalismus entstehen. In der katholischen wie der evangelischen Kirche hatte sich als Erbe des 18. Jahrhunderts eine Form spiritueller Rationalität erhalten. Deren Vertreter gerieten während der 1840er Jahre in Konflikt mit den Amtsträgern ihrer Konfessionen, die wieder stärker auf eine Sicherung des überlieferten Glaubensgutes bedacht waren. So wurden 1841 in Reaktion auf den Pietismus die sog. „Protestantischen Freunde", bald spöttisch „Lichtfreunde" genannt, gegründet; kurze Zeit darauf, 1845, kam es zur Bildung „deutschkatholischer" Gemeinden, geführt von Priestern, die sich nicht nur gegen Reliquiendienst und Marienverehrung, sondern auch gegen den „Ultramontanismus" der nationalen Hierarchie und die autoritäre Führung durch die Bischöfe richteten. Beide Gruppierungen standen im engen Kontakt mit der patriotischen Bewegung des Vormärz. Der Führer der „Deutschkatholiken", Ronge, wollte 1849 in Norddeutschland eine Revolutionsarmee aufstellen, andere deutschkatholische Priester waren am badischen Aufstand beteiligt, zu ihren prominenten Mitgliedern gehörte auch der 1849 erschossene Robert Blum.

Infolge der engen Verbindung mit dem Liberalismus wurden nach dem Zusammenbruch der Revolution „Lichtfreunde" und „Deutschkatholiken" gleichermaßen Opfer der konservativen Reaktion. Der preußische Kultusminister äußerte den Verdacht, hier würde versucht, „die republikanisch-socialistischen Grundsätze in die Form einer freien Religion zu bringen und unter dem Deckmantel der Religionsfreiheit ihre Organisation auszubreiten"[11]. Dem Aufschwung, den die Gruppen 1848/49 erlebt hatten, folgte daher eine Zeit der Depression in den 1850er Jahren. Unter dem Druck polizeilicher und kirchlicher Verfolgung schmolzen „freie" und „deutschkatholische" Gemeinden dahin. Dabei spielte allerdings auch eine erhebliche Rolle, daß die Politisierung der Gruppen bisher die Frage nach dem positiven Gehalt ihrer Lehre verdrängt hatte. Nun traten ganz neue Bruchlinien innerhalb der Bewegungen auf, so daß 1859 nur noch eine Minderheit den Zusammenschluß zum „Bund Freireligiöser Gemeinden" vollzog. Der „Bund" löste sich rasch von allen Resten kirchlicher Dogmatik und stellte für die Zukunft eine der wichtigsten nichtchristlichen Organisationen.

Allerdings ging alle bedeutende religiöse Opposition – selbst die der Freireligiösen – in der ersten Hälfte des 19. Jahrhunderts immer noch vom Boden des Christentums aus. Es waren Einzelgänger, die sich, wie schon Reynitzsch in der Zeit vor den Befreiungskriegen, auf einen anderen – eben den „heidnischen" – Standpunkt begaben. Einige wenige Ideen dieser Männer haben sich erhalten. Auf dem Hambacher Fest von 1832, der wichtigsten Kundgebung der liberalen Nationalbewegung während des „Vormärz", gelobte ein Philipp Jakob Siebenpfeiffer „Thuisko, dem Gott der freien Deutschen", den Kampf für eine Erneuerung des Vaterlandes. Und neben Siebenpfeiffer wäre noch Harro Harring zu nennen, ein Radikaldemokrat und Sozialist, der wegen seiner revolutionären Agitation ins Exil gehen mußte und 1848 für kurze Zeit nach Deutschland, in seine friesische Heimat, zurückkehren konnte. Mit einer Ansprache rief auch er die alten Götter gegen die Mächte seiner Zeit – „Thron und Altar" – zu Hilfe: „Ich zog dahin, ein junger Skalde vom Grabe Baldurs – ahnend die Götterdämmerung der Zukunft; – daß sie dereinst zusammenstürzen werde – die Macht der Gewaltigen der Erde – die Macht der Götzen, die das Volk anbetet im Joche der Knechtschaft. Ich zog hinaus in den Kampf, ein Streiter unter dem Schutze der Walküren, hinaus in den Kampf für die Sache der unterjochten Menschheit. [...] Im unerschütterlichen Glauben an den Urgeist der Kraft, der da waltet über das Schicksal der Völker und der Menschen – stand ich aufrecht am Schafott meiner Gefährten, mit Zuversicht bauend auf Alfadurs Macht [...] auf die Götterdämmerung der Zukunft [...] daß er komme, der Tag, der die Fürsten erschreckt [...] daß er komme, der Tag, der die Völker erweckt [...] ihr Palladium der Freiheit zu retten!"[30]

Es ist mehr als fraglich, ob die Ideen und das Vokabular

Siebenpfeiffers oder Harrings von ihren Zeitgenossen verstanden wurden. Aber Heinrich Heine schrieb in diesen Jahren ahnungsvoll, daß die Christianisierung die Deutschen nicht in der ganzen Tiefe ihres Wesens erfaßt habe, und äußerte einmal – auf merkwürdige Weise hellsichtig – über die Zukunft dieses Volkes: „Die alten steinernen Götter erheben sich dann aus dem verschollenen Schutt und reiben sich den tausendjährigen Staub aus den Augen, und Thor mit dem Riesenhammer springt endlich empor und zerschlägt die gotischen Dome."[31]

III. Kapitel: *Um die Religion der Zukunft?*

Der Zerfall der „Deutschen Bewegung"

Bis zur Mitte des 19. Jahrhunderts blieben alle Diskussionen der „religiösen Frage" auf den verhältnismäßig kleinen Kreis der Gebildeten beschränkt. An eine Wirkung auf die breite Masse der Bevölkerung war nicht zu denken. Das betraf vor allem auch jene Bestrebungen, die sich außerhalb der christlichen Kirchen stellten. Die wichtigsten Denkvoraussetzungen, die für sie eine Rolle spielen mußten – geschichtliches Bewußtsein, Ideen des Rationalismus und der Aufklärung, Kenntnis abweichender Glaubensvorstellungen, etwa des „Pantheismus", durfte man nur bei wenigen vermuten.

Diese Situation änderte sich erst in der zweiten Hälfte des Jahrhunderts, und die neue Entwicklung ging einher mit dem Zerfall jener „Deutschen Bewegung", die das geistige Klima bis dahin – vor allem in Gestalt des liberalen Nationalismus – bestimmt hatte. Zuerst separierte sich deutlich der linke Flügel, die Arbeiterbewegung. Der Sozialismus nahm zwar einen Teil der Traditionen aus der „Deutschen Bewegung" auf, aber durch den Einfluß der marxistischen Lehre spielte Religion bald nur noch eine Rolle als Ziel der Kritik, als „falsches Bewußtsein". Immerhin erhielt sich für längere Zeit der religiöse „Tonfall", wenn die Sozialdemokratie sich als „Kirche der Zukunft" rühmte und es zum Mai-Feiertag hieß: „Unser Pfingstfest, zu welchem der heilige Geist des Sozialismus mit Kraft werbend durch die Lande zieht."[32]

Blieb hier die Bildersprache ganz christlich, so ist doch nicht zu übersehen, daß sich mit dem 1. Mai als „Tag der Arbeit" auch immer naturreligiöse Vorstellungen verbanden. Oft erschien die revolutionäre „Marianne" als Frühlingsgöttin, und das Proletariat feierte nicht nur die eigene Bewegung, sondern auch ausdrücklich den Beginn des neuen Lebens in der Vegetation. Eine Idee, die, durch die Faszination neuer naturwissenschaftlicher Forschungen, in der marxistisch erzogenen Arbeiterschaft lange nachgewirkt hat; noch in den 20er Jahren äußerte ein Kommunist auf die Frage nach seiner Gottesvorstellung: „Ich setze an Gottes Stelle die sich ewig verjüngende, erschaffende Natur, und ist er für mich dasselbe wie Zeus, Wotan usw., nämlich ein Sinnbild der Natur und der in ihr waltenden Kraft."[33] Selbst der Hinweis auf Wotan ist nicht so überraschend, wie man meinen sollte. Mit den Germanen verband sich auch in der Arbeiterschaft die traditionell positive Vorstellung des für seine Freiheit kämpfenden Volkes. Das Genossenschaftswesen wurde häufig mit der Thing-Versammlung der Alten in Verbindung gebracht, gelegentlich tauchten selbst auf den beliebten Mai-Postkarten germanische Götter wie die Lichtgestalt Baldur als Helfer der sozialistischen Bewegung auf, und die „Naturfreunde-Jugend" sang ein Lied mit folgendem Text:

„Auf, ihr Brüder, laßt uns wallen
In den lieben, freien Wald!
In der Eichen grünen Hallen
Kräft'ger der Gesang erschallt.
Wo die alten Väter wohnten,
Löwenstark, doch taubentreu.
Wo einst freie Adler thronten,
sich das Herz erhebet frei.
[...]
Üben dort die Kraft der Glieder,
Prüfen kühn den Mut der Brust,
Daß auf uns die Ahnen nieder
Aus Walhalla schau'n mit Lust."[34]

Diese Belege können allerdings nicht über die Tatsache hinwegtäuschen, daß die Linke sich an der Diskussion der religiösen Frage in der Zeit nach der Reichsgründung praktisch nicht mehr beteiligte. Die Impulse, die die „Deutsche Bewegung" in der ersten Hälfte des 19. Jahrhunderts freigesetzt hatte, wurden jetzt von einer Formation aufgenommen, verarbeitet und verändert, die man gemeinhin als „Völkische" bezeichnet.

Der Begriff „völkisch" hat sich erst seit den 1870er Jahren in Deutschland verbreitet, und zwar als Ersatz für das Fremdwort „national". Ein Vorgang, der schon etwas vom weltanschaulichen Gehalt der völkischen Bewegung deutlich werden läßt: sie suchte das Eigene, Unverwechselbare, dem („rassisch" verstandenen) „Volkstum" Zugehörige. Darin hatte diese Strömung ihre Vorläufer, zu denen auch Herder, Arndt und Jahn gezählt werden müssen. Doch sollte man mit der Konstruktion von Verbindungslinien eher vorsichtig sein. Denn die Völkischen des Wilhelminischen Kaiserreichs waren vor allem das Produkt einer zutiefst verunsicherten Gesellschaft. Sie suchten der Identitätskrise, die um 1890 in Deutschland in bis dahin unbekannter Weise zum Ausbruch kam, nicht durch den Entwurf einer Utopie zu begegnen – wie das die Sozialisten taten – sondern durch Orientierung an der fernsten, mythischen Vergangenheit: „Man bespöttelt uns als ‚Teutsche', wenn wir auf die Vorbilder unserer germanischen Ahnen weisen. Mit sehr viel Vorbedacht! Kaum etwas ist so stärkend für ein Geschlecht als die Erinnerung an seine Vergangenheit. Nicht nur fühlt es sich durch den Stolz auf die Leistung seiner Vorfahren erhoben, nicht nur fühlen sich alle lebenden Abkömmlinge des Stammes durch die gemeinsamen Ahnen verbunden: sondern sie holen sich auch aus der Wesensart der lebenskräftigen Vorfahren Richtlinien für ihre Einstellung in der weniger zielsicheren Gegenwart. [...] Selbst wenn jene Idealgestalten nicht die gewesen sein sollten, als die wir sie heute ansehen wollen, so müssen wir dennoch unsere Vorstellungen von einer idealen Verkörperung unseres Volkstums in eine solche Entfernung schieben, daß sie jeder bemäkelnden Kritik unerreichbar sind."[35]

Die völkische Bewegung in Deutschland war nichts weniger als ein einheitliches Gebilde. Es grassierte ein „Häuptlingswahn"[36], der verhinderte, daß vor dem Ersten Weltkrieg auch nur eine funktionsfähige Partei organisiert werden konnte, ihre zahllosen Bünde, Logen, Orden und Zirkel sowie ihre Zeitschriften verfolgten ganz unterschiedliche Ziele. Die reichten von der Förderung der germanischen Altertumskunde über Reformbestrebungen auf den Gebieten Ernährung, Bekleidung, Alkohol- und Tabakgenuß, Architektur, Pflege des Heimat- und Naturschutzgedankens bis zu „Frei-Körper-Kultur" und „Rassenhygiene". Letzteres bildete in gewissem Sinne das Ferment der ganzen Bewegung, denn Rassentheorien und Sozialdarwinismus hatten in der Endphase des 19. Jahrhunderts einen ganz außerordentlichen Stellenwert gewonnen; als wissenschaftliches Erklärungsmuster ebenso wie als Heilslehre.

Ohne Zweifel waren die Völkischen in allen ihren Teilen religiös interessiert. Doch gab es auch auf diesem Gebiet keine gemeinsame Richtung; man orientierte sich sowohl an okkulten und astrologischen Praktiken wie an einem ethischen Monotheismus, an der leidlich religiös gefärbten Rationalität der Positivisten oder an einem völkisch „reformierten" Christentum.

Germanisierung des Christentums?

Bereits 1878 erschien ein Essay des Kulturphilosophen Paul de Lagarde mit dem Titel „Die Religion der Zukunft". Lagarde war ein sehr eigenwilliger Denker, bei dem sich die aufklärerische Tradition Kants und Lessings mit romantischen Lehren verband, der von Irrationalismus und Dogma nichts wissen wollte, sondern die Kirche allein als Lehrerin der Ethik sah, dem Antisemitismus und die Forderung nach geistiger Freiheit vereinbar vorkamen, der gegen Jesuiten und Vatikan ebenso polemisierte wie gegen Luther, den er als unfähig erkannte, die notwendige religiöse Reform in Deutschland durchzusetzen. In dem erwähnten Aufsatz Lagardes hieß es an einer Stelle: „Der Weg ist klar vorgezeichnet. Der Jesuitismus muß die Kirche, deren Firma er führt, und die an der germanischen Nationalität zugrunde gegangen ist, aus einer römisch-katholischen zu einer universalkatholischen machen wollen: ich glaube, daß er diese Aufgabe jetzt völlig begriffen hat, und an ihrer Ausführung arbeitet. Die germanischen Völker hingegen haben die Religion mit ihrer Nationalität in Beziehung zu setzen: denn der Protestantismus hat, was er erreicht, nur durch die germanische Naturanlage der ihm Zugefallenen erreicht, und die Stellung gegen Rom ist die natürliche, wenn nicht Christen, sondern Germanen kämpfen wollen. Weltreligion im Singulare und nationale Religionen im Plurale, das sind die Programmworte der beiden Gegner."[37]

„Weltreligion" versus „nationale Religion", das würde allerdings das Thema sein, das die im weitesten Sinne theologische Diskussion der Jahre zwischen dem Generationenwechsel von 1890 und dem Ausbruch des Ersten Weltkrieges bestimmen sollte. Für eine gewisse Zeit bemühte man sich noch, die Alternative durch ein Sowohl-Als-auch zu umgehen. Vor allem im „Wagner-Kreis", der sich um den Komponisten und dann um seine Witwe Cosima in Bayreuth gebildet hatte, gab es entsprechende Versuche. Wagner selbst nahm in seinen Schriften zu religiösen Fragen Stellung. Dabei spielten einige Gedanken des Philosophen Arthur Schopenhauer eine wichtige Rolle; 1851 hatte der in „Parerga und Paralipomena" geschrieben: „Wir dürfen daher hoffen, daß einst auch Europa von aller jüdischen Mythologie gereinigt sein wird. Das Jahrhundert ist vielleicht herangerückt, in welchem die aus Asien stammenden Völker japhetitischen Sprachstammes [= die Indoeuropäer; K. W.] auch die heiligen Religionen der Heimat wieder erhalten werden: denn sie sind, nach langer Verirrung, für dieselben wieder reif geworden" (Kapitel VIII).

Wagner übernahm vor allem Schopenhauers Entgegensetzung von „jüdischem" Optimismus und „arischem" Pessimismus, aber er suchte letztlich nach einer Synthese zwischen germanischer Überlieferung und biblischer Botschaft. Dabei war ihm vor allem die Herkunft des Alten Testamentes anstößig, so daß es – um der „Reinheit" des „Evangeliums" willen – aus dem Kanon ausgeschieden und praktisch durch eine neue deutsche Mythologie ersetzt wurde. Die Opern Wagners waren auch ein Ausdruck dieses „christlich-germanischen" Geistes. Geringer blieb die Schwierigkeit für die Wagnerianer, die die Gestalt Jesu betraf: man deutete die geheimnisvollen Umstände der Jungfrauengeburt beispielsweise so, als habe damit nur die uneheliche Herkunft Jesu – der der Sohn eines römischen (also „arischen") Legionärs war – verschleiert werden sollen (eigentlich ein Thema der spätantiken Polemik gegen das Christentum). In seinem außerordentlich erfolgreichen Werk „Die Grundlagen des 19. Jahrhunderts" brachte Houston Stewart Chamberlain, der Schwiegersohn Wagners, diese Vorstellungen ins System. Es handelte sich um eine geschickte Synthese, die den Erfordernissen der Rationalität (Skepsis gegenüber Wundererzählungen, Jesus als – „arischer" – Galiläer gegen die Juden) ebenso genügen konnte wie einem völlig individualisierten Glauben (Hochschätzung des Johannes-Evangeliums, Jesus selbst als „Gottsucher"). Immerhin hielt Chamberlain, anders als viele seiner Epigonen, sowohl an der Erlösung durch den Kreuzestod wie am Sündenbegriff fest. Mit dem außerordentlichen Erfolg der „Grundlagen" wurden solche Gedanken in breite Schichten des deutschen Bürgertums getragen.

Obwohl man hier in vielem keine letzte Klarheit erreichte, hat doch der Versuch einer bewußten neuen Verschmelzung von „Germanentum" und „Christentum" praktisch immer dazu geführt, dem „Germanischen", völkisch-religiösen Element ein Übergewicht zu verschaffen. Das selbst dann, wenn dem Anspruch des Christentums formal Genüge getan wurde; so auch bei Hans von Wolzogen, dem neben Chamberlain wohl bedeutendsten Kopf aus dem Wagner-Kreis: „Der Adelstolz des reinen Blutes ist in der Geschichte der Racenmischungen längst zu eitel Dunst verflogen: wir sehen das Arierthum nur noch in dieser grossen Verderbniss und in den einzelnen daraus sich erhebenden Wundererscheinungen, durch welche das Ideal uns zur Person, und der Glaube an die Race in das Reich des Religiösen erhoben wird. Wollen wir Germanen sein, so seien wir Brüder untereinander: Brüder nicht mehr nur im heidnischen Sinne aneinandergeketteter Wehrmänner der Schlacht, sondern im christlichen Sinne jener gemeinsamen Uneigennützigkeit und Opferfreudigkeit, jener edelsten arischen Treue, nun als der frommen Treue zu dem heiligsten Herzoge aller Kreuzfahrer, dem Heiland des Leidens, dem Gott-Erlöser."[38]

Eher ungewollt verstärkte der liberale Protestantismus diese allmähliche Transformation des Christentums. Die Neigung zu Historisierung, Ethisierung und Rationalisierung führte fast zwangsläufig dahin, daß der christliche Glaube jeden Anspruch auf Absolutheit einbüßte. Friedrich Naumann, wohl eine der zeittypischsten Erscheinungen dieses Lagers, hatte noch als junger Pfarrer an der Rückgewinnung des Proletariats für die Kirche gearbeitet, wollte dem Sozialisten „Jesus, den Volksmann" näherbringen. Als er die Aussichtslosigkeit seiner Bemühungen erkannte und sich dann ganz der Politik zuwandte, rückten ihm die Gestalt Jesu und das Christentum überhaupt immer ferner. Nach der Rückkehr von einer Palästina-Reise schrieb Naumann: „Warum sollen wir eine asiatische Religion mit konstantinopolitanischem Dogma behalten? Auf, laßt uns das Fremde von uns werfen und zu den Naturgedanken unserer vom Jordanwasser noch unberührten Ahnen zurückkehren. Gerade am Jordan bekommen solche Ideen eines reinen Deutschtums bisweilen große Kraft. Man fühlt sich innerlich so verlassen im Lande des verlorenen Grabes Jesu, daß man mit Lust an die alten deutschen Heiligtümer denkt." Naumann konnte sich dann doch nicht zu einem endgültigen Bruch mit dem Christentum entschließen, aber seine Begründung blieb dürftig: „Hinter Jesu giebt es keine neue Religion wieder, sondern nur religiösen Verfall. Wuotan und sein Heer liegt so sicher im Grabe der Vergessenheit, wie Baal und Astarte."[39]

Naumanns Furcht vor dem letzten Schritt unterschied ihn von einem anderen ehemaligen Pfarrer, Arthur Bonus, der in sich den Übergang vom liberalen Protestantismus zur völkischen Religiosität verkörperte. Schon 1895 erschien sein Aufsatz „Germanisierung des Christentums": „Es ist gleichgültig, ob man formuliert: Modernisierung des Christentums oder Germanisierung. Eine modernere Gestalt des Christentums kann für uns nur eine deutschere Gestalt sein, eine deutschere Gestalt des Christentums wird von selbst eine modernere sein." Und: „Ob im übrigen das, was bei dem Umschöpfungsprozeß herauskommt, noch Christentum zu nennen sein wird, lasse ich ausdrücklich unerörtert, – und zwar, weil es völlig gleichgültig ist."[40]

Der letzte Satz des Zitates zeigt, in welche Richtung sich die „deutsch-christliche" oder „deutsch-kirchliche" Bewegung fast zwangsläufig entwickelte. Und obwohl es in der Zeit vor dem Ersten Weltkrieg keinen wirkungsvollen Versuch gab, die entsprechende Strömung organisatorisch zusammenzufassen (will man von dem kurzlebigen „Deutschreligiösen Bund" absehen, der 1903 gegründet wurde), hatte sie doch einigen Einfluß auf die Köpfe. Ähnliches gilt für die entschiedenen Neuheiden. Der Übergang zum Paganismus wurde auch in der völkischen Bewegung nur von wenigen vollzogen, zumal gesellschaftliche Benachteiligung demjenigen drohte, der die Kirche verließ. Immerhin gab es einige kulturelle Entwicklungen, die dieser Tendenz hilfreich waren. Man braucht nur auf die populäre Literatur, ob Felix Dahn oder Hermann Löns, zu verweisen, die einen „heidnischen" Ton anklingen ließ.

In vieler Hinsicht beherrschte die Zeit zwischen der Jahrhundertwende und dem Ausbruch des Ersten Weltkrieges eine „heidnische Atmosphäre" das geistige wie das kulturelle Leben Europas. Mit der Absage an das Christentum konvergierten ganz unterschiedliche Tendenzen. Zuerst wären natürlich die exakten Wissenschaften, aber auch Geschichtsschreibung, die gerade entstehende Psychologie und Soziologie zu nennen. Dort diagnostizierte man das „Sterben des großen Pan" aber nicht immer so kühl, wie es nüchterner Sachlichkeit entsprochen hätte. Der Ton der Trauer, mit dem selbst ein Max Weber von der „Entzauberung" der Welt redete, mußte aufhorchen lassen. Dazu zeigten seit den 1890er Jahren die Gedanken Nietzsches und dann die des anderen großen „Lebensphilosophen", Henri Bergson, immer stärkere Wirkung. In der Feier des dionysischen Rausches, der Vitalität manifestierte sich ein neues kollektives Gefühl, ein Sinn für Leiblichkeit, der vor allem die Jugend ergriff, sich in verschiedenen Bewegungen, dem Wandervogel, der „Freikörperkultur", der Kleiderreform, aber auch dem Sozialdarwinismus etc. niederschlug. So konnte in der Schwabinger Bohéme ein Kreis von „Kosmikern" um Ludwig Klages und Alfred Schuler tonangebend werden, der heidnische Feiern zu Ehren der „Großen Mutter" abhielt. Schuler raunte von „arischen Blutleuchten", und Klages sprach über „Mensch und Erde" auf eine Weise, als wollte er die „grüne" Kritik unserer Gegenwart vorwegnehmen: „Wenn schon ›Fortschritt‹, ›Zivilisation‹, ›Kapitalismus‹ nur verschiedene Seiten einer Richtung des Instinkts bedeuten, so wollen wir uns jetzt erinnern, daß dessen Träger ausschließlich die Völker der Christenheit sind. Nur innerhalb ihrer wurde Erfindung auf Erfindung gehäuft, hat sich die ‚exakte', d. h. zahlenmäßige Wissenschaft entwickelt, und regte sich rücksichtslos das Expansionsbedürfnis, welches die außerchristlichen Rassen unterwerfen und die gesamte Natur verwirtschaften will. Im Christentum also müssen die nächsten Ursachen des ganzen Prozesses liegen."[41]

Vor allem aber wurde die bildende Kunst auf heftige Weise von diesem „Zeitgeist" erfaßt. In den Bildern Max Klingers, Franz Stucks, Arnold Böcklins, Paul Gauguins oder Franz Marcs ließ sich das „Heidnische" mit Händen greifen, und die Uraufführung des „Sacré du Printemps" Igor Strawinskys in Paris im Mai 1913 löste aus dem gleichen Grunde einen Skandal aus; im Libretto des Komponisten standen die Sätze: „Die Frühlingsweihe ist ein Orchesterwerk mit Choreographie. Es stellt das heidnische Rußland dar und wird von einer einzigen Idee getragen: dem Mysterium und dem grandiosen Anbranden der schaffenden Kraft des Frühlings. Das Stück hat keine Handlung."[42]

Wodan oder Christus?

Wichtige Anstöße für die Entwicklung der völkischen Bewegung in Deutschland kamen zu Beginn des Jahrhunderts aus dem Lager der österreichischen „Alldeutschen"; die Anhänger des ursprünglich dem Liberalismus zugehörenden Georg von Schönerer waren schon bald über ihren Antisemitismus und die Anschluß-Propaganda zu religiösen Fragen gelangt. Die Frontstellung gegen die Habsburger und den sie stützenden Katholizismus trieb die „Schönerianer" zuerst in die evangelische Diaspora Österreichs, aber bald von dort in ein noch unklares Neuheidentum. So setzte Schönerer 1886 demonstrativ eine neue, völkische Zeitrechnung fest, die mit dem Jahr 113 v. Chr., als die Kimbern und Teutonen die Römer (!) bei Noreja schlugen, als Jahr 1 beginnen sollte; seit den 1890er Jahren gab es in Böhmen heidnische Sonnenwendfeiern, und unter den Leuten Schönerers war ein Vers verbreitet, der bald den Weg zu den Völkischen in Deutschland finden sollte:

„Ohne Juda, ohne Rom,
bauen wir Germaniens Dom."

Eine wichtige Rolle bei der Verbreitung völkisch-religiöser Ideen spielten verschiedene Zeitschriften, die den Alldeutschen nahestanden, wie „Der Scherer" oder „Heimdall". Und an den beiden Blättern ließ sich bereits ablesen, welche grundsätzlichen Entwicklungsmöglichkeiten das Neuheidentum hatte: Während „Der Scherer" eine im weitesten Sinne „naturreligiöse" Linie verfolgte, orientierte sich „Heimdall" stärker an einem völkischen Okkultismus, für den der „arische Krist" immer eine wichtige Bezugsgröße war. Beide Tendenzen blieben in Zukunft keineswegs reinlich geschieden, zumal sie trotz deutlicher Unterschiede auch eine Reihe von Gemeinsamkeiten zeigten, vor allem was die „Rassenfrage" betraf.

Um 1890 erlebte der Okkultismus in Deutschland ein „revival"[43], von dem die zeitgleich entstandene völkische Bewegung fast zwangsläufig erfaßt wurde. Der früheste Versuch einer Synthese beider Strömungen war die sog. „Ariosophie". Der in Wien lebende Guido (von) List schuf als erster eine Lehre, in der sich phantastische Vorstellungen von der altgermanischen Zeit mit „theosophischen" Lehren verbanden; „Theosophie" hier im Sinne des Synkretismus aus hinduistischen, buddhistischen und spiritistischen Vorstellungen, wie sie Helena Blavatsky in ihrer „Geheimlehre" entwickelte. List glaubte, daß die Germanen keineswegs „Wuotanisten" gewesen seien, sondern einer hochentwickelten „gnostischen" Religion anhingen, daß ihre Priesterkaste, die „Armanen", das entsprechende Wissen auch nach dem Untergang der frühen germanischen Hochkultur und der Christianisierung im geheimen weiterüberlieferten. – Ein anderer Österreicher, Jörg Lanz (von Liebenfels), gehört ebenfalls zu den frühen – und einflußreichsten – „Ariosophen". Trotz seiner Verehrung für List zeigte seine Lehre aber ganz deutlich andere

Tendenzen: eine Neigung zu katholisierenden kultischen Formen, ein seltsames esoterisches „Christentum" und pseudo-naturwissenschaftliche Theorien über die Rassengeschichte. Immerhin gründete Lanz 1907 mit dem sog. „Ordo Novi Templi" eine der ersten völkisch-religiösen Organisationen.

Der Logencharakter des O.N.T. wies schon darauf hin, daß man hier eher auf kleine Kreise oricntiert war, eine breitere Wirkung konnte und sollte so nicht erreicht werden. Ähnliches gilt für verwandte Gruppierungen, die in den folgenden Jahren in Deutschland entstanden: der „Wodan-Bund" (1909) und die „Gesellschaft Wodan" (1912), der „Urda-Bund" (1911), die „Nornen-Loge" (1912) und – von besonderer Bedeutung – der „Germanen-Orden" (1912). Alle diese Gemeinschaften verbanden Arkandisziplin und einen völkisch-rassischen Okkultismus. Der einem Geheimbund ähnliche Charakter trat auch darin deutlich hervor, daß viele der hier geübten Rituale an Freimaurer-Zeremonien erinnerten. In den Beständen des Bundesarchivs hat sich eine Anweisung für die „Einführung in den Untergrad" des „Germanen-Ordens" erhalten, an der sich das deutlich ablesen läßt:

„Meister vom Stuhl: Ich gebiete Recht und verbiete Unrecht.
Bei scheidender Sonne, wo es Zeit ist zu tagen!
Kraft meines Amtes als M.[eister] v.[om] St.[uhl].
Eröffne ich hiermit die Loge
Und grüße Euch Brüder vom deutschen Blute!
Gebt mir das Zeichen, heiligt Walhall!"[44]

Woraufhin die „Brüder" das Hakenkreuz „schlugen". Zutritt zu diesen Gruppen erhielt man im allgemeinen auf Grund der Empfehlung durch ein Mitglied und nachdem man durch eine „Ahnenprobe" nachgewiesen hatte, nicht „jüdisch versippt" zu sein. Über den Einfluß der Mitglieder sollten keine übertriebenen Vorstellungen bestehen; sie gehörten für gewöhnlich dem Mittelstand an und ihre Lebensgewohnheiten, bis hin zu den „Bundesfesten", unterschieden sich wenig von anderen bürgerlichen Veranstaltungen: Die Weihnachts- hieß zwar „Julfeier", bestand aber gleichfalls aus Bescherung, Klassikerzitaten und anschließendem Tanzvergnügen.[45]

Anders als diese mehr im Verborgenen wirkenden Gruppen gab es auch völkisch-religiöse Organisationen, die versuchten, eine Art nichtchristlicher Konfession zu begründen. Im Jahr 1900 war in der „Deutschen Zeitschrift" ein Aufsatz des Herausgebers Ernst Wachler erschienen, der den Titel „Über die Zukunft des deutschen Glaubens" trug; dort schrieb Wachler: „Wohl sank auf Nimmerwiederkehr der Dienst Donars und der lieblichen Freya dahin, und Frau Holle lebt nur im Märchen: aber kann der Boden, von dem die Axt des römischen Priesters unsere heiligen Eichen tilgte, nicht neue Blüten treiben?"[46] Wachler hatte einen gewissen Namen als Regisseur und Theaterkritiker und muß als einer der rührigsten Männer der völkischen Bewegung in der Zeit vor dem Ersten Weltkrieg gelten. Doch wirft es ein Licht auf die Verwicklungen der historischen Abläufe, daß er sein Leben 1944 in einem Konzentrationslager beenden mußte. Jüdische Vorfahren waren ihm trotz des eigenen Antisemitismus zum Verhängnis geworden.[47]

Wachlers Aufruf fiel auf fruchtbaren Boden. Im Umkreis von Zeitschriften der „Bewegung" hatten sich teilweise schon vorher erste Ansätze für eine organisatorische Zusammenfassung ausgebildet. Ein Anfang war gemacht mit dem sog. „Deutschbund", den seit 1897 der Redakteur der „Täglichen Rundschau", Friedrich Lange, aufbaute, 1904 folgten der „Volkserzieher-Bund" um Wilhelm Schwaners Blatt „Der Volkserzieher" und die „Deutsche Erneuerungsgemeinde" um Theodor Fritschs Zeitschrift „Der Hammer" (deshalb ab 1912 „Reichshammer-Bund"). Während Lange und auch noch Fritsch sehr eng mit dem älteren Antisemitismus verbunden waren, orientierte sich Schwaner vor allem an der Lebensreform-Bewegung. Schwaner blieb so etwas wie das „enfant terrible" der Völkischen, nicht nur wegen seiner Wahlaufrufe zugunsten der Sozialdemokraten und des linksliberalen „Freisinns", sondern auch wegen einer Duzfreundschaft mit Walter Rathenau – in dem er nach dem Ende des Weltkrieges den berufenen Retter Deutschlands sah. Schwaner hatte 1904 eine „Germanen-Bibel" herausgegeben, aber wie Fritsch und Lange konnte er sich nicht ganz zum Übergang vom „Deutsch-Christlichen" zum „Völkisch-Religiösen" entschließen.

Trotzdem nahm Schwauner Verbindung zu Ludwig Fahrenkrog, einem Kunstmaler, auf, der zwei Jahre zuvor einen Aufsatz mit dem Titel „Geschichte meines Glaubens" veröffentlicht hatte. Schwaner und Fahrenkrog besaßen Kontakte zu einem Otto Sigfrid Reuter und waren auch 1911 an der Gründung von dessen „Deutsch-Religiöser Gemeinschaft" beteiligt. Allerdings hat dann Reuters Mangel an organisatorischer Begabung schnell dazu geführt, daß sich die Wege wieder trennten. Fahrenkrog und Schwaner bildeten ein Jahr später die „Germanisch Deutsch-Religiöse Gemeinschaft", dann überwarfen sich auch diese beiden, und neben Reuters nun so genannter „Deutschgläubiger Gemeinschaft" bestand nur noch Fahrenkrogs „Germanische Glaubens-Gemeinschaft" weiter.

Außer persönlichen Differenzen zwischen Schwaner, Fahrenkrog und Reuter dürften auch programmatische Fragen eine wichtige Rolle gespielt haben. Man kann Schwaner vor allem als Vertreter des „Sauerteig-Konzepts" der Völkischen bezeichnen: Sein Plan bestand darin, eine anfangs kleine, dann immer stärker anwachsende Gemeinschaft zu gründen, die schließlich das ganze Volk erfassen und von der Richtigkeit des völkischen Denkens überzeugen würde. Demgegenüber war Reuter in erster Linie Theoretiker mit der schon an eine Manie grenzenden Fixierung auf die eddische Überlieferung; er schrieb eine ganze Reihe von Büchern, die in der Bewegung erhebliche Bedeutung gewannen (Sigfrid oder Christus. 1908; Das Rätsel der Edda und der arische Urglaube. 1921/1923; Germanische Himmelskunde. 1934), überließ aber die Leitung der „Deutschgläubigen Gemeinschaft" einem anderen, dem außerordentlich rührigen Ernst Hunkel. Schließlich war Fahrenkrog vor allem Ästhet. Er schuf zahlreiche Gemälde, aber auch Dramen, in denen er einzelne Themen der germanischen Mythologie behandelte. Zugleich blieb er ein ganz von den Entdeckungen der Naturwissenschaften geprägter Mann. Diese unterschiedlichen Einflüsse ließen ihn in Fragen der Gestaltung des Gemeinschaftslebens schwanken. Einerseits begeisterte er sich für den „Monismus" Ernst Haeckels, andererseits betrieb er am konsequentesten die Ausgestaltung kultischer Formen, angefangen vom Zeremoniell mit „Weihehammer" (Sinnbild des Gottes Thor und damit der Fruchtbarkeit) und

„Eidring" bis hin zur Liturgie für die Eheschließung unter freiem Himmel.

Weltanschauung

Die Zahl der entschiedenen Heiden in der völkischen Bewegung hat vor dem Ersten Weltkrieg 200 niemals überstiegen.[48] Die Gründe, die zum Eintritt in diese Gemeinschaften führten, sind nicht leicht auf einen Nenner zu bringen. Die meisten Mitglieder der „Deutschgläubigen Gemeinschaft" oder der „Germanischen Glaubens-Gemeinschaft" kamen wohl aus dem säkularisierten evangelischen Bürgertum. Bei Katholiken war, selbst wenn sie sich weit von der Kirche entfernt hatten, die Bindung an das religiöse Milieu immer noch sehr stark. Insofern stellt Norbert Seibertz, der vor dem Ersten Weltkrieg in die „Deutschgläubige Gemeinschaft" eintrat, einen Sonderfall dar; er hat in seinen fragmentarischen Lebenserinnerungen die Motive, die ihn zu seiner Entscheidung veranlaßten, erläutert: Aufgewachsen im protestantisch geprägten Berlin der Jahrhundertwende, Sohn eines dem katholischen Glauben entfremdeten Vaters, rang sich Seibertz zu der Erkenntnis durch, daß sich Naturwissenschaften und christliche Weltauffassung widersprachen. Vorübergehend hielt er noch an der „christlichen Ethik" fest, dann verwarf er auch sie: „an der Berechtigung des christlichen Anspruchs, die Sittenlehre für uns Bewohner des nördlichen Europas zu sein, wie überhaupt an der Möglichkeit eines ‚katholischen' Anspruchs der christlichen Ethik wurde ich bald irre. Mein innerstes Gefühl führte mich vom Christentum fort. [...] Der humanistische Unterricht, die enge Berührung mit der arischen Kultur der Römer und vor allem der Griechen ließen mich im Christentum etwas mir Fremdes, etwas, was mich im Innersten störte, was zu leiden unstatthaft war, fühlen. Ich sah unseren Anspruch, unser Leben nach unseren Gesetzen ausrichten zu dürfen." Andererseits schien der „Haeckelsche Monismus [...] auf die Dauer nicht das letzte zu sein, was ich suchte. Nicht daß ich die Richtigkeit der biologischen Forschungsergebnisse bestritten, an den wissenschaftlichen Ergebnissen gezweifelt hätte. Es blieb aber ein religiöses Bedürfnis, ein Gefühlswert jenseits der exakten biologischen Erkenntnisse unerfüllt. Eigenes Suchen, aber auch äussere Einflüsse, die ich hier allerdings nicht als Zufall ansehe – ich denke hier unter anderem an Felix Dahns Kampf um Rom – wiesen mich auf die germanische noch nicht vom Christentum beeinflußte und abgelenkte Vorzeit."[49]

Von einem geschlossenen Lehrgebäude im Sinne einer „heidnischen Theologie" konnte bei den einzelnen Gruppen dieser Zeit keine Rede sein. Dem standen hier auch schwere Bedenken bezüglich jeder „Dogmatik" entgegen. In der „Germanischen Glaubens-Gemeinschaft" wäre es fast zur Spaltung gekommen, weil Fahrenkrog für sich als „Weihwart" in Anspruch nahm, eine Art von Katechismus zu formulieren. Die „Deutschgläubigen" blieben denn auch konsequent bei der „Bekenntnisfreiheit", die nur die germanische „Herkunft", das Einstehen für die Zugehörigkeit zum deutschen Volk und den Kirchenaustritt voraussetzte. – Trotz dieser großen Offenheit läßt sich aber eine Reihe von Leitvorstellungen aller Völkisch-Religiösen identifizieren:

1. Sie lehnten das Christentum als eine Form der Überfremdung ursprünglicher und allein angemessener religiöser Ideen der Vorfahren ab. Religionen galten als „völkisch" gebunden, und selbst die „deutsche" Kirche des Mittelalters sollte dem jüdischen „Jehovah" gedient haben: „Die Wende steht bevor. Tausend Jahre herrschte bei uns das fremde Dogma und in seiner gleißenden Dürre darbte die germanische Seele; aber die tausend Jahre sind um, eine neue Welt steigt empor freudeatmend, der selige Freiheitsgruß des Gemütes, der Jubel der Selbstverantwortung, der Heerruf eingeborner Kraft."[50]

2. Das Bild eines persönlichen Gottes wurde verworfen, Gott war ihnen nur eine in der Natur wirkende Energie: „Und erkennen im All eine formbildende Kraft des Lebens, welche die Mannigfaltigkeit aller Erscheinungen und ihre besondere Art bedingt, und anerkennen daher auch alle Sondererscheinungen in ihrer Naturnotwendigkeit als Offenbarungen der Kraft des Lebens."[51]

Diese eigenartige „Naturreligiosität" speiste sich einerseits aus der Berufung auf das mystische Naturerleben (so erschien Meister Eckhart als Vertreter eines ihm selbst unbewußten Heidentums) und den Pantheismus Goethes, andererseits aus der Bewunderung für die Erkenntnisse der Naturwissenschaften des 19. Jahrhunderts. Es sei in diesem Zusammenhang darauf hingewiesen, daß die meisten Neuheiden in den erwähnten Gruppen einem Monotheismus zuneigten; von einer Verehrung der alten Götter war man weit entfernt, man hielt sie nur für zeitbedingte Ausdrucksformen der einen göttlichen Macht.

3. Vor allem aber war völkische Religiosität auf „Selbsterlösung" hin angelegt: Den christlichen Sündenbegriff mußte man hier schon deshalb ablehnen, da Gott nicht als Gegenüber des Menschen gedacht werden konnte, er gibt keine Satzungen und straft nicht, so wenig wie er nach dem Tode belohnt. Die Ethik des Neuheidentums war darum rein diesseitig und „heroisch", d. h., die „Ungerechtigkeit" des Lebens sollte angenommen, der Mensch im Sinne der Lehre Nietzsches vom „Übermenschen" überwunden werden: „Also, was kann Freisein anders heißen als: Ich bin meines Wesens inne geworden und gebiete und gehorche mir selber? [...] Ei, fürwahr, die Selbsterlöser sind keine Asketen und Buddhisten! Ihr Wille verirrt sich nicht in Trübsinn, Zerknirschung oder Weltflucht, sondern jeden Morgen singen sie das hohe Lied der Freude. Sie bejahen das Dasein. Ihr Wille hat weder etwas mit falschverstandener Lust, noch etwas mit falschverstandener Moral zu tun. Ihnen ist die Welt kein Sündenpfuhl: nein, sie suchen das Göttliche in allen Dingen – und wollen veredeln und nicht begeifern. O, meine deutschen Freunde, laßt uns einstimmen in das Lied der Freude der Selbsterlöser und lasset unsere Herzen emporläutern in das hohe Lachen der Siegenden über alles, was uns hinabziehen will!"[52]

IV. Kapitel: *Vollendung und Untergang*

Der Weltkrieg als Religionskrieg

Als sich die Menge am 1. August 1914 vor dem Berliner Schloß versammelte, um den Kaiser zu hören, sangen die Menschen das alte, lutherische „Ein feste Burg ist unser Gott". Das Lied war Teil der nationalen, preußisch-protestantischen „Liturgie", es läßt keinen Schluß auf Christlichkeit oder Unchristlichkeit der Beteiligten zu. Aber immerhin wird man schließen dürfen, daß sich noch bei Ausbruch des Ersten Weltkrieges die traditionelle Verbindung zwischen Krieg und Gott, Kampf und Gebet wiederherstellte. Eine Belebung der Religiosität verzeichneten in den ersten Monaten alle Beobachter des Geschehens. Es füllten sich aber nicht nur die Kirchen bei den Gottesdiensten, es gab eine allgemeinere religiöse Gestimmtheit, die keineswegs den christlichen Konfessionen zugute kommen mußte.

Vielmehr reichte der Bogen der deutschen „Kriegstheologie" von jenen Predigten, in denen sich die Bitte an Gott um den Sieg des eigenen Heeres noch mit Bußbereitschaft verband, über die, die den „deutschen Gott" der Befreiungskriege wieder auferstehen ließen, bis zu einer heidnischen, nationalistischen Deutung, für die die Armee als eine Schar von „Geweihten" erschien und sich Gott im Kampf offenbarte. Man sollte entsprechende Äußerungen keineswegs als ideologischen Firnis über einer brutalen militärischen Wirklichkeit abtun. Jedenfalls scheint glaubhaft, daß die deutschen Soldaten bei Erstürmung britischer Gräben überrascht waren, in fast jedem Tornister, den man erbeutete, eine Bibel zu finden. Wenn das Christentum für den Gebildeten unter den deutschen Kriegsfreiwilligen noch eine Rolle spielte, dann meistens ein „deutsches Christentum": „Sein Gott war mit einem Schwerte gegürtet, und auch sein Christus trug wohl ein helles Schwert, wenn er mit ihm in den Kampf schritt"[53]; so die Sätze aus Walter Flex' berühmtem „Wanderer zwischen beiden

Welten". Und für viele dürfte zutreffen, was ein evangelischer Theologe von der Geisteshaltung dieser Soldaten schrieb, daß sie nicht mit der Heiligen Schrift, sondern mit der Edda, dem „Faust" und Nietzsches „Zarathustra" in den Krieg gingen, als „Deutschgläubige" auszogen, um als „Antichristen" heimzukehren.[54]

In „gewissem Sinne hat in allen europäischen Ländern und den USA zwischen 1914 und 1918 eine „Tribalisierung"[55] (von lat. „tribus" = Stamm) des – seinem Anspruch nach universalen – Christentums stattgefunden: auch Russen, Serben, Kroaten, Franzosen, Engländer und Amerikaner waren selten weit von einer Übertragung alttestamentlicher Vorstellungen auf die eigene Nation entfernt – ihr Volk das „neue Israel"; oder sie beschworen Gott, als wäre er ein Stammes- oder Reichsgott der Antike. Und doch, so meinte Thomas Mann noch kurz vor Kriegsende, „wird es irgend etwas auf sich haben, daß gegen Deutschland, gegen das Deutschland dieses Krieges von gegnerischer Seite der Vorwurf des Heidentums und der heimlichen Odinsanbeterei geschleudert werden konnte [...]."[56] Für Mann wie für viele andere, auch unter den Intellektuellen der Entente-Länder, war der Weltkrieg nicht in erster Linie eine militärische, sondern eine geistige – und eine religiöse – Auseinandersetzung: zwischen den „Ideen von 1914" und den „Ideen von 1789", zwischen „Kultur" und „Zivilisation", zwischen „Ordnung" und „Demokratie", zwischen Nietzsche und Rousseau, schließlich zwischen „Germanien" und „Rom".

Der gott-lose Staat

Für die ganze Zeit der Weimarer Republik blieb das „Felderlebnis" eine das Denken und Fühlen vieler Menschen bestimmende Größe. Gerade die Niederlage, die es verbot, die sonst üblichen Siegesdenkmäler zu errichten, schien den Krieg selbst zu einer mystischen Größe zu machen. Und die Vorschläge, die in den 20er Jahren für eine angemessene Gefallenen-Gedächtnisstätte eingereicht wurden, atmeten einen eigentümlichen Geist: von dem „Heiligen Hain" oder der Versenkung des Leichnams eines „Unbekannten Soldaten" im Rhein, über die „Krieger-Pfalz" bis hin zu dem schließlich errichteten „Reichsehrenmal Tannenberg", dessen Architekten sich bewußt an Stonehenge und den Hünengräbern der germanischen Frühzeit orientierten.

Der Übergang Deutschlands zur Demokrratie nach der November-Revolution von 1918 war verbunden mit der Beseitigung einer jahrhundertealten gemeinsamen Machtausübung von „Thron und Altar". Dem liberalen Postulat der Religion als „Privatsache" wurde in der Weimarer Verfassung Rechnung getragen durch die Trennung des Staates und der Kirche. Gleichzeitig setzte als zwangsläufige Folge der Zerstörung der früheren Ordnung eine Pluralisierung des religiösen Lebens ein, noch verstärkt durch die allgemeine, gesellschaftliche, politische und soziale Krise des Landes. Die „Inflationsheiligen"[57], die zwischen 1919 und 1923 ihre obskuren Angebote verbreiteten, die Menschheit durch Tanz, Verzehr von Kohlrabi, durch die Lehre eines neuen Erlösers oder irgend etwas anderes heilen wollten, der Aufschwung, den Spiritismus, Astrologie und Wahrsagerei nahmen, schließlich die messianischen Erwartungen, die viele für kurze Zeit in Pazifismus, Anarchismus, Sozialismus, Kommunismus setzten, all das waren nur Symptome derselben Krankheit.

Man kann die Konjunktur der völkischen Bewegung in den ersten Jahren der Republik durchaus in diesem Zusammenhang interpretieren. Auch hier spielten chiliastische Visionen vom heraufziehenden „Dritten Reich" eine wichtige Rolle, und „der Jude" war mehr als nur ein Sündenbock, auch ein metaphysischer Feind. Damals entstanden zahlreiche neue Organisationen, wie etwa der „Deutsch-Völkische Schutz- und Trutzbund", dem es gelang, bis 1922 170 000 Mitglieder zu sammeln. Die aus dem okkultistischen „Germanen-Orden" hervorgegangene „Thule-Gesellschaft" in München schuf eine Reihe sehr schlagkräftiger konterrevolutionärer Verbände: von dem „Freikorps Oberland" bis zur „Deutschen Arbeiter-Partei", die zur Keimzelle der NSDAP wurde.

Aber diese Blüte war vorübergehend, ein Ergebnis der Umbrbüche. Nach der Stabilisierung der Republik schrumpften alle völkischen Gruppen auf einen Kernbestand. Die verschiedenen Versuche, im Reichstag Fuß zu fassen, scheiterten rasch, und das alte Übel der Völkischen, ihre Zersplitterungssucht, griff erneut um sich. Die Völkisch-Religiösen waren davon noch stärker als die übrigen Gruppen befallen, so daß sich das Spektrum zwischen einer völlig marginalen Sekte wie der „Asenburg zu den sieben Ringen" und einem Großverband wie dem „Tannenbergbund" erstreckte.

Am stabilsten erhielten sich die ganze Zeit über die „ariosophischen" Gemeinschaften, die entweder den Krieg überstanden hatten („Guido-von-List-Gesellschaft", O.N.T., „Germanen-Orden") oder neugegründet worden waren („Edda-Gesellschaft", „Ariosophische Gesellschaft", später zusammengefaßt zur „Neuen Kalandgesellschaft"). Neben der historischen Spekulation und der Rassenmetaphysik wuchs hier vor allem die Bedeutung von Runen-Magie und völkischer Astrologie (der „Tyr-Kreis"). Demgegenüber verloren auf dem anderen „Flügel" der Völkisch-Religiösen im Laufe der 20er Jahre die „Deutschgläubige Gemeinschaft" und die „Germanische Glaubens- Gemeinschaft" (GGG) erheblich an Bedeutung. Die jungen Leute, die vor allem aus dem Wandervogel kamen, hatten für zahlreiche Veränderungen gesorgt. Der Generationenwechsel führte nicht nur zu neuen Ausdrucksformen in Kult und Brauch (Volkslied, Volkstanz), es kam auch zur Entstehung weiterer Formationen, die jetzt eigentlich prägend auf die Gesamtbewegung wirkten: 1924 spaltete sich von der „Deutschgläubigen Gemeinschaft" der „Orden der Nordungen" ab, 1927 verlor sie die Mehrzahl ihrer Mitglieder an die von Norbert Seibertz und Wilhelm Kusserow gegründete „Nordische Glaubensbewegung". Die Bezeichnungen der beiden Gruppen als „nordisch" zeigen schon an, daß sich hier die Bedeutung des „rassischen" Bezugs der Religiosität noch einmal vergrößert hatte; man nahm dort auch Kontakte zu verwandten Organisationen in anderen „germanischen" Ländern oder zu solchen in den deutschen Siedlungsgemeinschaften Ostmitteleuropas auf.

Insgesamt gesehen waren die geistigen Impulse, die von dem „Orden der Nordungen" und der „Nordischen Glaubensbewegung" ausgingen, aber eher unwesentlich. Auch hier zeichnete sich rasch die alte Spaltung in Okkultisten (vor allem bei den „Nordungen") und stark rational gerichtete „Naturgläubige" (vor allem in der „Nordischen Glaubensbewegung") ab. Ein wesentlicher Unterschied zu den „Deutschgläubigen" und der GGG bestand allerdings in dem Akzent, den man auf die Gleichberechtigung der Frau legte (ihre Unterdrückung galt als Folge der jüdisch-christlichen Überfremdung), und in dem Bekenntnis zum Polytheismus. Von Reynitzsch bis Fahrenkrog hatten die Völkisch-Religiösen viel Scharfsinn darauf verwendet, den ursprünglichen Monotheismus der Germanen nachzuweisen. Man war der Welt des 19. Jahrhunderts und dem Entwicklungs- bzw. Fortschrittsgedanken so stark verhaftet, daß es undenkbar schien, dem Christentum eine offene Flanke zu bieten, indem man den „Rückfall" in die „barbarische" Vielgötterei vollzog. Diese Perspektive veränderte sich völlig. Jetzt wurde der Glaube an eine Mehrzahl von Gottheiten als Ausdruck heidnischer Toleranz hervorgehoben: „Nun war aber das germanische Heidentum durchaus nicht auf einer ‚Vaterreligion' im Sinne der semitisch-christlichen und mohammedanischen Lehren begründet, und ‚Allvater' ist ein später, aber vergeblich gebliebener Angleichungsversuch an die Christenlehre. Immer treten uns im Norden urzeugende Götterpaare entgegen [...] Ratlosigkeit und Verfall kamen erst über unser Volk mit dem Eindringen und unter Todesdrohungen befohlenen Alleinherrschen des semitischen Himmelsgottes [...]."[58]

Die „Nordische Glaubensbewegung" (NG) war ursprünglich als Zusammenfassung der Völkisch-Religiösen geplant, und in einer Arbeitsgemeinschaft fanden sich 1931 neben der NG immerhin auch die „Germanische Glaubens- Gemeinschaft" und die „Nordungen" zusammen. Aber alle Gruppen behielten ihre organisatorische Selbständigkeit. Die einzige Formation, die es jemals zu einem größeren Umfang und einer Breitenwirkung brachte, wurde von den anderen Völkisch-Religiösen nicht als ebenbürtig anerkannt: der „Tannenbergbund" Erich Ludendorffs. 1924 gegründet, hat er etwa 20 000 Mitglieder gesammelt, seit

1928 gab es mit dem „Deutschvolk" auch einen im strengen Sinne heidnischen Verband der aus der Kirche ausgetretenen Anhänger Ludendorffs. Die merkwürdige Distanz zwischen dem völkisch-religiösen Lager und Ludendorff hing vor allem mit dem Wirken seiner Frau Mathilde Ludendorff zusammen. Diese hatte auf der Basis einer Mischung aus popularisierten naturwissenschaftlichen Erkenntnissen und haltloser Spekulation eine „deutsche Gotterkenntnis" entwickelt, die zwar nicht wegen ihrer Seltsamkeit, aber wegen der Intoleranz ihrer „Erfinderin" jede Annäherung an andere Gruppen ausschloß. Zudem ermöglichten es die erheblichen finanziellen Rücklagen des ehemaligen Generals, die Ansichten seiner Frau in einer Weise zu verbreiten (neben zahllosen Büchern in zwei hauseigenen Zeitungen bzw. Zeitschriften sowie durch eigene Buchhandlungen!), mit der niemand konkurrieren konnte. Im übrigen waren durchaus Zweifel unter den Völkischen verbreitet, welchen Stellenwert religiöse Fragen für das Ehepaar Ludendorff hatten, da die Hauptursache ihres publizistischen Erfolgs der Kampf gegen die „überstaatlichen Mächte", d. h. Judentum, Freimaurerei, „Jesuitismus", Kapitalismus, war.

Chaos oder Neubeginn?

Als im April 1930 in Hildburghausen eine „Religiöse Woche" durchgeführt wurde, erschienen neben dem „Inflationsheiligen" Muck Lamberty und dem „Nationalrevolutionär" Karl O. Paetel ein katholischer und ein evangelischer Theologe, Vertreter der Anthroposophie, Okkultisten, Spiritisten und Lebensreformer, Anhänger der „nordischen Weltanschauung" und ehemalige Mitglieder der pietistischen "Bibelkreise", die sich nun der Versöhnung der Menschheitsreligionen verschrieben hatten, christliche Bolschewisten und Missionare für eine Erneuerung des Abendlandes aus dem Geiste Indiens. Es sollte nicht unterschätzt werden, daß man sich hier wirklich um die Klärung einer als bedrängend empfundenen religiösen Krise bemüht hat, aber an Einigung war in dem Kreis selbstverständlich nicht zu denken, zumal eine „liberalistische" Lösung, d. h. die Hinnahme der

Unterschiede, allseits abgelehnt wurde. Statt dessen redete man dunkel von einem „mystischen Kreuze, das über Europa läge und dessen vier Pole Rom [= der Katholizismus], Moskau [= der Kommunismus] – Indien [= arisches Urwissen und Buddhismus], Amerika [= westliche Demokratie] hießen". Die „wahrhaftige deutsche Mission"[59] sollte in der Aussöhnung der Gegensätze liegen, der Schaffung einer neuen Synthese aus den denkbar unverträglichsten Positionen.

Was hier zu sehen war, bildete nur äußerst verdichtet den exzessiven religiösen Pluralismus der 20er und frühen 30er Jahre in Deutschland ab. Und das „heidnische Lager" stellte wiederum nur einen Ausschnitt dieses chaotischen Kosmos dar. Es bildete, wie schon hinreichend deutlich geworden sein dürfte, keine einheitliche Größe und bestand nicht nur aus den genannten Organisationen und dem Kreis ihrer Sympathisanten, sondern auch aus gewissen Intellektuellen-Zirkeln, etwa dem sog. „Klages-Kreis" (Werner Deubel), und aus einer großen Zahl von Einzelgängern.

Unter diesen seien immerhin Herman Wirth und Friedrich Hielscher genannt. Wirth entwickelte in seinem Hauptwerk („Der Aufgang der Menschheit". 1928) eine merkwürdige Variante des „Deutsch-Christentums". Er hatte sich darauf spezialisiert, Felszeichnungen, alte Symbole und Schriften in eine „Paläo-Epigraphik" einzuordnen, und glaubte, aus dieser die Urreligion der atlantischen „Nordvölker" ablesen zu können: die Lehre von dem einen Gottvater, der seinen Sohn opfert, um die Welt zu retten. Wirth konnte zwar niemals eine Gemeinde stiften, aber er fand doch eine erhebliche Zahl von „Gläubigen". Ähnliches trifft auf Friedrich Hielscher zu. Eigentlich ein Jurist von cartesianischer Schärfe, gleichzeitig ausgestattet mit der Neigung zu mystischer Spekulation, ein deutscher Nationalist, der die Völker Asiens und Afrikas zum Aufstand gegen die Kolonialmächte führen wollte, jemand, der den Antisemitismus ablehnte, und ein geschworener Feind des Christentums, schließlich der Begründer einer völlig vergeistigten, rationalistischen „Reichs"–Religion: „Die Bruderschaft der Schöpferischen, der Opfernden, der Begnadeten ist das Reich, welches die Fülle der Welt in sich trägt. Es steigt auf in den Herzen, die ihm gehören, strömt über die Länder, die Meere, die

Seelen hinein in alles, was atmet, und bildet die Lieder, die Werke der Waffen, die zeugenden Nächte und das Licht des Tages hinauf zu dem einen unteilbaren unsterblichen lebendigen Leibe des ewigen Gottes, dessen Herzblut ohne Ende und Beginn in seinen unverweslichen Gefäßen funkelt. Die Herzen, die ihm gehören, bindet kein Raum und keine Grenze. Aus den Grenzen ihres inwendigen Wesens entbindet sich das Grenzenlose, die unaufhörliche Wirkung, der die Welt gehorcht. Alle gehorchen."[60]

Die Situation der Völkisch-Religiösen in der Weimarer Republik unterschied sich von derjenigen im Kaiserreich nicht zuletzt deshalb, weil sie jetzt von den Kirchen als Gegner ernst genommen wurden. Eine Gefahr für deren Bestand waren die Gruppen und einzelnen allerdings nie, die wenigen Tausend Anhänger des Neuheidentums zählten kaum im Vergleich zu den Millionen von Mitgliedern der christlichen Konfessionen. Es handelte sich eher um einen unterirdischen geistigen Kampf, von dem beide Seiten wußten, daß er jederzeit an die Oberfläche treten konnte, und bei dem es fraglich war, wer im Zweifelsfall obsiegen würde. Ahnungsvoll hatte der Franziskaner-Pater Erhard Schlund schon zu Beginn der 20er Jahre geschrieben: „Der Krieg des Christentums gegen das altgermanische Heidentum ist ja damals durchaus nicht endgültig abgeschlossen worden, als Bonifatius die Donareiche fällte. Auch nach dem allgemeinen Sieg des Christentums und der Christianisierung der deutschen Stämme ging der Kampf als Guerillakrieg weiter in den Seelen und in den Glaubensanschauungen und in den religiösen Bräuchen, ja auch in bewußten Geistern, und Männer, denen Wotan lieber war als Christus, gab es wohl immer. Heute scheint es nun, daß dieser Jahrhunderte dauernde Kleinkrieg wieder zu einer offenen Feldschlacht werden möchte."[61]

Die nationale als religiöse Revolution

Wie zur Bestätigung dieser Prophezeiung veröffentlichte die „Neue Schweizer Rundschau" 1936 einen Aufsatz des Psychoanalytikers Carl Gustav Jung mit dem Titel „Wotan". Darin führte Jung nicht nur seine bekannte These aus, daß die Götter

„Archetypen" des „kollektiven Unbewußten" seien, er bezog sich vielmehr direkt auf die geistige und politische Entwicklung, die Deutschland seit der nationalsozialistischen Machtergreifung genommen hatte. Seiner Meinung nach zeigte sich an den religiösen Auseinandersetzungen der Zeit, „daß der Gott der Deutschen Wotan ist und nicht der universale Christengott. Dies ist keine Schande, sondern ein tragisches Erlebnis. Es war von jeher furchtbar, in die Hände des oder eines lebendigen Gottes zu fallen." Die Deutschen seien von dem germanischen Gott „ergriffen", und Hitler der Vermittler dieser „Ergriffenheit"[62]. Es ist durchaus zweifelhaft, daß die Mehrheit der Deutschen damals diese Auffassung geteilt hätte. 1936 schienen die religiösen Auseinandersetzungen aus der ersten Phase des „Dritten Reiches" abgeklungen, die Lage begann sich zu normalisieren. Drei Jahre zuvor war die Situation eine ganz andere gewesen: Unter dem Eindruck der „nationalen Revolution" begann sich auch eine Glaubens-Umwälzung anzubahnen.

Selbstverständlich frohlockte die Mehrzahl der Völkisch-Religiösen bei der Machtübernahme Hitlers. Doch dann sah es so aus, als würde die „deutsche Auferstehung" zugleich eine christliche sein. In Artikel 24 des Parteiprogramms der NSDAP hatte seit jeher gestanden, daß die „Bewegung" ein „positives Christentum" verfechte. Hitler ließ in den 20er Jahren völkische Sektierer wie etwa Artur Dinter rigoros aus der Partei entfernen, andere wie Dietrich Klagges mußten sich bedeckt halten. Die Tatsache, daß noch 1930 Alfred Rosenbergs „Mythus des XX. Jahrhunderts", immerhin das Werk des „Parteiphilosophen", auf Grund kirchlicher Proteste zur „Privatmeinung" degradiert wurde, zeigt an, daß Hitler jede offene Konfrontation mit den großen Konfessionen vermeiden wollte. Nach der Regierungsübernahme setzte er diese Taktik fort, zumal es ihm im Bündnis mit den Konservativen um den Anschein bürgerlicher Reputierlichkeit gehen mußte. Der Gottesdienstbesuch geschlossener SA-Formationen, Massentrauungen im Braunhemd, Aufforderung zum Wiedereintritt in die Kirchen durch die Partei, all das gehörte in diesen Zusammenhang.

Gleichzeitig strebte Hitler allerdings eine Eroberung der Kirchen „von innen" an. Dazu dienten einerseits die Verhandlungen mit dem Vatikan, die schon im Sommer 1933 zum Abschluß eines Konkordates führten, wodurch alle Widerstände beseitigt wurden, die bisher einer Mitarbeit von Katholiken in der NSDAP entgegengestanden hatten. Direkter verlief der Angriff auf die evangelische Kirche, deren geistliche Führung zwar nationalprotestantisch, aber nicht eigentlich nationalsozialistisch orientiert war. Hier schien die sog. „Glaubensbewegung Deutsche Christen" (DC) das geeignete Instrument. Anders als die völlig unbedeutenden älteren deutschkirchlichen Gruppen (etwa der 1921 gegründete „Bund für deutsche Kirche" oder der seit 1925 bestehende „Deutsche Christenbund") der Weimarer Zeit war die DC eine eng mit der politischen Partei NSDAP verbundene Organisation. Hier verschmolzen nicht einfach Christentum und völkische Ideologie, sondern Christentum und nationalsozialistische Programmatik. 1927 aus kleinsten Anfängen entstanden, erhielt die „Glaubensbewegung" 1932 ihre endgültige Gestalt. In der ersten Zeit nach der „Machtergreifung" bekam sie außerordentlichen Zulauf, auch aus den Reihen der seriösen wissenschaftlichen Theologie (Friedrich Gogarten, Emanuel Hirsch). Die „Einheit von Evangelium und Volkstum" schien die Forderung der Stunde zu sein. Allerdings konnte die DC die in sie von Hitler gesetzten Erwartungen nicht erfüllen. Zwar gelang es ihr, bei den Kirchenwahlen im Juli 1933 die meisten Stimmen auf sich zu vereinigen und ihren Kandidaten für das Amt des „Reichsbischofs", Ludwig Müller, durchzusetzen, aber bereits Ende des Jahres kam es zu erbitterten Flügelkämpfen. Nach einer skandalerregenden Kundgebung im Berliner Sportpalast, bei der u. a. die Beseitigung des Alten Testamentes im biblischen Kanon und der Ausschluß von „Judenchristen" aus der Kirche gefordert worden war, verließ ein großer Teil der Mitglieder die DC. Der Plan zur Errichtung einer einheitlichen „Nationalkirche" war damit gescheitert, vielmehr zerfiel der Protestantismus in eine „deutschchristliche" und eine „bekennende" Fraktion. Hitler verlor daraufhin jedes Interesse an der Bewegung und entzog ihr weitgehend die staatliche Unterstützung.

Damit wandte sich die Führung des nationalsozialistischen Deutschlands aber keineswegs den Völkisch-Religiösen zu. Sehr zur Überraschung der Neuheiden durften sie bloß auf ein äußerst begrenztes Wohlwollen hoffen. Ihre stärkste Organisation, der „Tannenbergbund", war bereits im Sommer 1933 verboten worden. Dasselbe Schicksal erlitten die Okkultisten, etwa der „Skaldenorden", der „Bund der Guoten", ein „Germanischer Rassebund" in Hamburg oder der Braunschweiger „Völkische Orden der Teutonen". Einzelne, wie der Erfinder der „Runen-Gymnastik" Friedrich-Wilhelm Marby oder der „Kristus"–Mystiker Kurt Paehlke (Pseudonym „H. A. Weishaar"), sind sogar in Konzentrationslagern inhaftiert worden.[63] Andere, vor allem die Anhänger von Ludwig Klages, wurden durch Pressionen zum Schweigen gebracht. Die Ursache für diese Maßnahmen bestand keineswegs in einer grundsätzlichen Ablehnung der hier entwickelten Vorstellungen, sondern im Kampf gegen ideologische Konkurrenten (Ludendorff; Klages) einerseits, der Eindämmung prinzipiell unkontrollierbarer Sektierer andererseits; in dem Zusammenhang sei darauf hingewiesen, daß 1941 alle Äußerungen im Sinne der „Ariosophie" untersagt wurden, um jede okkulte Spekulation während des Krieges zu verhindern.

Angesichts dieser Entwicklung ist es nicht verwunderlich, daß sich die „heidnischen" Gruppen in Deutschland von der Bevorzugung der Kirchen ebenso wie vom wachsenden Totalitätsanspruch der nationalsozialistischen Partei bedroht fühlen mußten. Neben den Völkisch-Religiösen, denen das Schicksal des „Tannenbergbundes" drohend vor Augen stand, waren es vor allem die „Freireligiösen", die, erneut ans Licht tretend, zu befürchten hatten, zusammen mit den proletarischen „Freidenkern" als Organisation beseitigt zu werden. In erster Linie mit dem Ziel, der zwangsweisen Auflösung zu entgehen, versammelten sich am 30. Juli 1933 in Eisenach die Führer verschiedener völkisch-religiöser Gruppen und des „Bundes der Freireligiösen Gemeinden"; in einer gemeinsam verabschiedeten Erklärung hieß es: „Es geht nicht an, daß im Dritten Reich Evangelische und Katholiken, die sich auf das unangetastete Bekenntnis festlegen, als die alleinigen Vertreter der Religion im deutschen Volke gelten, während diejenigen, die einer freien germanisch-deutschen Gläubigkeit zugehören, zurückstehen, als ob sie nicht auch Pflicht und Recht hätten, dem deutschen Volke den Weg zu seinem Glauben zu weisen."[64]

Das praktische Ergebnis der Eisenacher Tagung bestand in der Bildung eines Dachverbands, der „Arbeitsgemeinschaft Deutsche Glaubensbewegung" (ADG). Neben zahlreichen Einzelpersonen schlossen sich der ADG korporativ die „Freireligiösen" und alle bedeutenden völkisch-religiösen Gruppierungen („Deutschgläubige Gemeinschaft", GGG, „Nordungen", „Nordische Glaubensgemeinschaft", der Jugendbund „Adler und Falken") an. Dazu kam noch der sog. „Freundeskreis der Kommenden Gemeinde", eine ursprünglich aus der evangelischen Jugend hervorgegangene Formation, die auf Umwegen schließlich im „heidnischen Lager" angekommen war. Der „Freundeskreis" stellte mit dem Indologen Jakob Wilhelm Hauer auch den Vorsitzenden; Hauer, der Leipziger Philosophieprofessor Ernst Bergmann (Verfechter einer merkwürdigen deutschen „Staatsreligion" mit ausgeprägtem Zwangscharakter) als Vertreter der „Freireligiösen" und Ernst Graf Reventlow, ein aus dem völkisch-sozialistischen Lager kommender Nationalsozialist, bildeten gemeinsam den sog. „Inneren Führerrat".

Die ADG war von vornherein als Übergang gemeint, und Hauer verwendete alle Energie darauf, sie in einen einheitlich strukturierten Verband umzuformen. Nachdem die staatliche Anerkennung so weit gesichert schien, daß keine Behinderung mehr zu erwarten war und sich die Hoffnungen der politischen Führung in die „Deutschen Christen" zerschlagen hatten, entstand im Mai 1934 aus der ADG die „Deutsche Glaubensbewegung" (DG). Allerdings begann sich ihre Struktur in dieser Phase bereits wieder zu zersetzen: die „Freireligiösen" hielten nach der Umbildung nur noch losen Kontakt, die älteren völkisch-religiösen Gruppen, angefangen bei der „Nordischen Glaubensbewegung", dann auch der größte Teil der „Deutschgläubigen Gemeinschaft" unter Führung von Alfred Conn, verließen die DG, als sie ihre organisatorische Unabhängigkeit zu verlieren drohten. Immerhin konnte Hauer 1935 erhebliche Aktivitäten entfalten und die Zahl der Mitglieder auf etwa 10 000 steigern. Es kam zu öffentlichen Großveranstaltungen, und die Bewegung entwickelte ein Programm, mit dem sie u. a. einen gleichberechtigten „deutschgläubigen" Religionsunterricht in den Schulen forderte. Die weltanschauliche Grundlage der DG bildeten die sog. „Leitsätze", die 1934 verabschiedet worden waren:

1. Die Deutsche Glaubensbewegunig will die religiöse Erneuerung des Volkes aus dem Erbgrund der deutschen Art.

2. Die deutsche Art ist in ihrem göttlichen Urgrund Auftrag aus dem Ewigen, dem wir gehorsam sind.

3. In diesem Auftrag allein sind Wort und Brauchtum gebunden. Ihm gehorchen heißt sein Leben deutsch führen."

Hauer, ein Religionswissenschaftler von einigem Niveau, war daran gelegen, den Eindruck zu vermeiden, man wolle den „Wodanskult" erneuern; seiner Meinung nach lebte echter Glaube „aus dem Unmittelbaren, aus der Gegenwart. Wir wissen, wie man es sonst wohl nirgends weiß, daß Götterbilder werden und vergehen, wie alles Lebendige."[65] Seine „deutsche Gottschau" sollte das Ergebnis der Wiederaufnahme jener Traditionslinie sein, die von den vedischen Schriften des arischen Indien über die Edda, die Philosophie Platons, die Visionen der mittelalterlichen Mystiker hin zu Hölderlin, Schiller, Goethe, Wagner und Nietzsche reichte.

Allerdings genügte seine oft sehr intellektuelle Darstellung der „deutschen Religion" den Aktivisten der DG nicht, zumal sich Hauer – trotz der häufigen antikirchlichen Polemik – zu keiner völligen Verwerfung des Christentums entschließen konnte.[66] Dieser neuen Generation, die mehrheitlich aus Nationalsozialisten bestand, schien selbst die Demonstration von politischer Loyalität durch Übernahme des „Arier-Paragraphen" zu lau; die letztlich aus dem Liberalismus stammende Vorstellung Hauers und auch Reventlows, daß Glaube und Politik zu trennen seien, mußte ihnen verdächtig scheinen. Als dann noch die von Hauer erhoffte Unterstützung durch den Staat ausblieb, es verschiedentlich zu Versammlungsverboten der DG kam, höheren HJ-Führern die Mitgliedschaft in der Bewegung von Schirach untersagt wurde, folgten offene Auseinandersetzungen. Auch Hauers formale Zugehörigkeit zur SS bot keine Deckung. Vielmehr erhielt er 1936 durch Heydrich selbst den Befehl, die Führung der DG niederzulegen. Sein anfänglicher Widerstand nutzte nichts, die Pressionen verstärkten sich, und schließlich kapitulierte Hauer.

Nach dem Rücktritt Hauers schrieb Reventlow in seiner Zeitung „Der Reichswart": „Betrachtet man den Kampf gegen das Christentum als wesentlichen oder alleinigen Zweck, so hört damit die Vereinigung [= die DG; K. W.] ohne weiteres auf, eine rein und frei religiöse oder überhaupt eine religiöse zu sein. Natürlich ist auch hier jedem unbenommen seine Ziele für die richtigen zu halten und ihre Verwirklichung zu versuchen und, soweit der Staat gestattet, einen Vernichtungskampf gegen allen anderen, als den eigenen Glauben, besonders gegen den christlichen zu führen [...] Dann aber soll man auch den Namen solcher Organisation entsprechend bestimmen, etwa: ‚Antichristliche Gemeinde' oder: ‚Tod allen Christenfreunden!' Ganz abgesehen davon, dass der nationalsozialistische Staat eben dieses Christentum unter seinen Schutz stellt und es als moralischen Wert anerkannt hat, habe ich diesen Kampf niemals gebilligt, er ist mir an sich [...] in meiner Eigenschaft als Deutscher widerwärtig und gegen meine Auffassung von den volksgenössischen Pflichten, die der Nationalsozialismus einbegreift [...]."[67]

Die „Deutsche Glaubensbewegung" wurde in der Folgezeit zu einer vor allem antichristlichen und letztlich „antireligiösen Kampforganisation"[68]. Sie sank zum bloßen Instrument der Partei in der Auseinandersetzung mit den Kirchen herab, während sich die früheren völkisch-religiösen Mitglieder in ihre traditionellen Gruppen zurückzogen (seit 1937 hatten auch die Ludendorff-Anhänger im „Bund für deutsche Gotterkenntnis" wieder eine eigene Organisation). Trotz dieser für die neuheidnische Strömung insgesamt enttäuschenden Entwicklung sollte man nicht übersehen, daß ihr das allgemeine geistige Klima im nationalsozialistischen Deutschland günstig war. Da genaue Mitgliedszahlen fehlen, seien hier immerhin die Auflagen der wichtigsten völkisch-religiösen Zeitungen und Zeitschriften genannt: Hauers (bis 1944 von ihm geleiteter) „Deutscher Glaube" erschien in 5000, der von Reventlow herausgegebene „Reichswart" in 25 000, das der „Nordischen Glaubensbewegung" nahestehende „Nordland" in 5000, das Blatt „Am heiligen Quell deutscher Kraft" aus dem Umfeld der Ludendorffer in 45 000 Exemplaren.[69] Niemals zuvor und niemals danach fand eine Auseinandersetzung mit dem Gedankengut der Völkisch-Religiösen auf solchem Niveau statt. Die Beschäftigung mit dem Glauben der Germanen und mit dessen fortdauernder Bedeutung erreichte ihren Höhepunkt. Sogar die christliche Theologie befaßte sich intensiv mit der Geschichte der Germanenmission und ihrer Bewertung. Unter den Völkisch-Religiösen selbst entstanden verschiedene „Denkschulen", die – bei aller gemeinsamen Ablehnung des Christentums – durchaus differierende Vorstellungen ausbildeten und auf verschiedene Tendenzen innerhalb des Lagers ihre Wirkung ausübten: So traten neben die ältere „naturmythologische" Deutung der germanischen Religion eine „anthropologisch-philosophische" und eine „kultisch-religiöse" Interpretation[70]. Während die "naturmythologische" Richtung die Gottheiten als Ausdruck natürlicher Gewalten wie Blitz, Donner etc. verstand, ging die „anthropologisch-philosophische" davon aus, daß den Germanen „Glaube" an etwas Jenseitiges überhaupt fremd gewesen sei (Bernhard Kummer, Hans Naumann, Friedrich Murawski), ihnen sei nicht „der Gott", sondern „das Gott"[71], also das umfassende, innerweltliche Gute der entscheidende Bezugspunkt gewesen, die „kultisch-religiöse" Deutungsweise schließlich betont gerade nicht die Rationalität, sondern die Irrationalität der heidnischen Vorstellungen (Otto Höfler, Walter Baetke), Berserkertum, Wandlungszauber und Odins Selbstopfer erschienen nicht als Ausdruck des Verfalls, sondern als integraler Bestandteil der germanischen Religion.

Politische Religion

Die relative Bedeutungslosigkeit der Völkisch-Religiösen im „Dritten Reich" hatte wenig oder nichts mit den religiösen Leitvorstellungen der nationalsozialistischen Führer zu tun. Ganz im Gegenteil. In der einen oder anderen Weise darf man alle Mitglieder der „braunen Elite" als Anhänger völkisch-religiöser Ideen betrachten. Doch unterwarfen sie ihre religiösen Überzeugungen bedingungslos dem Primat der Politik. Das trifft vor allem auf den an Houston Stewart Chamberlain orientierten Alfred Rosenberg zu, aber auch auf die dem völkischen Okkultismus und der völkischen Astrologie zuneigenden Rudolf Heß, Rainer

Walther Darré und Heinrich Himmler. Darum ist auch vor einer Verschwörungsvorstellung zu warnen, nach der sich die führenden Männer des Nationalsozialismus schon seit dem Ende des Weltkrieges in einer geheimen „Loge" – dem „Germanen-Orden" bzw. der „Thule-Gesellschaft" – verbunden hatten, um eines Tages mit Hilfe okkulter Kräfte in Deutschland die Macht zu ergreifen. Solche Spekulationen entbehren jeder Grundlage, auch und gerade, weil sie dem Sensationsbedürfnis Rechnung tragen.[72]

Himmler war auf Grund seiner Machtfülle derjenige, der seine religiösen Ziele sehr weitgehend verwirklichen konnte. Während er einerseits für das Verbot der völkischen Logen und Orden sorgte, nahm er andererseits zahlreiche Männer aus diesem Lager, angefangen bei dem Laien-Archäologen Wilhelm Teudt und Herman Wirth bis hin zu dem Rassen-Esoteriker Karl Maria Wiligut, genannt „Weisthor", in seinen Schutz. Er entwickelte im Laufe der Zeit eine ebenso umfangreiche wie disparate Privatmythologie, zu deren Bestandteilen neben der fixen Idee, er sei die Reinkarnation Heinrichs I., auch der von Wirth übernommene Gedanke gehörte, die germanische „weise Frau" als Lebensgefährtin des nationalsozialistischen Funktionärs wieder auferstehen zu lassen. Die Wissenschaftsorganisation der SS, das sog. „Ahnenerbe", beschäftigte sich deshalb nicht nur mit ganz seriöser Vorgeschichtsforschung, sondern auch mit Untersuchungen, die auf die lebensreformerischen Pläne Himmlers (Anlage des sog. „Reichskräutergartens") zurückgingen, weiter mit der obskuren „Welteislehre" des Hanns Hörbiger, mit dem Zeichnen geomantischer Karten, mit der Suche nach dem Gral und mit Runenokkultismus. Auf Empfehlung des genannten Wiligut, der in der Tradition Guido (von) Lists stand, und bestärkt durch die Messung von „Kraftlinien", ließ Himmler die Wewelsburg im Westfälischen zu einem zukünftigen Kultzentrum ausbauen. Während der Kriegsjahre wurden dort verschiedentlich Experimente mit einem neuheidnischen Ritual gemacht. In einer Denkschrift über „Kultische Höhepunkte im Leben eines konfessionell nicht gebundenen SS-Angehörigen" entwickelte man liturgische Formen von der „Namensweihe" (an Stelle der Taufe) über die „Schwertweihe" (bei der Aufnahme in die SS) und die „Eheweihe" bis hin zur „Totenweihe" und zur „Beisetzung auf der

Thingstätte".[73] Allerdings galten solche Pläne als „streng vertraulich". Die in den 30er Jahren in der SS durchgeführte Kirchenaustrittskampagne war in der Zeit des Krieges zurückgestellt worden, wenn sich auch schon mehr als 20% der SS-Angehörigen als „gottgläubig" – so die offizielle Bezeichnung für eine national orientierte Religiosität seit 1936 – bezeichneten.[74]

Hitler hatte für diese Pläne Himmlers oder auch diejenigen Rosenbergs nur Verachtung übrig, bei Gelegenheit sprach er von „spinnerigen Jenseitsaposteln", das alte Germanien schien ihm im Vergleich zum antiken Griechenland ein „Sauland" und den Enthusiasmus für angebliche heidnische Kultstätten wie die Externsteine quittierte er mit Spott. Zwar schwärmte er bei Gelegenheit für den „arischen Christus"[75], aber von einer völkischen Religiosität im engeren Sinne konnte bei ihm keine Rede sein. Eine zeitweilig verbreitete Auffassung, nach der der Rassenmystiker Lanz von Liebenfels der „Mann, der Hitler die Ideen gab", gewesen sein soll, ist mittlerweile als abwegig erkannt.[76] Versuche der Martha Künzel, einer „Schülerin" des Okkultisten Aleister Crowley, Hitler in den 30er Jahren als Medium für die Pläne des Meisters, ihn als „magisches Kind" zu benutzen, erscheinen allenfalls skurril.[77] Die Weltanschauung Hitlers war viel zu sehr von den abgesunkenen und vulgarisierten Ideen der Aufklärung bestimmt, als daß er der Religion überhaupt Eigenständigkeit und positive Bedeutung zugemessen hätte. Glaubensbereitschaft interessierte ihn als Möglichkeit der politischen Mobilisierung, als Mittel der Integration der Massen, als historische Formgebung, nicht wegen ihrer Inhalte. Inhalte schienen ihm von den Wissenschaften, wie er sie verstand, vorgegeben; und hierin war er durchaus Rationalist, Technokrat, noch in den letzten Konsequenzen seiner Vernichtungsprogramme dachte er in den Kategorien von „Natürlichkeit", „historischer Notwendigkeit", „Gesetz" der „Entwicklung".

Hitlers Religion war – wenn überhaupt – politische Religion. Deshalb hatte er schon in den 20er Jahren aus dem italienischen Faschismus die liturgischen Formen übernommen und eine Verehrung seiner Person gefördert, die bereits in der Kampfzeit Züge von Messias-Erwartung trug. Dieser Kult verwirklichte sich in der Praxis, in Aufmärschen, Appellen, dem „nationalsozialistischen Feierjahr", in jenem „Glauben an Deutschland", auf den die „Volksgenossen" eingeschworen wurden. Er äußerte sich etwa in den Liedern der Hitler-Jugend, von Schirachs „Die Fahne ist mehr als der Tod" oder dem merkwürdigen

„Nun gilt nicht Hüh,
nun gilt nicht Hott,
Sturm blasen die Trompeten!
In unsern Fahnen lodert Gott.
Wir kämpfen wie wir beten."[78]

Diese politische Religion konnte sich, wenigstens vorübergehend, noch mit dem Christentum vertragen, und die Völkisch-Religiösen als eine notwendige Entwicklungsstufe betrachten. Zu letzten Scheidungen kam es nur auf Grund des Krieges nicht. Allein im von Polen annektierten „Warthe-Gau" war zu sehen, welche strikt antichristliche Linie das Règime nach seinem Sieg verfolgen würde. Und nach dem 20. Juli 1944 sprach Hitler im engsten Kreise gelegentlich davon, daß zukünftig Massenhinrichtungen kirchlicher Führer angeordnet werden müßten, um den Wurzelgrund jeder Opposition zu beseitigen. Religion überhaupt mochte, wie der nationalsozialistische Philosoph Ernst Krieck es ausdrückte, nur noch als „Sieg des Orients"[79], Aufgabe des geschichtlichen Willens, des „Rassebewußtseins" erscheinen. Die Vergöttlichung der Person Hitlers lag dann in der möglichen Konsequenz. Gegenüber Speer hat er sich entsprechend geäußert, und Wagners „Götterdämmerung" bei der Rundfunkmeldung von Hitlers Tod war mehr als ein Symbol, selbst seine siegreichen Feinde konnten der Suggestion erliegen; Malraux über den Moment, als er den Bunker unter der Reichskanzlei betrat: „Wir stiegen hinab dem Leuchten zu, das heilig war, wie jene Flammen, die ich in der Einsamkeit der Berge Persiens sah, wo sich vor Zeiten die Altäre der Magier erhoben. Wir hatten den Eindruck bei unserem Niederstieg, nicht zum dumpfen mythologischen Arbeitsraum des Diktators hinabzusteigen, sondern dem Allerheiligsten im Tempel des Feuers zuzuschreiten."[80]

V. Kapitel: *Leben nach dem Tod*

Der große Abfall

Bereits im Jahr 1947 erschien eine erste umfassende geschichtstheologische Deutung des Nationalsozialismus aus der Feder des evangelischen Dogmatikers Walther Künneth. Der Titel „Der große Abfall" umreißt den ganzen Inhalt: Künneth stellte die historische Entwicklung von der französischen über die bolschewistische bis zur nationalsozialistischen Revolution als den Prozeß einer immer weitergehenden Entfernung des Menschen von Gott und seiner guten Ordnung dar. Die NS-Ideologie erschien insofern als eine Variante und als ein Abschluß in dem großen Vorgang der „Heidnisierung" des christlichen Abendlandes, aber auch als apokalyptische Steigerung dieses Prozesses: Hitler als Verkörperung des „Anti-Christ".

Künneth stand mit seiner Auffassung nicht allein. Zahlreiche evangelische Theologen haben sich ihm angeschlossen, und ganz ähnliche Gedankengänge fanden sich auch bei dem bedeutenden katholischen Theologen Romano Guardini (Der Heilbringer in Mythos, Offenbarung und Politik. 1946). Die Vorstellung von der Kriegsniederlage als „Gottesgericht" war darüber hinaus in weiteren Kreisen der Bevölkerung verbreitet und führte nicht zuletzt zum Wiedereintritt einiger tausend Personen, die während des „Dritten Reiches" die Kirchen verlassen hatten. Und schließlich ist auch nicht zu übersehen, daß für die Siegermächte, jedenfalls England und Amerika, ein Zusammenhang zwischen ihrer eigenen Vorstellung von „Zivilisation" und „Christentum" einerseits, von Nationalsozialismus und „Heidentum" andererseits bestand. Schon deshalb genügte die Zugehörigkeit zu den „Deutschen Christen" oder zur „Deutschen Glaubensbewegung", um im Sinne der Entnazifizierungsverfahren als „belastet" zu gelten. Daß diese beiden Organisationen ebenso wie alle anderen völkisch-religiösen Gemeinschaften von den Besatzungsmächten verboten wurden, versteht sich fast von selbst.

Allerdings kam es in deutsch-christlichen Kreisen relativ rasch zu Neugründungsversuchen. Vor allem in der britischen und in der amerikanischen Zone, wo sich die Besatzungsmacht der angelsächsischen Tradition der religiösen Freiheit verpflichtet fühlte, wurden die (meist überzogenen) Warnungen der christlichen Kirchen überhört. Unter tarnenden Bezeichnungen wie „Freie Volkskirche", „Freie Christliche Kirche", „Gemeinschaft christlicher Lebensglaube", „Volkskirchliche Einung" fanden sich schon seit dem Sommer 1945 ehemalige Pfarrer und Mitglieder der DC erneut zusammen[81]. In ihren öffentlichen Äußerungen wahrten sie Zurückhaltung, das Schwergewicht der „Theologie" lag auf der Ablehnung des Alten Testaments, bestimmter Aussagen der christlichen Dogmatik (vor allem in bezug auf die Trinität) und der Sakramentenlehre. Allerdings gelang es diesen Organisationen niemals, einen größeren Zulauf zu erhalten. Die in den 50er Jahren entstandenen Zusammenschlüsse, die „Volkskirchenbewegung Freie Christen e. V." (1951) und die „Freie Christliche Volkskirche in Deutschland e. V." (1958) konnten den Verfallsprozeß nicht aufhalten.

Anders als die „Deutschen Christen" mußten die Völkisch-Religiösen von vornherein mit der besonderen Empfindlichkeit und Ablehnung der Besatzungsmächte rechnen. Die Führer der einzelnen neuheidnischen Gruppen hatten allerdings ganz unterschiedliche Schicksale. Während Hauers Name auf Listen für den „automatic arrest" stand und er entsprechend 1945 interniert wurde, konnte Wilhelm Kusserow bis 1948 in der Sowjetischen Besatzungszone unbehelligt als Lehrer arbeiten, fiel dann einer Denunziation zum Opfer und floh nach kurzer Inhaftierung in den Westen; offenbar ohne Folgen blieb die frühere Tätigkeit für Norbert Seibertz oder Alfred Conn, der die „Deutschgläubigen" geleitet hatte. An eine Reorganisation war unter den gegebenen Umständen nicht zu denken. Erst nach der Gründung der Bundesrepublik begann eine vorsichtige neue Sammlung.

Bei diesen Versuchen, unter den völlig veränderten Umständen wieder Fuß zu fassen, haben die Völkisch-Religiösen zwei verschiedene Wege eingeschlagen. Der größere Teil trat in Gruppen außerhalb des völkisch- religiösen Lagers über. So nahmen etwa der 1950 wiedergegründete „Bund freireligiöser Gemeinden" und die 1948 aus der „Religionsgemeinschaft Freier Protestanten" hervorgegangenen „Deutschen Unitarier" zahlreiche Mitglieder der ehemaligen „Deutschen Glaubensbewegung" und der „Deutschen Christen" auf. Die von Hauer 1950 geschaffene „Arbeitsgemeinschaft für freie Religionsforschung und Philosophie" hielt zu beiden enge Kontakte.

Ohne Zweifel haben die neu Eingetretenen bei Freireligiösen und Unitariern für eine Verschiebung der Akzente gesorgt, ihr Gedankengut floß nun – wenn auch in geläuterter Form – in freireligiöse und unitarische Vorstellungen ein. „Wir haben nie verleugnet, dass wir bejahend im Nationalsozialismus standen, weil wir sein positives Anliegen sahen und bejahten. Aber wir standen mit Kritik in der Arbeit am dritten Reich und zwar mit Einsatz unserer ganzen Existenz. [...] Und darum können wir nicht den einfachen Weg derer gehen, die allem, was sie einst heilig und teuer hielten, abschwören, ihren ‚Irrtum' bekennen und sich reumütig dem unterwerfen, was jetzt wieder so einseitig als das Rechte gilt."[82] Den Vorwurf des „Neofaschismus" wies man zurück, von einer Leugnung der nationalsozialistischen Verbrechen war keine Rede, und die eigene Überbetonung der „Rassenfrage" wurde im nachhinein durchaus kritisch beurteilt.

Aufs Ganze gesehen, kann man nicht behaupten, daß die Freireligiösen oder die Unitarier sich zu Völkisch-Religiösen entwickelt hätten. Zwar arbeiteten beide mit der immer noch existierenden "Germanischen Glaubens- Gemeinschaft" (1949) im „Volksbund für Geistesfreiheit" zusammen, auch wurden bei den Unitariern die germanischen Monatsnamen verwendet und die Sonnenwende gefeiert, aber sonst spielten in diesen Gruppierungen vor allem ein radikaler religiöser Inidividualismus, pantheistische Vorstellungen und die Suche nach einer Verbindung von naturwissenschaftlicher Erkenntnis und "Gefühl" die entscheidende Rolle. Auf die politische Zuordnung bezogen, stand der Mitgliedschaft von Vertretern des „nationalen Lagers" bei den „Unitariern" wie Dietrich Klagges (völkisch-religiöser Autor, während des Dritten Reiches langjähriger Ministerpräsident des Landes Braunschweig), Herbert Böhme (dem Nationalsozialismus eng verbundener Dichter, gründete 1947 das „Deutsche Kulturwerk Europäischen Geistes") und Heinrich Grabert (enger Mitarbeiter Hauers, nach 1945 Begründer des Grabert-Verlages in Tübingen) die große Zahl derjenigen gegenüber, deren politische Heimat der Liberalismus war.

Wiederbelebungsversuche

Anders als die meisten ehemaligen Mitglieder der „Deutschen Glaubensbewegung" nahmen die traditionellen Gruppen der Völkisch-Religiösen ihre Arbeit während der 50er Jahre in der früheren Form wieder auf. Allein die „Ariosophie" mit ihren Orden und Logen schien nicht mehr wiederbelebbar: zwar gründete Kurt Paehlke noch einmal einen „Kristlichen Glaubenskreis", der bis heute sein Gedankengut zu bewahren sucht, aber eine einmal so einflußreiche Gemeinschaft wie der „Ordo Novi Templi" existierte nach 1945 in Wien nur noch in Resten; der Meister starb 1954, und danach soll man sich nach Hörensagen bloß noch zum gemeinsamen Kaffeetrinken versammelt haben.

Fast unbehelligt begannen die kleinen informellean Gruppen der Anhänger von Ludwig Klages, Herman Wirth oder Erwin Guido Kolbenheyer, dann auch die größeren Zusammenschlüsse, mit der Reorganisation. 1951 wurde der „Bund für Gotterkenntnis (L)" neu gegründet, in dem Mathilde Ludendorff noch einmal etwa 10 000 Anhänger sammeln konnte. Auf Grund der Fortsetzung antisemitischer Propaganda sprachen allerdings 1961 mehrere Bundesländer ein Verbot wegen verfassungsfeindlicher Bestrebungen aus, und erst 1977 konnte man eine allgemeine Neuzulassung erreichen. Verglichen mit allen anderen völkisch-religiösen Gruppen waren die Ludendorffer auch nach 1945 noch ein Großverband.

Die „Germanische Glaubens-Gemeinschaft" löste sich nach

dem Tod Ludwig Fahrenkrogs, 1953, auf. Ihre Reste traten – wie schon die „Nordungen" – zur „Artgemeinschaft" über. Diese war 1951 von Wilhelm Kusserow als Nachfolgeorganisation der „Nordischen Glaubensbewegung" gegründet worden. Dabei ist überraschend zu sehen, wie gering die Abstriche waren, die Kusserow gegenüber früheren Aussagen machte. Fast wörtliche Übernahmen aus dem „Nordischen Artbekenntnis" von 1933 fanden sich auch in den sog. „Leitsätzen" der neuen Gruppierung:

„1. Wir bekennen uns zum eigenen Stamm und Volk und zur nordischen Völkergemeinschaft als Glied der Menschheit und fordern Achtung unserer Eigenart wie wir bereit sind, diese Achtung den Anderen zu gewähren. [...]

4. Wir erstreben: Wahrung und Mehrung des Gesunden und Schönen. Ausscheidung des Entarteten, gegenseitige Achtung der Geschlechter in Sippe und Gemeinschaft, Achtung der erbgesunden, artreinen, kinderreichen Ehe. [...]

8. Wir glauben an den ewigen Kampf der gestaltenden und zugleich zerstörenden Kräfte gegeneinander und an Geburt und Tod als die notwendige Wandlung unendlichen Lebens, bestimmt, stets Neues zu gestalten."

Allerdings tauchte der Begriff „Rasse" in den Texten nicht auf, ein entsprechender Abstammungsnachweis, wie er vor 1945 von der NG gefordert wurde, fand sich nicht mehr unter den Aufnahmebedingungen, dort war nur noch von notwendig „vorwiegend nordischer Art" des Bewerbers die Rede.[83] Ein gegen Kusserow während der 50er Jahren angestrengtes Verfahren wegen „Volksverhetzung" und Aufstachelung zum „Rassenhaß" in seiner Funktion als Lehrer wurde niedergeschlagen.[84]

Auch die "Artgemeinschaft" soll nach eigenen Angaben noch einmal 4000 Mitglieder und Sympathisanten vereinigt haben, einen gewissen Zugewinn konnte sie außerdem verbuchen, als sich 1957 die erst zwei Jahre zuvor von Norbert Seibertz wieder gegründete „Nordisch-Religiöse Gemeinschaft" mit ihr vereinigte. Zu diesem Zeitpunkt löste sich allerdings die „Deutschgläubige Gemeinschaft" von Kusserows Gruppe, in der sie vorübergehend Unterschlupf gefunden hatte. Mit Alfred Conn an der Spitze konnte auch sie eine die Bundesrepublik und Österreich erfassende Organisation schaffen.

Im wesentlichen war der Wiederaufbau der völkisch-religiösen Gemeinschaften ein restaurativer Prozeß. Von neuen Impulsen konnte keine Rede sein, man suchte die Bestände zu wahren. Das allgemeine geistige Klima der Nachkriegszeit mußte denkbar ungünstig für das Lager sein, und eine Breitenwirkung, wie es sie in der Zeit der Weimarer Republik und auch im nationalsozialistischen Deutschland gegeben hatte, blieb von vornherein ausgeschlossen. Dementsprechend gab es in den 50er und auch in den 60er Jahren praktisch keine stabilen Neugründungen, will man von Kleinstgruppen wie dem „Goden-Orden" absehen, der 1957 von einem Franz Hermann Roderich Musfeldt gebildet wurde und weltanschaulich irgendwo zwischen radikaler „Arisierung" des Christentums und Rassen-Glauben steht.[85] Für die Öffentlichkeit blieben die Aktivitäten dieser Gruppierungen fast immer verborgen. Aufsehen erregten sie nur selten, etwa als 1959 die „Nordische Liga" im Teutoburger Wald einen Kranz niederlegte, zum Gedenken an den Sieg Hermanns über die Römer, 1950 Jahre zuvor.[86]

Rechristianisierung?

In der unmittelbaren Nachkriegszeit erschienen die evangelische und die katholische Kirche in Deutschland als die einzigen unbeschädigten, nicht kompromittierten Institutionen. Diese Auffassung war nicht nur in der Bevölkerung verbreitet, sie entsprach auch weitgehend dem Selbstverständnis der großen Konfessionen. Die eigene „Verstrickung" in den Nationalsozialismus hatten Protestanten wie Katholiken bekannt (Erklärung der Fuldaer Bischofskonferenz vom August, „Stuttgarter Schulderklärung" vom Oktober 1945), um so eher fühlten sie sich nun verpflichtet, ihr „Wächteramt" wahrzunehmen.

Bis in die 60er Jahre hinein blieb dieses Bild weitgehend unbeschädigt. Obwohl sich relativ rasch zeigte, daß die wichtige soziale Funktion der Kirche in der Bundesrepublik kaum etwas mit der Wiederbelebung des kirchlichen Lebens zu tun hatte. In der ersten Zeit nach dem Zusammenbruch verstärkte sich zwar der Besuch der Gottesdienste – ohne jemals den Stand der 20er und frühen 30er Jahre zu erreichen –, dann sank er kontinuierlich ab. Bis 1970 reduzierte sich der Anteil der aktiven Gemeindemitglieder in den großen Kirchen auf 4–10% der Gesamtzahl, etwa 2 Millionen Menschen. Damit griff auch in Deutschland jene epochale Tendenz, die als Säkularisation bezeichnet wird. Wie überall im nordamerikanisch-europäischen „Wohlstandsgürtel" schien hier das religiöse Leben einem unaufhaltbaren Erosionsprozeß ausgesetzt zu sein. Ein Vorgang, der im 19. Jahrhundert begonnen hatte und den der evangelische Theologe Dietrich Bonhoeffer folgendermaßen charakterisierte: „Der Mensch hat gelernt, in allen wichtigen Fragen mit sich selbst fertig zu werden ohne Zuhilfenahme der ›Arbeitshypothese: Gott‹. In wissenschaftlichen, künstlerischen und ethischen Fragen ist das eine Selbstverständlichkeit geworden, an die man kaum mehr zu rühren wagt; seit etwa 100 Jahren gilt das aber in zunehmendem Maße auch für die religiösen Fragen; es zeigt sich, daß alles auch ohne ›Gott‹ geht und zwar ebenso gut wie vorher. Ebenso wie auf wissenschaftlichem Gebiet wird im allgemein menschlichen Bereich ›Gott‹ immer weiter aus dem Leben zurückgedrängt, er verliert an Boden."[87]

Bonhoeffer selbst begriff die „Verweltlichung" durchaus als eine Chance für die christliche Kirche in dem Sinne, daß sie auf ihr eigentliches Anliegen verwiesen würde, nicht mehr abgelenkt von der steten Einmischung in die „Welt". Und seine Formulierung vom „religionslosen Christentum" hat ebenso wie Bultmanns „Entmythologisierung" biblischer Aussagen in einer nachwachsenden Generation evangelischer Pfarrer die Überzeugung gestärkt, man habe sich mit einer rationalen Moderne abzufinden; grundsätzlich war der Rahmen, den die katholische Kirche bot, stabiler, aber wer im Protestantismus nicht in der pietistischen Innerlichkeit seine geistige Heimat fand, mußte mit einer gewissen Zwangsläufigkeit bei der bezeichneten Position ankommen.

Umso verblüffender wirkte die Tatsache, daß diese Entwicklung bereits in der zweiten Hälfte der 60er Jahre von einer anderen Tendenz unterlaufen wurde. Das „religiöse Erwachen in der counter-culture“[88] bereiteten die Propheten der „Beatniks“, einer frühen amerikanischen Protestbewegung, vor. Jack Kerouac und Gary Snyder träumten von einem amerikanischen Buddhismus, ihre ersten Anhänger nannten sich „Dharma Bums“, soviel wie „Pilger des Weltgesetzes“. Sie waren die Wegbereiter der „New Gypsies“, der „New Indians“, der „Flower People“, der „Gopas of Lord Govinda“ (eigentlich wurden so die Hirten bezeichnet, die den Hindu-Gott Krishna-Govinda begleiteten), der „Hippies“ („Hippie“ wohl im Sinne von „eingeweiht sein“) und der „Aquarians“. „Aquarian“ für: Angehöriger des kommenden „Wassermann-Zeitalters“;[89] 1966 hieß es in dem populären Musical „Hair“:

„Wenn der Mond im siebten Haus steht,
und Jupiter auf Mars zugeht,
herrscht Friede unter den Planeten,
lenkt Liebe ihre Bahn.
Genau ab dann regiert die Erde der Wassermann.
[...]
Harmonie und Recht und Klarheit,
Symphathie und Licht und Wahrheit.
Niemand wird die Wahrheit knebeln,
niemand mehr den Geist umnebeln.
Mystik wird uns Einsicht schenken,
und der Mensch lernt wieder denken,
dank dem Wassermann, dem Wassermann.“

Drei Jahre später fand das legendäre Woodstock-Festival statt, und das Magazin „Time“ berichtete, die Hunderttausende hätten wie eine „urchristliche Gemeinde“ zusammengelebt; den Geist der Veranstaltung bestimmten aber wohl eher Rock, Drogen, Sex und Zen und Yoga. Nicht nur das Erscheinungsbild der neuen Bewegungen befremdete die bürgerliche Welt, die langen Haare, die wallenden oder weiten, hemdartigen Gewänder, die Farben, die Amulette, die Ketten, sondern auch die Flucht vor einer modernen Gesellschaft, deren Rationalität auf große Teile der jungen Generation erschreckend wirkte. Ihre „abweichende Sehnsucht" (Theodor W. Adorno) trieb sie in verschiedene Richtungen, aber allen war die religiöse Färbung gemeinsam.

Ein wesentlich auf den angelsächsischen Raum beschränktes Phänomen blieben die „Jesus People". Sie waren keine einheitliche Gruppierung, es gab neben fundamentalistischen und dann fast puritanischen Strömungen, die sich vom anfänglichen Umfeld sehr weit entfernten, andere, für die Jesus der „erste Hippie" blieb und die sein Liebesgebot mit dem eigenen („Wenn du nicht bei deinem Liebsten sein kannst, liebe deinen Nächstbesten") durchaus auf einen Nenner zu bringen glaubten. Dann diejenigen, die zwar an ihrer christlichen Bindung festhielten, aber darin vor allem eine Aufforderung zum politischen Handeln sahen. Sie standen im engen Kontakt mit der Anti-Vietnam-, der Studenten- und der Bürgerrechtsbewegung. Dann die Anhänger der am Ende der 60er Jahre aufkommenden „Jugendsekten" pseudo-christlicher („Mun-Sekte") oder orientalischer Prägung („Hare Krishna"). Schließlich die Gruppe der Individualisten, die sich nach dem Zerfall aller übrigen Bewegungen als die Erben dieser subkulturellen, religiösen Renaissance erwiesen.

New Age. Einige Bemerkungen

Die Vorstellung, daß mit der Wanderung der Frühlings-Tagundnachtgleichen im Abstand von etwa 2000 Jahren eine von einem neuen Sternzeichen beherrschte Epoche beginne, gehört zu den älteren astrologischen Spekulationen. Um die Jahrhundertwende war vor allem unter Theosophen die Idee verbreitet, daß nun das Zeitalter des „Wassermanns" das der „Fische" ablösen werde; zuerst hat die Amerikanerin Alice Bailey entsprechende Überlegungen angestellt, 1908 veröffentlichte ihr Landsmann Levi H. Dowling das in diesen Kreisen sehr erfolgreiche Buch „The Aquarian Gospel".

Die „Aquarians", die in dern 60er Jahren ihre Hoffnung auf die kosmische Wende zu setzen begannen, teilten mit den beiden Genannten das vitale Interesse an Astrologie und anderen okkulten Disziplinen, an östlichen Heilslehren und mystischer Versenkung. Anders als die meist gutbürgerlichen Theosophen neigten sie allerdings zu einem libertären Lebensstil und zu einer außerordentlichen Hochschätzung aller möglichen Formen von Psychotherapie. Man hat die „New-Age-" deshalb auch als „Human-potential-Bewegung"[90] bezeichnet; ihre Anhänger einte die Überzeugung, daß „sie bis anhin unnötiger Weise ein begrenztes Leben führten"[91].

Wie in dem oben zitierten Song aus „Hair" deutlich zum Ausdruck kommt, sollte das Zeitalter des Wassermanns vor allem die einseitige Rationalität des westlichen Denkens beenden: „Die mechanistische, cartesianische Weltanschauung hat großen Einfluß auf alle unsere Wissenschaften und ganz allgemein auf das abendländische Denken ausgeübt. Die Methode, komplexe Phänomene auf Grundbausteine zu reduzieren und nach den sie bewegenden Mechanismen zu suchen, ist so tief in unserer Kultur verwurzelt, daß sie oft mit der wissenschaftlichen Methode schlechthin verwechselt wird [...]."[92]

Die Naturwissenschaftler, die mit der Strömung sympathisierten, wie Rupert Sheldrake oder Fritjof Capra, propagierten ein neues, „ganzheitliches" oder „holistisches" Weltbild, der Kosmos als ein sich selbst organisierendes „Wesen". Von hier aus erklärte sich nicht nur das rege Interesse an ökologischen Fragen, vielmehr hoffte man auf einen grundsätzlichen „Paradigmenwechsel"; New Age verstand sich auch als „wissenschaftliche Revolution". Eine neue Biologie, eine neue Anthropologie würden den Menschen als Verschmelzung männlicher und weiblicher Elemente verstehen, eine neue Medizin sollte ihn als Wesen, bestehend aus Leib und Seele betrachten lernen, eine neue Psychologie könnte ihn als begabt mit Ratio und Intuition, normalen und paranormalen Fähigkeiten erkennen. Im Zusammenhang mit dem zuletzt Genannten, wird klar, wie stark hier die Affinitäten zu fernöstlichen Lehren (Taoismus, „Yin" und „Yang") gewesen sind, wie weit sich aber auch das Einfalltor für den Okkultismus öffnete (PSI, „Rebirthing", "Channeling" etc.).

Als religiöse Strömung war New Age vor allem synkretistisch, eine Vermischung aller möglichen Glaubens-, Meditations- und Philosophieformen, mit starker Sympathie für Indisches, Chinesisches, Japanisches, aber auch für indianische Naturreligion, Schamanismus, Magie und die mystischen Traditionen Europas. Eine explizite Feindschaft – etwa dem Christentum gegenüber – trat nur in einzelnen Fällen auf, es gab durchaus auch christliche „New Ager". New Age blieb immer „Bewegung", „Netzwerk" (ein Schlüsselwort), keine Zentralisierung war denkbar. Zwar spielten Esalen in Kalifornien oder Findhorn in Schottland schon die Rolle von Denkschulen, aber ohne daß man an eine umfassende Organisation gedacht hätte. 1988 zählte man in der Bundesrepublik etwa eine halbe Million Menschen zum Einflußgebiet der „Aquarians", 20 000 Beschäftigte lebten direkt oder indirekt von ihnen, 10% des Umsatzes des Buchhandels gingen auf das Konto von esoterischer Literatur.[93] Aber zu diesem Zeitpunkt erklärte Fritjof Capra schon, New Age sei nur noch etwas für die ewig Gestrigen, „die in der Geisteshaltung der siebziger Jahre Steckengebliebenen"[94].

VI. Kapitel: *Sehnsucht nach dem Ursprung*

Die Wiederkehr des Imaginären

1981 wurde in der Bundesrepublik ein seltsames Manifest veröffentlicht; es trug den Titel „Wir sind konservativ geworden und revolutionär geblieben": „Überall hin führen uns unsere Raubzüge, überall haben wir etwas zurückzuerobern, zurückzubetteln oder zurückzuzaubern. Dem Faschismus entreissen wir die Mythen, die er geschändet hat, Begriffe wie Freundschaft, Heimat, Natur, die er besudelte, dem Adel das ihm abhanden gekommene Gefühl von Achtung, Höflichkeit und Minne; der Kirche ihre schönste und von ihr am unwürdigsten behandelte Tochter: die Mystik; den Vagabunden ihre Freiheit und vernachlässigte Kreativität. Von allen Völkern holen wir funkelnde Bilder und tanzende Märchen, um sie mit den unsrigen zu vermählen. In den Büchern suchen wir Gefühle und Vibrationen, die danach lechzen, gelebt und gezittert zu werden. Hinter dem glatten Bildschirm, hinter der verstümmelten Vorstellung der Realität, wie sie die Technokratie mit allem Aufwand uns aufoktroyiert, verstecken sich intakt die unzähligen Räume und Abgründe menschlicher Möglichkeiten – Wir haben Hunger und Durst nach Bildern und Märchen, in uns brennt die Sehnsucht nach Mythen."[95]

Die Verfasser dieses Textes, Christiane Thurn und Herbert Röttgen, waren die Besitzer des „Trikont-Dianus-Verlages". Der Name zeigt schon das wichtigste über Ursprung und Entwicklung dieses Unternehmens auf. 1967 hatte Röttgen den „Trikont-Verlag" gegründet, „Trikont" von „trikontinental", d. h. auf die „Dritte Welt" bezogen. Röttgen zählte zum radikalen Flügel der APO; mit dem Namen wollte er die in der Studentenbewegung weitverbreitete Vorstellung zum Ausdruck bringen, daß die antikolonialistischen Befreiungskriege Afrikas, Asiens und Lateinamerikas in den „Metropolen" der Ersten Welt fortgesetzt werden müßten. Dementsprechend war das Programm: Trikont veröffentlichte die deutsche Fassung der Mao-Bibel, Schriften Ho Chi Minhs, das „Bolivianische Tagebuch" Che Guevaras, Bücher von Régis Debray, aber auch Fritz Teufel und Daniel Cohn-Bendit. 1975 geriet der Verlag in die Schlagzeilen, weil er die Erinnerungen des untergetauchten Terroristen Michael „Bommi" Baumann auf den Markt brachte; die Staatsanwaltschaft trat in Aktion, aber die „progressive" Intelligenz der Bundesrepublik unterstützte Trikont. Das Unternehmen war in gewisser Weise zur stehenden Einrichtung der „Neuen Linken" geworden.

Doch 1981 benannte sich der Trikont-Verlag in „Trikont-Dianus" um. „Dianus" war eine androgyne römische Gottheit mit zwei an ein und denselben Kopf gesetzten Gesichtern: dem männlichen des Jahresgottes Janus und dem weiblichen der Diana. Das sollte symbolischer Ausdruck für ein neues Selbstverständnis sein: den Versuch, die Quadratur des Zirkels, die coincidentia oppositorum zu schaffen, eben „konservativ" und „revolutionär" zugleich zu werden. In vielem ähnelten die nun bei Trikont-Dianus erscheinenden Titel dem, was der New-Age-Sektor produzierte, aber es gab auch deutliche Abweichungen. Etwa Skurrilitäten wie einen Band über „Marxismus und Meditation", eine mythische Bearbeitung der Gestalt Gudrun Ensslins. Vor allem interessierten sich Christiane Thurn und Herbert Röttgen jedoch für Vorstellungen und Überlieferungen der sog. „Primitiven", der Indianer, der Zigeuner, der australischen Aborigines, für Schamanismus und Magie. Dabei ging es auch darum, daß diese Völker „Unterdrückte" waren – insofern blieb man der linken Herkunft treu –, vor allem aber glaubte man, daß hier eine ganz ungebrochene religiöse Kraft vorhanden sei, man wollte die „Wiederverzauberung der Welt" (Morris Berman), die „Rückkehr des Imaginären", die „Mythen des 20. Jahrhunderts" sollten zu neuem Leben erwachen. In einer bis dahin ganz unvorstellbaren Weise verfochten Vertreter einer Generation, die immer behauptet hatte, daß die „Kritik" des „Nicht-Vernünftigen" und das „Hinterfragen" der Überlieferung die einzigen legitimen intellektuellen Verfahrenweisen seien, „die unbesiegbare Macht des Nichtrationalen im menschlichen Leben"[96].

Die politische und intellektuelle Linke reagierte entsetzt auf das neue Programm von Trikont-Dianus. Der in der „Szene" außerordentlich wichtige „Verband des linken Buchhandels" (VLB) boykottierte den Verlag, der bis dahin zu seinen Stammhäusern zählte. Die Vorwürfe reichten von „Faschismus" bis zu „unpolitischer Mystifikation" des Klassenkampfes.

Solche Aversion hing wohl mit der zu Beginn der 80er Jahre immer deutlicher erkennbar werdenden Veränderung der politisch-kulturellen Bewegung in Westdeutschland zusammen: „Wir, die alte Neue Linke, hatten lange Zeit noch ein Bewußtsein davon, daß die Aneignung des Marxismus eine eminent existentielle Sache war, die mit einer Veränderung unserer eigenen Lebenspraxis einherging oder doch einhergehen sollte. Aber wir vergaßen, inzwischen in Teilen zu Hochschullehrerstellen gekommen, daß sich dies eben nicht theoretisch vermitteln läßt. [...] Die Frauenbewegung und die Alternativbewegung haben uns schockhaft klargemacht, daß selbst, wenn unsere Perspektiven noch stimmten, der Boden für die nächsten Schritte schwankend geworden ist. Beide Bewegungen haben uns gleich doppelt getroffen: beide sind radikale Gegenbewegungen, die aus Widerspruchserfahrungen heraus entstanden, die in der sozialistischen Programmatik nur peripheren Stellenwert haben; und beide thematisieren Ansprüche auf ein anderes, sinnerfülltes Leben, das wir auf eine industriell-sozialistische Zukunft verschoben hatten."[97]

Schon um 1970 mußte die Linke in der Bundesrepublik begreifen, daß eine klassische, proletarische Revolution nicht in Gang zu bringen war: die Arbeiterschaft, die Masse der Bevölkerung überhaupt, hatte keinerlei Interesse an den verstiegenen Ideen der kleinen kommunistischen und radikalsozialistischen Parteien. Außerdem rückten ökologische Fragen (Naturzerstörung durch Straßenbau, Gefahren von Atomkraftwerken) immer stärker in den Mittelpunkt der Aufmerksamkeit. Die „neuen sozialen Bewegungen", getragen von Bürgerinitiativen und ad hoc gebildeten Komitees, unterschieden sich von der APO vor allem durch stärkere Individualisierung und eine gewisse „Entpolitisierung", d. h., man verteidigte sich gegen den Totalitätsanspruch der politischen Arbeit. Beides mußte der „alten Neuen Linken" verdächtig sein als ein überraschender Angriff aus den eigenen Reihen: „Das Blut- und Boden-Geraune, das Heimatgeflüster, die Gebärfreude und der Mutterkult, die Liebe zu den bleichen Müttern, den Trümmerfrauen, zur Rohkost, zur Natur und zum Heidekraut – dies explosive Gemisch aus den landesüblichen Gefühlsvaleurs, Larmoyanz und Brutalität [...]", die „Alternativen" als „deutschnationale Erweckungsbewegung".[98]

Das Überzogene der Kritik liegt so offensichtlich auf der Hand, daß man sich eine detaillierte Auseinandersetzung sparen kann. Aber in einer Hinsicht darf man dem Verfasser des eben Zitierten einen gewissen Scharfblick nicht absprechen: Die Ökologie-Bewegung wies, obwohl sie sich in ihrer Mehrheit immer als Teil der Linken betrachtete, eine irritierende Nähe zu älteren, eher konservativen Strömungen, die Natur- und Heimatschutz zu ihren Anliegen gemacht hatten, auf. Solange die „Grünen" eher ein Sammelbecken als eine Partei waren, kam das auch darin zum Ausdruck, daß es eine nicht unerhebliche Anzahl von Bürgerlichen gab, die hier mittaten. Die meisten von ihnen sind dann ausgeschieden, aber die Konvergenz vieler ihrer Anschauungen mit denjenigen der jüngeren Generation blieb unleugbar.

Mit diesem gesellschaftlichen Veränderungsprozeß hingen allmähliche Verschiebungen im „Überbau" zusammen. An die Stelle marxistischer Analyse und der Berufung auf die Philosophie der Aufklärung traten ein neu erwachender Sinn für „schöne" Literatur und das zunehmende Interesse für Religion. Man las John Frazer und Robert Ranke-Graves über Religionsgeschichte oder Mircea Eliade und Joseph Campbell über die Wirklichkeit des Mythos. Dem entsprach die allmähliche Lösung von der Psychoanalyse Sigmund Freuds und Wilhelm Reichs zugunsten der Lehre C. G. Jungs, der die Macht der „Archetypen" und des „kollektiven Unbewußten" beschworen hatte. Dem entsprach auch die wachsende Aufmerksamkeit für die Ethnologie; jetzt wollte man die Völker Asiens und Afrikas nicht mehr „entwikkeln" oder in ihrem revolutionären Kampf unterstützen, sondern begeisterte sich für ihre Ursprünglichkeit.

Trikont-Dianus scheiterte bereits nach fünf Jahren, 1986

mußte der Verlag Konkurs anmelden. Aber das Gesagte zeigt schon, daß es nicht daran lag, daß sich für sein Anliegen keine Interessenten fanden; bezeichnenderweise wurden zahlreiche Titel von großen kommerziellen Unternehmen aufgekauft. Schon das spricht dafür, daß dieses Projekt keine Sache von Einzelgängern war. Die hier propagierte Rückwendung entsprach einer weitverbreiteten geistigen Strömung, die sich auch an der Atlantis-Faszination und dem Interesse für die „Prä-Astronautik" (dic Götter als Besucher aus dem Weltall; Erich von Däniken, Pierre Charroux) zeigte, ebenso wie in künstlerischen Konzepten der „land-art" (Landschaftsgestaltung, zum Teil nach dem Vorbild prähistorischer Denkmäler) oder dem „Schamanismus" des Joseph Beuys. Der erwähnte Mircea Eliade hat die „Sehnsucht nach dem Ursprung" als den eigentlichen Impuls jeder religiösen Renaissance betrachtet, jenen Versuch, den „morgendlichen Augenblick wieder herbeizuführen, an dem der Mensch die Welt ›zum ersten Mal‹ sah".[99]

Fantasy

Dieses Bedürfnis fand seinen Ausdruck auch in der Populärkultur, in den sog. „Fantasy"–Filmen und in der „Fantasy"–Literatur. „Fantasy" selbst ist allerdings ein älteres Phänomen, irgendwo zwischen Märchen, Science Fiction und Horror-Genre einzuordnen, und keineswegs einfach mit „Phantasie" zu übersetzen. Die Ursprünge liegen in Büchern wie denjenigen der Briten William Morris (1834–1896), der in „Die Quelle am Ende der Welt" ein zauberisches Mittelalter als Bühne der Handlung entwarf, oder H. Rider Hagaard, dessen Romane „King Salomon's Mines" (1885) und „She. A History of Adventure" (1888) in Afrika angesiedelt waren. Die schließlich erfolgreichste Richtung, „sword & sorcery" („Schwert & Zauberei"), wurde von dem bereits 1936 verstorbenen Robert E. Howard mit „Conan", einer berserkerhaften Gestalt der Vorzeit, begründet. Hier traten schon all die Fabel- und Mischwesen auf – Gnome, Riesen, Drachenartige, halb Mensch, halb Tier –, die seitdem zur gewöhnlichen Ausstattung jedes „Fantasy"–Stückes gehören, vor allem aber zeigt sich die typische,

„mythische" Handlungsstruktur: Das Ganze spielt in der fernsten Frühgeschichte, in der die Magie noch ihre Kraft besaß, die Welt ist vom Bösen bedroht, das ein Heros schließlich nach mancherlei Prüfungen vernichten wird.

Ohne Zweifel stellte der 1954/55 in drei Bänden erschienene „Herr der Ringe" des Oxford-Professors John R. R. Tolkien einen Höhepunkt in dieser Entwicklung dar. Doch lag die Konjunktur von „Fantasy" bis zum Ende der 70er Jahre weniger in solch anspruchsvoller Literatur, sondern in der Dutzendware der Groschenhefte begründet. Allein die Hippiebewegung soll sich schon vorher für Tolkien begeistert haben. Aber erst mit den aufwendigen Filmprojekten wie „Excalibur" (1981), „Conan, der Barbar" (1981), „Feuer und Eis" (1982) und „Der dunkle Kristall" (1983) entwickelte Fantasy Breitenwirkung; es gab Kongresse, Fan-Clubs, Festivals und vor allem entsprechende „Rollenspiele" für den Heimcomputer. Selbst die Feuilletons der gehobenen Presse nahmen das Thema zur Kenntnis.

In vieller Hinsicht löste Fantasy die Science Fiction ab, so wie ein gewisser Kulturpessimismus zu Beginn der 80er Jahre an die Stelle der bis dahin dominierenden Fortschrittsgläubigkeit trat. John Boorman, der Regisseur von „Excalibur", ein Film, der die alten Sagen um Artus, Merlin und die Ritter der Tafelrunde verarbeitete, war wohl einer derjenigen, der die neue Tendenz frühzeitig erkannt hatte. Er schuf bereits 1971 mit „Zardoz" einen Fantasy-Film, der alle wichtigen Elemente der Gattung enthielt: eine Welt von Hippies, die in ewiger Jugend leben, ihre Tage mit Müßiggang, Langeweile und dauernden, fruchtlosen Diskussionen verbringen, sehnen sich nach Jahrhunderten in ihrer „schönen neuen Welt" nach Natürlichkeit, Leidenschaft und Tod. Ein Barbar dringt in ihr Universum ein, vernichtet es und setzt den Kreislauf von Werden und Vergehen wieder in Gang; unempfindlich für die Dekadenz, schafft er aus primitiven Anfängen die Fundamente für einen neuen Aufstieg. – Boorman meinte auf die Frage nach der Ursache für den Erfolg von Fantasy, diese liege in der „Verleugnung des Natürlichen und Übernatürlichen, in der Überbetonung einer kalten Rationalität. [...] Aber wir sehnen uns alle nach Magie und Mythos."[100] Selbstverständlich gab es zu dem Thema „Fantasy" auch durchaus ablehnende

Stimmen; einer liberalen Wochenzeitung galten sie als „kleine Fluchten" aus der Tristesse des Alltags und als „Filme für die Grünen"[101].

Grüne Religion

Einer der Haupteinwände der klassischen Linken gegen die Tendenzen der Friedens- und Umweltbewegung war deren religiöse Färbung. Die Ursache für die wachsende Bedeutung religiöser Vorstellungen in diesen Gruppen lag wiederum in der Sterilität des klassischen Marxismus begründet. Die Suche nach dem „Konkreten", nach der „Erfahrung", dem „Erlebnis" ließ viele schließlich auch zur Frage nach dem „Glauben" gelangen.

Die Grünen in der Bundesrepublik haben in christlichen Kreisen immer eine starke Anhängerschaft gehabt. Vor allem evangelische Theologen und Laien fühlten sich den Anliegen der Partei verbunden, besonders dann, wenn es um Fragen der Naturbewahrung und der Friedenssicherung ging. Bis weit in die 80er Jahre hinein dominierten ökologische Themen Kirchentage und Seminarangebote, fachwissenschaftliche Kontroversen und einen großen Teil der Gemeindearbeit. Die Popularität von Schöpfungstheologie und des franziskanischen „Sonnengesangs" waren dafür deutliche Zeichen. Andererseits fühlten sich auch Funktionäre der „Grünen" christlichen Vorstellungen verpflichtet, motivierten ihre politische Arbeit aus dem Bekenntnis: so die Pastorin Antje Vollmer und auch die aus der katholischen Kirche ausgetretene Petra Kelly; verbreitet fand sich die Vermischung mit der Anthroposophie Rudolf Steiners.

Dieses Verhältnis zwischen Umweltbewegung und Christentum entsprach derjenigen Stellung, die beide auch in den USA zueinander entwickelt hatten. Das sog. „stewardship-movement" versuchte dort mit einigem Erfolg eine Art von ökologischer Theologie auszubilden. Andererseits zeigte sich in Nordamerika rasch, daß es bestimmte – vor allem feministische – Kreise gab, die diese Zuwendung zum Christentum nicht mittrugen. Die Nähe des „Ökologismus" zu zyklischen Modellen eines ewigen „Werdens und Vergehens", die Unvereinbarkeit des „Holismus" und der Vorstellung von einem „persönlichen Gott" mochten dabei ebenso eine Rolle spielen wie der traditionelle Antiklerikalismus der Linken. Das bedeutete aber nicht, daß diese Gruppen die Suche nach einer neuen „Spiritualität" den christlich geprägten Teilen überlassen hätte: „Viele religiös Engagierte innerhalb und außerhalb der etablierten Kirchen, aber auch vom Liberalismus oder Marxismus geprägte und Religion vordergründig ablehnende Kreise scheinen nach eincr ‚Natur-Religion' im eigentlichen Wortsinne zu suchen – oder zumindest nach jenem religionsähnlichen Ergriffensein, für das Magnus Schwantje Anfang dieses Jahrhunderts die Worte ‚Ehrfurcht vor dem Leben' prägte."[102]

Es bildete sich eine christliche oder anti-christliche religiöse Strömung aus, deren Haupteinwand gegen die kirchliche Lehre darin bestand, daß sie mit der Aufforderung an den Menschen „Macht euch die Erde untertan!" (Gen 1,28) wesentlich zur Zerstörung der Umwelt beigetragen habe. Die Vorstellung von der Naturfeindlichkeit der jüdisch-christlichen Überlieferung ist ein älterer Topos „heidnischer" Kritik, und er ist heute weiter verbreitet, als man annehmen möchte. Die amerikanische Autorin Margot Adler konnte formulieren: „Paganismus ist die Spiritualität der ökologischen Bewegung."[103]

VII. Kapitel: *Entwicklungshilfe für die Erste Welt*

Der edle Wilde

Der in der Bundesrepublik erfolgreichste und am weitesten verbreitete religiöse Text der 80er Jahre stammte von keinem Theologen und von keinem christlichen Laien, sondern von einem „Heiden". Gemeint ist die „Rede" oder der „Brief" des Indianerhäuptlings Seattle, den er 1855 an die Weißen gerichtet haben soll: „Der große Häuptling in Washington läßt uns wissen, daß er unser Land kaufen will. [...] Diese Idee scheint uns sehr merkwürdig. Wir besitzen auch die Frische der Luft und das Glitzern des Wassers nicht! Wie könnt ihr sie da von uns kaufen? Jedes Stück dieses Bodens ist meinem Volk heilig. Jede schimmernde Kiefernnadel, jedes sandige Ufer, der zarte Dunst in der Dunkelheit der Wälder, jede Lichtung und jedes summende Insekt ist der Erinnerung und dem Erleben meines Volkes heilig."

Die in diesen Sätzen zum Ausdruck kommende Naturfrömmigkeit, das harmonische Miteinander von Menschen, Tieren und Pflanzen schien alles vorwegzunehmen, was man sich, etwa in der Umweltbewegung, zukünftig als ökologische Religion vorstellen wollte. Der Text wurde auf Schallplatten und als Broschüre verbreitet, war Grundlage für Meditation und Schulunterricht; die Umweltorganisation „Greenpeace" ließ ihn auf ein Plakat drucken, brachte eine Prophezeiung der Cree-Indianer über die Folgen der „weißen" Naturzerstörung als Aufkleber massenhaft in Umlauf und taufte ihr Schiff, nach einer Figur der indianischen Mythologie, „rainbow-warrior".

Dieser Erfolg ist bis heute ungebrochen, obwohl bereits kurz nach Veröffentlichung von Seattles Rede schlüssig nachgewiesen werden konnte, daß es sich offensichtlich um eine literarische Fiktion handelte. Erst 1887, dreiunddreißig Jahre nachdem Seattle seine Ansprache gehalten hatte, veröffentlichte ein Weißer den Text in englischer Sprache. Keine der ökologischen Einsichten entstammt dem Original; der in christlichen Kreisen oft gesungene Kanon „Jeder Teil dieser Erde ist meinem Volk heilig" findet sich zwar in der Rede, aber er bezieht sich eben nicht auf das Umweltbewußtsein der Indianer, sondern auf ihre Ahnenverehrung. – Der Indianer als vorbildliche Gestalt ist so alt wie das Thema des „edlen Wilden" überhaupt. Bereits im 18. Jahrhundert tauchte diese Figur in den aufklärerischen Schriften auf, die amerikanischen Einzelgänger Walt Whitman, Ralph Waldo Emerson und Henry David Thoreau beriefen sich für ihre harsche Kulturkritik auf die indianische Ehrfurcht vor der Natur: „Die Erde war ein Ort für Heidentum und Aberglauben; [aber; K. W.] sie wurde bewohnt von Menschen, die den Felsen und Wildtieren näher verwandt waren als wir."[104]

Selbstverständlich blieb die Vorstellung von der besonderen Grausamkeit und Wildheit der Indianer in Nordamerika wie in Europa vorherrschend. Doch das änderte sich in Deutschland nachhaltig durch die Bücher Karl Mays und die Übersetzung der Werke James Fenimore Coopers („Lederstrumpf"). Damit gewannen indianische – oder angeblich indianische – Lebensformen vor allem Bedeutung als Modelle für eine neue Natürlichkeit und für eine jugendliche Selbsterziehung, wie sie zuerst der Wandervogel, dann die aus England stammende Pfadfinderbewegung und die Bündische Jugend umzusetzen versuchten. Selbst der Nationalsozialismus bemühte sich, diese Gedanken für seine Zwecke zu instrumentalisieren, und betonte das „Rassebewußtsein" und den kriegerischen Mut indianischer Stämme. Allerdings gelang ihm das nur zum Teil; die in den 30er Jahren erschienenen Bücher von Fritz Steuben über den Shawnee-Häuptling Tecumseh inspirierten auch die illegale Jugendbewegung, von deren Gruppen sich einige „Navajos" und „Kinder der Erde" nannten.[105]

New Indians, Stadtindianer, Mescaleros

Die romantische Vorstellung des Indianischen war in Nordamerika und Europa in einem gewissen Maße Teil der allgemeinen Kultur. Und auch die Hippies zog vor allem dieses idealisierte Bild an. Seit der Mitte der 60er Jahre wandten sich Teile der Bewegung von der östlichen Spiritualität ab und dem indianischen Kulturkreis zu. Es gab Landkommunen, die in Tipis lebten, Kleidung und Schmuck nach indianischem Vorbild trugen, aber erst 1967 kam es zu einer direkten Begegnung zwischen Indianern und Vertretern der jugendlichen Subkultur. Daß dabei eine gewisse Desillusionierung stattfand, kann nicht verwundern; die Stammeszugehörigkeit auf Grund der Geburt, die Hierarchisierung innerhalb der Stämme erschienen den Hippies unannehmbar, das Indianische blieb für sie im wesentlichen Dekor.

Allerdings scheint die traditionelle indianische Religiosität ihren Eindruck schon damals nicht verfehlt zu haben. Es gab Versuche, das Christentum und diese Naturfrömmigkeit zu vereinen; so konnte 1971 in San Francisco ein 24 Stunden dauernder Gottesdient stattfinden, in dem biblische Elemente und Teile der Mohawk-Mythologie verbunden wurden:

„Wir haben uns hier bei Sonnenaufgang versammelt, um unserer Liebe und Sorge für die lebenden Gewässer des Central Valley von Kalifornien Ausdruck zu geben, für die Kanincheneulen, die Gleitaare, die großen Graureiher, die ziehenden Wasservögel, das Spartgras, die Wasserlilien, Biber, Opossum, Streifenbarsch, Anchovis und die Frauen, Kinder und Männer der großen Familie, die ihr Leben und ihre spirituelle Nahrung aus diesen Wassern schöpfen. Heute bringen wir unsere Sorge und unsere Gebete dar für das wachsende Wohl und den Geist dieser Manifestationen des Lebens und ihre miteinander verflochtenen Lebensräume und Rechte."[106]

Wie schon die oben erwähnte Rolle der „Rede" Seattles zeigt, blieb die Faszination indianischer Spiritualität nicht auf Nordamerika beschränkt. Vergleichbare Gruppen der Jugendkultur in Westeuropa übernahmen den Lebensstil der „New Indians", Indianer wurden (nicht immer mit Erfolg) zu Treffen der Hippie-Szene eingeladen, auch die sog. „Stadtindianer" oder „Mescaleros" der 70er Jahre, eine äußerst radikale Randerscheinung der Alternativ-Bewegung in der Bundesrepublik, gehören in diesen Zusammenhang.

Das neue Interesse für die roten Völker traf zusammen mit dem wachsenden Selbstbewußtsein der Indianer. Ende der 60er Jahre entstand eine Strömung vor allem unter den Jüngeren, die weder die kümmerliche Existenz in den Reservaten noch die totale Anpassung an die Welt der Weißen akzeptieren wollten. Die Mitglieder von „Red Power" machten – ähnlich wie die des „Black-Power-Movement" – durch medienwirksame Aktionen auf sich aufmerksam. So besetzten sie 1973 mit schwerbewaffneten „Kriegern" die Station „Wounded Knee", wo die US-Armee 1890 ein Massaker an Indianern begangen hatte. Damit sollte die Öffentlichkeit auf die Lebensumstände der Ureinwohner, auf die allgemeine Diskriminierung, ihre Landrechte und ihren Anspruch auf Selbstbestimmung aufmerksam werden. Die Bewegung erhielt auch Hilfe durch Bürgerrechtler, Teile der Anti-Vietnam- und der ökologisch orientierten Gruppen; Unterstützung für indianische Anliegen wurden in der Szene so populär, daß diese sogar in den Texten von Poptiteln auftauchten („We're all wounded at Wounded Knee", „Cherokee-Nation", „Dawn's Highway").[107]

Allerdings waren die Indianer gegenüber solcher Aufgeschlossenheit schon mißtrauisch geworden, sie mochte als verwandelte Bevormundung erscheinen. Vine Deloria, ein Aktivist der Oglala-Dakota, an „weißen" Universitäten als Jurist ausgebildet, brachte es auf die Formel „We talk – You listen", zu deutsch: „Wir sprechen – Ihr hört zu". Deloria forderte die völkerrechtliche Anerkennung souveräner indianischer Nationen und erklärte angesichts der Industrialisierung Nordamerikas mit den Begleiterscheinungen „Kapitalismus" und Umweltzerstörung: „Ein unentwickeltes Land hat Stämme hervorgebracht und ein vollentwikkeltes Land bringt jetzt Stämme hervor. Im wesentlichen haben tatsächlich die Indianer den Kampf um das kulturelle Überleben gewonnen. Es ist nur noch eine Frage von Jahren und des kontinuierlichen Wirkens der Jugend, bis alle in den wirklichen Hauptstrom des amerikanischen Lebens integriert sein werden: den Stamm."[108]

Obwohl das nichte im Vordergrund stand, enthielt Delorias Schrift auch die Forderung nach einer "neuen Religion" für Amerika: „Ich schlage keineswegs eine Rückkehr zum Christentum vor. Diese ‚Religion' hat zweitausend Jahre Heuchelei und Blutvergießen hinter sich und kaum etwas anderes bewirkt, als Menschen in Maschinen zu verwandeln."[109]

Deloria wies in seinem zitiertende Buch ausdrücklich darauf hin, daß die indianischen religiösen Vorstellungen etwas für die Indianer Spezifisches seien und daß die Weißen sie nicht übernehmen könnten. Die vor allem politisch motivierten Unterstützungsgruppen in den USA und Europa haben sich im allgemeinen an dieser Trennlinie orientiert. Es ging ihnen im Kern nur darum, „indianische Impulse für die Revitalisierung der Erdfrömmigkeit"[110] in ihren eigenen Ländern zu erhalten. Das entsprach und entspricht auch im wesentlichen der Forderung der sog. „Traditionalisten" unter den Medizinmännern und Stammesältesten, deren „Elder circle" einerseits jede Vermarktung indianischer Spiritualität ablehnt, andererseits aber erklärt, daß er hoffe, „daß sich alle Menschen bemühen werden, traditionelle Werte in ihr Leben aufzunehmen. Wir sind der Überzeugung, daß es dringend nötig ist, die zerstörerischen Wege zu ändern, die für den friedfertigen und natürlichen Lebensstil schädlich sind, [vielmehr sei; K. W.] das Gleichgewicht und die Harmonie allen Lebens wiederherzustellen und Mutter Erde zu beschützen."[111]

Eine solche Zurückhaltung war von denjenigen nicht zu erwarten, die sich indianischer Überlieferung im Zusammenhang mit der New-Age-Bewegung zuwandten. Die Initialzündung zu dieser Entwicklung gab 1970 die Veröffentlichung der „Teachings of Don Juan" durch Carlos Castaneda. Castaneda erwarb mit dieser Arbeit, die seine „Einweihung" durch einen Yaqui-Medizinmann beschrieb, nicht nur den Doktor-Titel an der Universität von Berkeley, er dürfte auch eines der erfolgreichsten Bücher der ganzen Esoterik-Welle geschrieben haben. Castaneda behauptete, man könne mit Hilfe von indianischer Meditation und Trance-Techniken eine gesteigerte Form der Selbsterfahrung machen, sogar die schamanistische „Reise" vom „Tonal" zum „Nagual", von dieser in die jenseitige Welt vollziehen. – Die „Teachings" und die zahlreichen später erschienenen Nachfolgebände standen zwar bald im Verdacht, gefälscht zu sein, aber das hat ihre Verbreitung keineswegs behindert.

Castanedas Beispiel machte Schule. Der Bedarf nach indianischer Spiritualität, nach Trance und Visionen wuchs im weißen

Amerika wie in Westeuropa und verlangte nach Befriedigung. Das Phänomen der „Beton-Schamanen" oder „Plastik-Medizinmänner" begann sich zu verbreiten. Nimmt man unter den zahlreichen Angeboten das für ein „Camp" mit den Dakota-Medizinmännern (?) Larson Medicinehorse und Dan Old Elk, das die Vereinigung „Genese" im Sommer 1990 in Nordhessen durchführte, so findet man in einem Werbeblatt folgenden Text:

„Die erdverbundene und von Verantwortung für das Leben geprägte Haltung, die aus der indianischen Art, spirituell zu sein, entspringt, wird während des Camps Gegenstand der Auseinandersetzung mit uns selbst. Das Camp ist interessant für Menschen, die voll im Leben stehen und neue Kraft und Anregung suchen, um die Arbeit für ein menschlicheres Leben und eine gesündere Umwelt zu schaffen. Für innere Kraft und Inspiration führen die Medizinmänner verschiedene indianische Zeremonien durch, vor allem jedoch die Schwitzhüttenzeremonie. [...] Darüber hinaus finden talking circles, Sonnenaufgangszeremonien, Heilungszeremonien und traditionelle indianische Spiele statt."

Jeder Teilnehmer hatte vorab 480,- DM zu überweisen, außerdem eine Zeltgebühr von 25,- DM, für die Verpflegung mußte er selbst sorgen. Die hier erwähnte „Schwitzhüttenzeremonie" ist die einzige, die auch die Traditionalisten mit Weißen gemeinsam durchführen. Sie dient der Reinigung und Erneuerung und wird in einem Zelt vorgenommen, in dem man nach Art der finnischen Sauna heißen Dampf erzeugt. Alle anderen kultischen Formen gelten den überlieferungsbewußten Indianern als Tabu für Außenstehende.

Andere „Medizinmänner", wie Harley Swift Deer und Sun Bear, versuchen aber nicht nur „Geheimnisse" weiterzugeben, sie haben auch eine eigene „indianische Esoterik" entwickelt, die mit der alten Religion ihrer Völker nichts zu tun hat. Dabei spielen Astrologie und andere okkulte Disziplinen eine wichtige Rolle. Eine zentrale Funktion hat dabei das sog. „Medizinrad", das vor allem für Sun Bear die magischen Entsprechungen sinnbildlich darstellt. In einer „Vision" sah er den Weg des Menschen auf dem „Medizinrad": „Als erstes begaben sich die Menschen in die Position des Nordens – des Winters, der Zeit von Rast und Ruhe für uns und die Mutter Erde. Es ist der Platz, der die Zeitphase repräsentiert, in der weiße Haare wie Schnee auf unseren Häuptern wachsen und in der wir uns darauf vorbereiten, sowohl die Welten wie die äußerlichen Erscheinungsformen zu verändern. Dann folgten jene, die sich im Osten niederließen. Dies ist der Platz des Erwachens, die Stätte von Geburt und Frühling, der Ort, der Geburt und Anfang der menschlichen Rasse symbolisiert. Ihnen folgten jene, die den Süden repräsentieren – Zeit des Sommers, Jahre der Fruchtbarkeit und des schnellen Wachstums. Und schließlich die Menschen, die sich in den Westen begaben – die Zeit des Herbstes, wenn wir die Ernte einbringen und das Wissen erlangt haben, das notwendig ist, um zu unserer inneren Mitte zu gelangen. Der Westen ist die Heimat des Westwindes, Vater aller Winde."[112] Zu den einzelnen „Richtungen" des „Medizinrades" werden weiter Farben, Mineralien, Pflanzen, Tiere und Gestirne in Verbindung gebracht.

Einen gewissen Eindruck von der „indianischen Astrologie" vermittelt der Bericht einer Anhängerin von Swift Deer über dessen Vorträge: „Die Kristallschädel, die Schädel die wir die singenden Schädel nennen, – also die in der Mitte sind – haben sich von einem zum anderen Planeten bewegt. Und haben also die Gabe mit sich gebracht die Kräfte der jeweiligen Welten aufzunehmen, wahrzunehmen. Und sie sind jetzt auf der Großmutter Erde. Sie werden von den roten Menschen – das sind die Wahrer und Halter dieser Energien – behütet. Wir nennen den Kreis der ins Zentrum gehört die Arche. 1555 wurden aufgrund der Ergebnisse [?] der katholischen Kirche und eines Mannes namens Cortez die Kristallschädel, die sprechenden Schädel, auseinandergerissen und zerstreut. Bis heute sind sie nicht zusammen und sprechen nicht zusammen. 11 von den weißen Kristallschädeln wurden dem Kreis zurückgegeben und der eine aus dem Westen fehlt immer noch."[113] Aus diesem Grund ist Swift Deer in Europa, um den letzten „Schädel" wieder einzufügen, damit das neue Zeitalter beginnen kann.

Die Einwände des „Elder circle" gegen diese eigenartigen Lehren werden nicht nur durch den Hinweis begründet, daß sie mit der Tradition nicht übereinstimmen, daß das meiste nicht „Einweihung", sondern indianisch verkleidete Gruppendynamik ist, vielmehr wirft man den „Plastikmedizinmännern" auch vor, daß sie Spiritualität mit Geschäft verwechseln: „Jede Person, die dem Weg der Medizin folgt, muß ein respektvolles, stilles Leben führen. Sobald einer Aufträge für öffentliche Reden annimmt, Geld für etwas verlangt, was für uns ein Geschenk war – dann stimmt alles nicht mehr. Er kann seinen Traum, seine Vision nur leben."[114]

Diese Frontstellung hat dazu geführt, daß Swift Deer die Traditionalisten überhaupt für inkompetent erklärte, während Sun Bear einen eigenen „Bären-Stamm" gründete, dessen Leben allerdings nicht mit den hohen Erwartungen, die man in das Projekt meinte setzen zu können, übereinzustimmen scheint: „[...] wir sind nach Spokane gefahren. Ca. 80 und wollten sehen wie Sun Bear mit seinem ›Stamm‹, von dem er in Deutschland soviel erzählt hatte, lebt. Das was er erzählte und die Realität klaffte aber Meilen auseinander, und das Leben in Spokane war nach meinem Geschmack eine bessere, spirituell sich rechtfertigende Hippie – Bewegung – Kommune."[115]

Indianer und wir

Das neu erwachte Interesse an indianischer Religiosität hing vor allem mit der sog. „Schamanenwelle" zusammen, die Anfang der 80er Jahre die esoterische Szene in der Bundesrepublik erreichte. Im Sommer 1982 veranstalteten der Trikont-Dianus-Verlag und die Organisation „Crystal" in Alpach/Tirol ein Treffen der letzten Vertreter der afrikanischen, asiatischen und nordamerikanischen „Urreligionen", 1983 und 1984 wurde die Veranstaltung wiederholt. 1983 fand auch ein erstes „Europäisches Medizinradtreffen" statt, und einen gewissen Höhepunkt erreichte die Entwicklung mit der sog. „Interplanetarischen Regenbogen-Zeremonie" in Interlaken im Juli 1985, an der neben Repräsentanten der Indianer (Swift Deer) ein afrikanischer Medizinmann, Vertreter des islamischen Sufismus, des japanischen Zen, ein tibetanischer Mönch, ein Mitglied des Benediktiner- Ordens und ein jüdischer Rabbi als Vertreter der „acht Kräfte" der Erde teilnahmen.[116]

In dieser Zeit entstand auch das „Indianische" oder „Namenlose Netzwerk" mit Gruppierungen in der Bundesrepublik, Österreich und der Schweiz. Die Zusammenarbeit war zwar von der gemeinsamen Überzeugung getragen, daß die Europäer von den

Indianern geistige „Entwicklungshilfe" bekommen müßten, aber das verhinderte auf die Dauer nicht die deutliche Zweiteilung des Lagers. Während die einen, vor allem um die Österreicher Roman Schweidlenka und Alexander Buschenreiter („Für die Erde, für das Leben – Arbeitskreis Hopi") gesammelt, eine „spirituelle Politik" propagierten, sich in der Alternativ-Bewegung betätigten und den „Elder circle" bei dem Versuch unterstützten, den Ausverkauf indianischer Religion zu verhindern, waren die anderen vor allem an „Einweihung" interessiert. Hierher gehört offensichtlich auch der Kreis um den Wormser Berthold Röth, den Herausgeber der verbreiteten Zeitschrift „Mescalito". Röth gilt als europäischer Schüler von Swift Deer, aber er scheint kein „weißer Indianer" werden zu wollen. So wie sein Lehrer sich nicht nur mit indianischer, sondern auch mit Runen-Magie befaßt, so hat er die sog. „Sonnentanz-Lehre" aus Nordamerika mit keltischen Elementen zum „Celtsun" verschmolzen.

Überhaupt wird man feststellen müssen, daß in den Unterstützer-Gruppen für die Indianer sehr bald das Interesse an der eigenen frühgeschichtlichen Überlieferung aufbrach. Der aus der radikalen Linken stammende Verleger Werner Pieper veröffentlichte schon 1973 in seiner Zeitschrift „Humus" ein ausführliches Interview mit Herman Wirth, der sich in seiner Lehre von den „Urkulturen" auch auf die Hopi als Träger „nordischer" Überlieferung bezogen hatte; die Hopi als besonders friedliebender, naturverbundener und „matriarchal" organisierter Stamm galten in allen Teilen der Szene immer als Ideal.

Insofern wird man die Beschäftigung mit indianischer Religion vor allem als einen Katalysator für die Rückwendung zum „eigenen" Heidentum betrachten dürfen; angeblich soll einer der indianischen Medizinmänner, die in den 70er Jahren die Bundesrepublik besuchten, gesagt haben: „Ich kenne die germanische Sage von Wodan, in der es heißt, er sei in einen Berg eingeschlossen und Raben seien seine Botschafter. Er werde wieder zurückkehren, wenn die Raben ihm die Botschaft bringen würden, die Zeit sei gekommen. Wir sind noch heute der Meinung, daß die alten Kräfte wieder zu Bedeutung gelangen müssen – gibt es denn niemand hier, der mit Raben sprechen kann? Wir haben indianische Medizinmänner, die das könnten [...]."[117]

VIII. Kapitel: *Die Wiederkehr des großen Weiblichen*

Gaia erwacht

Wer im Sommer 1990 aufmerksam durch Bibliotheken und Kulturzentren ging, konnte gelegentlich große Plakate mit einem Aufmerksamkeit erregenden Bildmotiv sehen: ein schwarzer Kern, umgeben von vielfarbiger Aura, das ganze in einem explosionsartigen Wirbel von Linien und Partikeln. Mit diesem Plakat warb das von dem renommierten Psychologen Karlfried Graf Dürckheim in Todtmoos gegründete Therapiezentrum für eine Tagung unter dem Thema „Gaia – Das Erwachen der Göttin": „Gaia – das ist der Name einer der ältesten griechischen Göttinnen, die als Mutter verehrt wurde und in der Theogonie Hesiods zu den Urprinzipien zählt. Als mythische Kraft hütet Gaia die Geheimnisse des ‚großen Weiblichen', der Fruchtbarkeit, der Sexualität, der Verwandlung im Prozeß von Tod und Geburt. Jahrtausende hat unsere Kultur und Zivilisation diese Lebensmysterien (und mit ihnen die Frau) zu beherrschen versucht und unterdrückt. Das ‚Erwachen' von Gaia macht (z. B. in diesem stürmischen Winter) die Grenzen unseres wissenschaftlich-technokratischen Weltverständnisses deutlich und wird jene schmerzlichen Verwandlungsprozesse in allen Lebensbereichen initiieren, in denen der Mensch sich bewußt werden muß, daß er als Kreatur völlig in das komplexe Gefüge der Erde eingewoben ist."

Das Thema der Veranstaltung in Todtmoos hing offensichtlich mit der sog. „Gaia-Hypothese" des amerikanischen Chemikers James Lovelock (Gaia, a New Look at Life on Earth. 1982) zusammen. Lovelock entwickelte Anfang der 80er Jahre die Vorstellung, daß die Erde ein sich selbstorganisierendes ökologisches System sei, weshalb es – wie sein Kollege Pedler formulierte – für den Menschen darauf ankomme, die „Intelligenz der Erdgöttin"[118] zu erkennen und sich ihr zu unterwerfen. Die Idee, daß die Ökologie den uralten Mythos von der „Mutter Erde" bestätige, hat vor allem auf die sog. „New-Age-Bewegung" faszinierend gewirkt; das meditative „Eindringen in den Geist unseres Planeten"[119] wurde zu einem ihrer wichtigsten Ziele.

Aber wie der eingangs zitierte Text aus der Vorankündigung des Kongresses in Todtmoos deutlich erkennen läßt, weist die Vorstellung vom Wiedererwachen der Gaia noch einen anderen Aspekt auf: das Versprechen einer erneuerten weiblichen Spiritualität. Unter den auf dem Kongreß angebotenen Veranstaltungen fanden sich deshalb nicht nur „Workshops" zur besonderen Sexualität der Frau, man wollte auch die Kulttänze des Neolithikums nachempfinden und „Kreisrituale" der Naturvölker aufführen, und es wurden als Referenten bekannte Vertreterinnen feministischer Religionsgeschichte eingeladen.

Bachofens Töchter

Das Interesse der feministischen Religionsgeschichte konzentriert sich auf Muttergottheiten wie die griechische Gaia und auf damit zusammenhängende mutterrechtliche Vorstellungen in frühen Kulturen. Allerdings mußte auch eine Feministin wie Heide Göttner-Abendroth in ihrer breit angelegten Darstellung der Geschichte des „Matriarchats" den Rang des „Pioniers" auf diesem Forschungsgebiet einem Mann zuerkennen: Johann Jakob Bachofen.[120] Und das, obwohl Bachofen nichts weniger war als ein Vorkämpfer der Emanzipation, vielmehr ein Patrizier in der Schweiz des 19. Jahrhunderts, fromm, konservativ und allen Veränderungen abgeneigt.

Bachofen wurde 1815 in Basel als Sohn eines Seidenfabrikanten geboren, studierte an den Universitäten Göttingen und Berlin Jura und Altertumswissenschaft. Den Plan, eine öffentliche Karriere zu machen, gab er rasch wieder auf und wandte sich ganz seinen eigenwilligen rechtsgeschichtlichen Interessen zu. Bachofens Ehrfurcht vor der Geschichte war geprägt vom Bemühen um Vergegenwärtigung – nicht im Sinne anachronistischer Beurteilung, sondern im Sinne der Imagination – der Vergangenheit. Bachofen hat sich später, in der Einleitung zu „Die Sage von

Tanaquil" (1870), gegen die „ewig hoffnungslose Ermittlung der geschichtlichen Wahrheit" gewandt. Er forderte, der Historiker müsse intuitiv die „innere", nicht die „äußere Wahrheit"[121] des in der Zeit zurückliegenden Geschehens zu verstehen suchen. Solche Auffassungen mußten ihn in Konflikt mit der Geschichtsschreibung seiner Zeit bringen, die viel Mühe darauf verwandt hatte, eine Methode auszubilden, die wissenschaftlichen Maßstäben genügte, indem sie nur gelten ließ, was einer quellenkritischen Überprüfung standhielt. Bachofens romantische Neigung zur Vergangenheit konnte skeptischen Geistern nicht behagen, und Bachofen geriet rasch in eine gewisse Isolation unter seinen Fachgenossen.

Endgültig schien er der Lächerlichkeit preisgegeben, als er 1861 ein Buch mit dem Titel „Das Mutterrecht. Eine Untersuchung über die Gynaikokratie der alten Welt nach ihrer religiösen und rechtlichen Natur" veröffentlichte. „Gynaikokratie" – Frauenherrschaft war, selbst wenn ihre Existenz nur für die Antike behauptet wurde, den Zeitgenossen Bachofens eine Absurdität. Was Bachofen den Mythen des Altertums und auch den Darstellungen seiner Geschichtsschreiber entnahm, schien nichts weniger als wahrscheinlich. Er behauptete, daß die Gynaikokratie „keinem bestimmten Volk, sondern einer Kulturstufe angehörte"[122], daß das „Mutterrecht" also keine exotische Besonderheit bestimmter randständiger Zivilisationen war, sondern eine notwendige Entwicklungsphase in der Geschichte der Menschheit darstellte. Soweit es sich der ausladenden Schilderung entnehmen läßt, ging Bachofen von einem bestimmten Modell der sozialen Evolution aus. Diese sollte mit der Urhorde begonnen haben, die weder Besitz noch Ehe kannte, sondern in einer Art von Kommunismus und allgemeiner Promiskuität lebte („Hetärismus"), dem folgte mit der Einführung des Ackerbaus das „Matriarchat": „Dasjenige Verhältnis, an welchem die Menschheit zuerst zur Gesittung emporwächst, das der Entwicklung jener Tugend, der Ausbildung jeder edlern Seite des Daseins zum Ausgangspunkt dient, ist der Zauber des Muttertums, der inmitten eines gewalterfüllten Lebens als das göttliche Prinzip der Liebe, der Einigung, des Friedens wirksam wird."[123] Erst nachdem durch die Frau die Grundlage der Zivilisation geschaffen wurde, konnte der Mann seine Stellung einnehmen, konnte dann das noch weitgehend dem Stoff verhaftete „Matriarchat" durch ein das geistige Prinzip vertretendes „Patriarchat" ersetzen.

Für seine Argumentation zog Bachofen einerseits Überlieferungen heran, die wegen ihres Hinweises auf eine besondere Rolle der Frau in bestimmten Kulturen, bis dahin als absonderlich betrachtet wurden: so Berichte über die Gewohnheit der männlichen Lyker, sich nach ihrer Mutter zu benennen, über den sich auf weibliche Vorfahren berufenden Adel der Insel Lesbos, über die Bedeutung von Königinnen in Indien und Ägypten, schließlich die Erzählungen von den sagenhaften Amazonen als den letzten, die sich gegen den Übergang zur Männerherrschaft zur Wehr setzten. Den eigentlichen Kern seiner Anschauung bildete allerdings die Entdeckung der „tellurischen" oder "chthonischen" Religion, deren Reste sich in den uns bekannten antiken Glaubensvorstellungen noch deutlich erhalten haben, die Verehrung der mütterlichen Erde als der Grundmacht allen Daseins, der Einheit des ewigen Werdens und Vergehens, für das der Tod „also nicht der Gegensatz, sondern der Gehilfe des Lebens"[124] war.

Die Rezeption der Gedanken Bachofens, vor allem der Idee des Mutterrechtes, erfolgte mit Verzögerung, dann aber auf breiter Basis. Dabei lassen sich deutlich eine Aufnahme „von links" und eine Aufnahme „von rechts" unterscheiden. Zwar hatte sich Marx mehrfach skeptisch über die Thesen Bachofens zum Matriarchat geäußert, aber doch die Übereinstimmung der Forschungen des Schweizers mit seinen eigenen Vorstellungen von der Urgesellschaft betont. Eine direkte Übernahme fand bei Friedrich Engels (Der Ursprung der Familie, des Privateigentums und des Staates. 1884) und bei August Bebel statt; in dessen außerordentlich populärem Buch „Die Frau und der Sozialismus" hieß es denn auch kategorisch: „Die Geltung des Mutterrechts bedeutete Kommunismus, Gleichheit aller; das Aufkommen des Vaterrechts bedeutete Herrschaft des Privateigentums und zugleich bedeutete es Unterdrückung und Knechtung der Frau."[125]

Was die Sozialisten an detn Ergebnissen Bachofens interessierte, ist für diesen selbst von eher zweitrangiger Bedeutung gewesen: Im übrigen war er weit davon entfernt, die Egalität und den Hordenkommunismus für (wieder) erstrebenswerte Ziele zu halten. Ähnlich fremd stand Bachofen aber auch jenen frühen völkischen Ideologen gegenüber, die ausgerechnet das Mutterrecht zu einer spezifisch „arischen" Einrichtung erheben wollten.[126] Gerechtigkeit widerfuhr ihm am ehesten im Kreis der Münchener „Kosmiker", jener Gruppe der intellektuellen Bohème im Schwabing der Jahrhundertwende um Ludwig Klages, Alfred Schuler und Karl Wolfskehl, denn hier gab es ein ähnliches Interesse für die chthonische Seite des Altertums. Klages nannte Bachofen später den „vielleicht größte(n) Erschließer jenes urzeitlichen Bewußtseinszustandes"[127] und ließ sich in vielem von ihm anregen. Ähnliches gilt für die verworrene Mystik Schulers, der nicht der Versuchung widerstehen konnte, bei Anlaß eines Schwabinger Mummenschanzes – irgendwo zwischen Fasching und neuheidnischem Ritual – als Verkörperung der „Großen Mutter" aufzutreten: „als römische Matrone in schwarzen Gewändern [...]; auf dem Kopf trug er einen schwarzen Schleier und in der Hand einen metallenen Triangel, dem er mit einem Stäbchen melodische Töne entlockte."[128]

Obwohl die Vorstellungen Bachofens heftiger Kritik ausgesetzt waren[129] und viele seiner Deutungen als fehlerhaft betrachtet werden mußten, verbreitete sich in Deutschland bis zum Ende der 20er Jahre ein regelrechtes „Matriarchats-Fieber"[130]. Eine intellektuelle Mode, die nicht nur in die Literatur eindrang, in der die Vorstellung von einer mutterrechtlichen Frühzeit fast so etwas wie ein Allgemeinplatz wurde, sondern sich durchaus auch mit den Anliegen der kulturell gerichteten Frauenbewegung verband; das Buch von Berta Eckstein-Diener, die unter dem Pseudonym „Sir Galahad" veröffentlichte, „Mütter und Amazonen", ist nur eines unter mehreren Beispielen. Danach verschwand das Thema fast vollständig aus dem öffentlichen Bewußtsein, um erst mit der „neuen Frauenbewegung" und der sog. „Feministischen Theologie" zurückzukehren.

Bachofen war in den 70er und 80er Jahren ein großer Anreger für die politisch und religiös interessierten Frauenkreise. Aber er bot ein Geschichtsbild, keine Glaubensalternative. Hier mußte auf einen anderen Traditionsstrang zurückgegriffen werden. – 1895 und 1898 erschienen in New York zwei Bände der sog. „Woman's Bible". Die Verfasserin, Elizabeth Cady Stanton, kritisierte in ihrem Werk die Fixierung der jüdischen und christlichen Gottesbilder auf männliche Attribute, die Abwertung der Frau in zahlreichen Geschichten des Alten und des Neuen Testaments. Sie blieb einsam wie viele Vorläufer, und ihre Kritik wurde erst in den 60er Jahren von einigen Frauen in den USA aufgenommen, die als Theologinnen mit der amerikanischen Studentenbewegung in Berührung kamen. So veröffentlichte die Katholikin Mary Daly 1968 ein Buch mit dem Titel „The Church and the Second Sex", in dem sie vor allem die Kirchen wegen ihres allgegenwärtigen „sexuellen Vorurteils"[131] anklagte.

Seit dem Anfang der 70er Jahre hat sich eine „Feministische Theologie" sehr rasch von Nordamerika aus auch in Europa verbreitet. In zahlreichen Büchern, in Seminaren, an den Universitäten konnten ihre Vertreterinnen das neue Anliegen vortragen. Und wie in der Gesellschaft allgemein, gelang es auch innerhalb der Kirche, manche männliche Bastion zu schleifen. Unmittelbare Wirkungen auf die kirchliche Praxis scheint die Feministische Theologie allerdings nur in den USA gewonnen zu haben, und auch dort nur in den protestantischen Konfessionen; schon 1983 legte der „National Council of Churches", ein Dachverband von mehr als dreißig evangelischen und griechisch-orthodoxen Gemeinschaften die erste a-sexuelle Bibelfassung vor, und 1989 tilgte die „United Methodist Church", immerhin die zweitstärkste evangelische Kirche des Landes, aus ihrem Gesangbuch alle Hinweise auf das männliche Geschlecht Gottes und Jesu.

Feministische Theologinnen haben in Forschung und exegetischer Arbeit einiges getan, um den Zusammenhang zwischen geschlechtsspezifischer Sichtweise und den als selbstverständlich betrachteten Inhalten von Schrift, Lehre und Verkündigung zu erhellen. Andererseits wurde ihnen von ihren Kritikern rasch der Vorwurf gemacht, sie trügen heidnische, naturreligiöse Vorstellungen in das Christentum hinein. Und die Suche nach „weiblichen Gottesbildern" im biblischen Kontext führte manchmal wirklich rasch zur „Göttin", die viel mit der „Großen Mutter", aber nichts mehr mit der kirchlichen Überlieferung zu tun hatte. Zu einer scharfen Trennung der noch-christlichen und der schon-heidnischen Feministischen Theologie kommt es allerdings selten, die Grenzen verschwimmen. Im Namen einer neuen weiblichen Solidarität lebt man schiedlich-friedlich zusammen; bei einer „Feministischen Werkstatt", die 1983 von zwei evangelischen Pastorinnen in Norddeutschland veranstaltet wurde, tanzten die teilnehmenden Frauen auch einen „Spiraltanz" zu Ehren der Göttin.

Für Mary Daly wie für viele andere war die Feministische Theologie nur eine Durchgangsstation. Sie selbst wandte sich bald völlig von der christlichen Lehre ab und einer „GynÖkologie" zu. Sie konzentrierte ihre Aufmerksamkeit auf ältere vorchristliche Ideen, in deren Bereich auch die Verehrung der „Mutter Erde" gehört, und – wie schon an dem Begriff „GynÖkologie" deutlich wird – es verschmolzen für sie anderes weibliches Selbstbewußtsein, neue Religiosität und Gedankengut der Umweltbewegung im Sinne einer postchristlichen Weltanschauung. So heißt es bei ihr über die angebliche christliche Umwertung des heidnischen Symbols des „Lebensbaumes": „Während früher die Göttin der Lebensbaum war, wird dies nun Christus. Mehr noch: Als ‚im Baum wirkendes Leben' wird er zum Lebenssaft. Zu denken, daß der Baum einmal der Körper der Göttin war, macht noch klarer, wie gewaltsam diese Einverleibung ist. Der ‚sanfte Jesus', der den Gläubigen seinen Leib zum Essen und sein Blut zum Trinken anbietet, spielt Göttinmutter. Und natürlich sagt dieses fötal-identifizierte [?] Wesen hinter dieser Mutter-Maske in Wirklichkeit: ‚Laß mich dich bei lebendigem Leibe essen und trinken.' Dies ist mehr als nackter Kannibalismus, es ist versteckter Vampirismus."[132]

Eine andere Amerikanerin, Rosemary Radford Ruether, formulierte die Grundzüge eines religiösen Feminismus etwas weniger exzentrisch: „Während der ersten zwei Jahrtausende urkundlich belegter Geschichte spiegelte die religiöse Kultur stets die mehr ganzheitliche Anschauung der steinzeitlichen Dorfgesellschaft wider, bei der Individuum und Gemeinschaft, Natur und Gesellschaft, männlich und weiblich, sowie die Erdgöttin und der Himmelsgott in einem umfassenden Bild von der Welterneuerung gesehen wurden. [...] Irgendwann aber brach im ersten Jahrtausend v. Chr. diese gemeinsame Weltsicht von Menschheit und Natur, männlich und weiblich, wie sie von der Stammesgesellschaft überliefert worden war, zusammen, und die Dualismen der Zivilisation begannen das religiöse Weltbild umzugestalten."[133] Eine besondere Rolle in diesem Veränderungsprozeß schreibt Frau Ruether dem jüdischen Glauben an den Gott Jahwe, vor allem dem Kampf der alttestamentlichen Propheten gegen die kanaanäische Naturreligion, und dem aus jüdischen und griechischen Wurzeln hervorgegangenen Christentum zu: Beide hätten das europäische Denken auf nachhaltige Weise geprägt, ein extrem-patriarchalisches und leibfeindliches Weltbild durchgesetzt und damit nicht nur die Unterdrückung der Frau gerechtfertigt, sondern auch die Zerstörung der Natur vorbereitet. Ihre Hoffnung setzt sie auf eine neue „Ganzheit", eine neue messianische „Epiphanie", in der das Weibliche und das Männliche versöhnt sein sollen.

Schlangenbrut

Diese und ähnliche Vorstellungen haben sich in den vergangenen fünfzehn Jahren unter vielen Feministinnen verbreitet. In der Bundesrepublik wurde vor allem von der erwähnten Heide Göttner-Abendroth und neuerdings von der ehemaligen evangelischen Theologin Elga Sorge die Forderung nach Wiederentdekkung einer „leben-, eros- und frauenliebende[n] Spiritualität"[134] erhoben. Man stellt die Lehre von der „dreifaltigen Göttin" (Jungfrau – Mutter – Weise Frau) und ihrem „Heros" dem Christentum entgegen, dessen Forderung nach Vergeistigung sich hier mit der Idee einer „heiligen Hochzeit" der Gottheiten konfrontiert sieht. Überhaupt liegt auf der Sakralisierung von Natur und Sexualität der wichtigste Akzent. Die Namen der alten

Göttinnen – Inanna, Diana, Perchta, Kybele – und Götter – Dumuzi, Pan – sind eigentlich nur Chiffren. Was zu einer merkwürdigen inhaltlichen Unbestimmtheit führt, zumal unter den Feministinnen Religion einerseits soziologisch als „Überbau", als „typisierendes Abbild"[135] einer Gesellschaft verstanden wird, während man andererseits ernsthaft an die Stiftung eines neuen Glaubens zu denken scheint: „Gott, die du das Leben liebst, die wir dich im Diesseits erfahren können und nicht erst in der Ewigkeit/Gott, die du uns Frauen unser Frau-Sein entdecken läßt, die du uns wachsen und kreativ sein läßt."[136]

Die feministische Religiosität ist vor allem ein intellektvuelles Phänomen. Die Verknüpfung zwischen den einzelnen Gruppen und Zirkeln wird durch Zeitschriften wie etwa die in Münster erscheinende „Schlangenbrut" aufrechterhalten. Die Verbreitung einer entsprechenden Gesinnung äußert sich auch in Symbolen: der Doppelaxt der „Amazonen" oder der kretischen Göttin Rhea, in der Schlange, die das Christentum zur Verkörperung des Bösen machte und die einmal ein Zeichen der Fruchtbarkeit gewesen sein soll. – Die Zahl der Institutionen ist noch klein; zu nennen ist neben dem „Frauenmuseum" in Wiesbaden das Frauenforschungs- und Bildungszentrum „Arkuna" in Stuttgart und die von Heide Göttner-Abendroth geleitete Akademie „Hagia"; im Sommer 1990 hat die genannte Elga Sorge nach ihrer Entlassung aus dem kirchlichen Dienst eine „Hexenkirche" gegründet. Bei alldem besteht keineswegs immer Einigkeit, aber man fühlt sich doch verbunden in dem Ziel, eine neue feministische Geschichtsvorstellung und Spiritualität zu suchen: „Wenn wir erreichen, dass Frauen die Machtzentren in unserer Gesellschaft zur Hälfte mit Frauen besetzen können, ist das sehr viel, aber nicht genug, wenn diese Frauen nicht gleichzeitig das Patriarchat in ihren Köpfen auflösen. Dazu brauchen wir neue Inhalte, die durch weibliches Phantasieren und bewusstmachen weiblicher Erfahrungen entstehen. Die Utopien von heute sind Realitäten von morgen. Ohne weibliche ‚Träume' erschaffen wir keine weibliche Realität. Wir weben am Netzwerk einer neuen Kultur [...]."[137]

Bei alldem ist nicht zu vergessen, daß sich der Übergang von der „alten", d. h. nur-politischen, linken Frauenbewegung zur „neuen", politischen und religiösen Frauenbewegung keineswegs bruchlos vollzog. In einem Bericht über ein Seminar, das der Verlag „Frauenoffensive" (München) 1976 mit der amerikanischen Feministin Barbara Starett veranstaltete, heißt es: „Es waren fünf Tage, die Begeisterung auslösten, heftigen Streit und Ungläubigkeit, Aufatmen und Erschrecken vor der eigenen ungeahnten Kraft. Es waren fünf Tage, die in uns ungeahnte Phantasie und Kreativität freisetzten. Wir erschraken vor der erstaunlichen Heilkraft in unseren Händen. [...] Intuition wurde ernstgenommen, Telepathie als etwas erfahren, dessen Frauen sich schon immer unbewußt bedient hatten. In diesem Workshop tauchten für uns Möglichkeiten des ‚denkenden Fühlens' auf, die die Grenzen all dessen sprengten, was wir bis dahin gewagt hatten zu denken [...] Magie wurde für eine kleine Gruppe von uns ein Wort, das wir zögernd und waghalsig zugleich in den Mund nahmen. Magie wurde das Wort für: Ausweitung der Wirklichkeiten, für das Leben jenseits und diesseits des Zaunes, der durch die Welten gezogen worden war, als Spaltung in ›Realtität/Zivilisation‹ und ›Unsinn/Wildheit‹; künstlich errichtet, um uns gefangenzunehmen."[138]

IX. Kapitel: *Hexerei*

Walpurgis

Das am Schluß des vorangegangenen Kapitels zitierte „jenseits und diesseits des Zaunes" ist eine Anspielung auf die Hexe, die germanische „hagazussa", die „Zaunreiterin". – Das Wort „Hexe" hat in den vergangenen zwei Jahrzehnten seine frühere Anstößigkeit fast völlig verloren, aber dabei nichts an Faszination eingebüßt. Fernsehsendungen, Bücher und Illustriertenartikel zu diesem Thema finden immer ein interessiertes Publikum. Anziehend wirkt dabei nicht zuletzt der Schauder vor „schwarzer Magie" und „Satansmesse", und die Aura des Geheimnisvollen bleibt medienwirksam, gerade dann, wenn alles nicht so ernst gemeint war. Die „Hexe" ist Gegenstand der Forschungen in „Frauengeschichte", in „Kulturgeschichte" und „Alltagsgeschichte" des Mittelalters geworden. Als Hans Peter Duerr 1978 sein Buch „Traumzeit" veröffentlichte, wurde er dauernd mit Nachfragen nach „Hexen- und Werwolfsalben" bestürmt und sah sich bei der Neuauflage des Bandes genötigt, ein warnendes Vorwort zu schreiben, betreffend die „Fahrkarten", die die Geister für die andere Welt ausstellen: „sie sind bisweilen einfach; es fehlt die Rückfahrkarte"[139]. Die „Hexe" erfreute sich auch in der Esoterik-Szene immer einer großen Beliebtheit, aber vor allem war und ist die „Hexe" eine entscheidende Identifikationsgröße für die Frauenbewegung.

1977 sollen „zum ersten Mal, nach der aufsehenerregenden Vergewaltigung eines jungen Mädchens in Italien, Frauen in der „Walpurgisnacht" als Hexen verkleidet, mit grell geschminkten Gesichtern, phantasievoller Gewandung, Besen in den Händen, durch die Straßen gezogen sein. Für den politischen, „autonomen" Feminismus sind die Hexen ein Symbol der Ausbeutung der Frauen und ihrer Unterdrückung durch „Kapitalismus" und „Männerherrschaft": „Sogenannte Hexen waren Frauen, die u. a.

durch Geburtenregelung selbst über ihren Körper bestimmten und ein breites medizinisches Wissen besaßen. [...] Die Hexenjagd sollte als Mittel zur Durchsetzung des christlichen Glaubens als der Ideologie des feudal organisierten Patriarchats dienen. Die Fixierung auf den allein mächtigen Gott sollte dem Volk die Hände binden und ihnen [sic] die Möglichkeit versperren, auf Erden aus eigener Kraft ihre Situation zu verändern. Die Bedrohung, die von heilkundigen Frauen ausging, war deshalb so groß, weil sie sich mit ihrem Wissen auf das ‚Diesseits' bezogen. Sie wehrten sich z. B. auch gegen die Einfuhr von Zucker, weil sie erkannten, daß dieser zur Ruhigstellung der Bevölkerung diente."[140]

Für die „spirituellen Frauen" bedeuten die „Hexen" noch mehr: Sie gehören zu den „Ahninnen", zu den Frauen, die seit der Zeit der vorgeschichtlichen Matriarchate und der großen Göttinnen der Antike das alte Wissen überliefert haben: „Die Göttin erwacht wieder. [...] Eine Art des Bewußtseins, die Jahrtausende geschlummert hat, kommt nun wieder zum Vorschein. Wir fangen an, ganzheitlich zu sehen. Unsere Vorstellung vom Kosmos hat sich gewandelt. Wir beginnen, das Weibliche zu schätzen, das Leben zeugende Prinzip, die Menschlichkeit und die reale Welt zu schätzen."[141]

Die hier zugrundeliegende Vorstellung, daß die Hexen des Mittelalters nicht einem „Aberglauben" anhingen, sondern die „alte Religion" bewahrten, in der eine Muttergottheit (für die Inquisitoren die „Diana" oder „Frau Perchta") und ein gehörnter männlicher Gott (für die Inquisitoren der bocksgestaltige Teufel) verehrt wurden, geht auf die englische Anthropologin Margaret A. Murray zurück. Sie veröffentlichte 1921 ein Buch mit dem Titel „The Witch-Cult in Western Europe", in dem sie die Idee entwickelte, daß die heidnische Volksreligion die Christianisierung überlebt habe und daß die „Hexen" und „Hexer" – englisch „witches" – im Untergrund des christlichen Abendlandes einen „Wicca"–Kult überlieferten. Die Theorie von Frau Murray ist in der Folgezeit zahlreichen kritischen Einwendungen ausgesetzt gewesen, dennoch blieb das Werk für den religiösen Feminismus von größter Bedeutung; das moderne Hexentum wird vielfach schlicht als "Wicca" bezeichnet.

Wie jede Form des Neuheidentums behauptet „Wicca" zwar, im Besitz uralter Überlieferungen zu sein, aber es fehlt an authentischen Handlungsanweisungen: „Fast alle heute verwendeten Wicca-Rituale sind in den Einzelheiten nicht mehr als 50 Jahre alt."[142] Sie gehen im wesentlichen auf drei Männer zurück, die das moderne Hexentum entscheidend geprägt haben. 1899 veröffentlichte ein Charles Leland ein Buch mit dem Titel „Aradia or the Gospel of the Witches", in dem er angeblich niederschrieb, was ihm die italienische Hexe Maddalena über die magischen Traditionen berichtet haben soll. Das Buch erregte zwar Aufsehen in einer an allem Okkulten und Phantastischen interessierten Zeit, aber die eigentliche Wirksamkeit entfaltete Lelands Werk erst lange nach seinem Tod. Der pensionierte englische Beamte Gerald Gardner, der stark von Aleister Crowley beeinflußt wurde, beschäftigte sich nicht nur aus Liebhaberei mit dem Thema, sondern suchte nach Möglichkeiten für eine Wiederbelebung der „Alten Religion". Er veröffentlichte mehrere Bücher (High Magic's Aid. 1949. Witchcraft Today. 1954. The Meaning of Witchcraft. 1959), die für diese Strömung von besonderer Wichtigkeit werden sollten. 1964 starb Gardner, und ein Jahr später ließ sich sein Landsmann Alexander Saunders zum „König der Hexen" wählen. Ein Teil der Gefolgschaft Gardners wollte sich dieser Führung nicht unterwerfen („Gardnerian Wicca") und betreibt seitdem eine „magische Kriegsführung"[143] gegen die Anhänger des Hexenkönigs („Alexandrian Wicca"), die sich auch nach dessen Tod, 1988, noch fortsetzt.

Die Auseinandersetzung scheint auf persönliche Aversionen zurückzugehen, kaum auf kultische oder Lehrunterschiede. Beide Traditionen zeigen starke Affinitäten zu Crowleys magischer Praxis, vor allem was die sexuelle Aufladung der Rituale betrifft, auch die als liturgische Vorlagen benutzten „books of shadows" sollen identisch sein. Der Konflikt hat im übrigen die Ausbreitung von „Wicca" nicht verhindern können. Schon in den 60er Jahren erhielt „Wicca" in Nordamerika erheblichen Einfluß auf die Hippie-Bewegung. Aber es gab auch die mondäne Louise Huebner, die den Titel „Offizielle Hexe von Los Angeles" tragen durfte; noch heute kommen die Leitfiguren der Szene, etwa Starhawk oder Szuszanna Budapest, aus den USA. Hier war zudem der Nährboden für immer neue Entwicklungen, von denen die interessanteste wohl der 1974 von Raymond Buckland gegründete „Saxon Wicca" ist, der ganz konsequent auf den Geschichtsmythos von der „Alten Religion" verzichtet.

„Wicca" versteht sich ausdrücklich als heidnisch; eine erste Dachorganisation seiner Anhänger, die 1970 in London entstand, nannte sich „Pagan Front", später „Pagan Federation". In England existiert außerdem „Paganlink Network", ein „heidnisches Netzwerk", ähnlich dem „Circle" der USA, in dem Wicca-Covens, Gruppen aus dem religiösen Feminismus mit Druiden-Orden und indianisch orientierten Gemeinschaften verbunden sind. Und ein Text, der in vielen „Schattenbüchern" verbreitet ist, lautet: „Wir sind Heiden und verehren die Alten Götter, und unter unseren Leuten sind die Hexen, die mit der Mondin sprechen und mit dem Gehörnten tanzen. Aber eine Hexe ist ein seltener Heide dieser Tage, tief und unergründlich, nur ihresgleichen kenntlich – durch das Licht ihrer Augen und die Liebe in ihrem Herzen, durch die Magie in ihren Händen, den Schlag ihrer Zunge und ihr Wissen des Wirklichen. Der Weg der Wicca ist ein Weg. Und es gibt viele; Heiden in aller Welt wissen um die Erdmutter und den Himmelsvater, den Regengott und die Regenbogengöttin und das kleine Volk im Nebel auf der anderen Seite des Tales. Ein Heide ist jemand, der die Götter und Göttinnen der Natur verehrt, durch Beobachtung oder Lernen, durch Liebe oder Anbetung, an den geheimen Orten mit der Mondin oder bei den großen Festen der Sonne."[144]

Der Kult

Was „Wicca" von der feministischen Religiosität vor allem unterscheidet, ist die praktische Orientierung und die größere Offenheit gegenüber Männern. Zwar liest man in deutschen Hexen-Kreisen auch das, was Heide Göttner-Abendroth oder Elga Sorge veröffentlichen, und die amerikanischen „Hexen" Starhawk und Szuszanna Budapest machen aus ihrer Sympathie für die radikale Frauenbewegung keinen Hehl, aber es gibt innerhalb des „Wicca" einen gewissen Affekt gegen die „feministischen Hexen", so wie man in der Frauenbewegung wenig von unpolitischer Spiritualität wissen will.

Ganz im Zentrum der religiösen Praxis steht der Kult, er folgt dem Feierjahr des „Wicca", das zwar in verschiedenen Formen existiert, aber doch einige fixe Höhepunkte kennt:

1. November	das katholische „Allerheiligen" wird als Fest der Toten gefeiert. Ihr „Heer" zieht mit Gott oder Göttin durch die Nacht.
21. Dezember	Winter-Sonnenwende.
24. Dezember	Geburt des Lichtgottes, Beginn der zwölf „Weihenächte" der alten „Mütter".
2. Februar	das katholische „Lichtmeß" als Feier des Sieges über das Böse.
21. März	Frühjahrs-Tagundnachtgleiche. Die Große Göttin gebiert die Welt. Auferstehung des Gottes.
1. Mai	Vermählung von Gott und Göttin im „Großen Ritual", der „Heiligen Hochzeit".
21. Juni	Sommer-Sonnenwende.
1. August	Tod des Lichtgottes. Feier des Erntebeginns.
21. September	Herbst-Tagundnachtgleiche. Erntedank.

Man kann an diesem Feierjahr schon erkennen, daß mit „Wicca" der Versuch gemacht wird, eine Naturreligion sehr weitgehend zu rekonstruieren. Das Sterben und Auferstehen des Gottes, die Göttin als Verkörperung der Fruchtbarkeit, der „hieros gamos", die geschlechtliche Vereinigung beider, als zentrale Ereignisse. Eventuell fehlende Elemente werden aus den Beständen der keltischen oder germanischen Überlieferungen ergänzt (es gibt deshalb in der Bewegung ein vitales Interesse an allem, was mit der Volkskunde zusammenhängt). Die so entstehende religiöse Form ist zwar ein Gemisch disparater Teile, aber nicht ohne innere Konsequenz.

Als Beispiel für das Ritual der Feste diene hier eine Schilderung des sog. „Mabon", das zur Herbst-Tagundnachtgleichen gefeiert wird: „Der Altar ist geschmückt mit Blumen, Zweigen, Kornähren und aller Art von Nahrung: Brote, Kuchen, Obst, Nüsse, Salate, Wein, Milch, Honig [...] und ein besonders schöner handgetöpferter Teller steht in der Mitte; das ist der Teller der Göttin. Noch ist er leer, aber im Laufe des Festes wird er sich füllen. Wie üblich wird der [magische; K. W.] Kreis gezogen, die Elemente eingeladen und die Göttin und die Kerzen angezündet. Dann sprechen wir gemeinsam unser selbsterfundenes Erntedankgedicht [...]:

›Segen, Segen, Segen!
Der Gehörnte gibt heute sein Leben,
zu werden wiedergeboren
in drei Monden durch Mittwinters Toren.
Zur Ruhe begibt sich die Erde,
daß fruchtbar sie wieder werde
im neuen Jahr zur Frühlingszeit,
die schlummernden Samen sie befreit.
Erdmutter Gaia an deinen Gaben
wollen wir uns heute laben
und danken dir für Trank und Speis:
Brot, Früchte, Nüsse, Reis,
Kuchen, Salat, Honig und Korn,
das kommt in die Erde und treibt von vorn.
Was wir bekamen, ehren wir
und teilen es mit Mensch und Tier
den ganzen kalten Winter lang.
Göttin der Erde, sei bedankt.

Von einem in Form eines Stierkopfes [als Symbol des nun sterbenden männlichen Gottes; K. W.] gebackenen Brotfladen bricht die Älteste unter uns ein Stück ab und legt es auf den Teller der Göttin mit den Worten: ›Von deinem Korn gebacken von unserer Hand zu Brot geben wir dir den ersten Bissen!‹ (oder etwas ähnliches)› ‹Dann bricht sie ein zweites Stück ab und füttert damit ihre Nachbarin zur Linken: › Sei gesegnet mit den Gaben der Erde, damit du niemals Mangel leidest!‹ (oder etwas ähnliches). Die Gefütterte bricht auch ein Stück des Brotes ab und füttert mit denselben oder ähnlichen Worten die Nachbarin zur Linken, und so geht das Füttern einmal im Kreis herum."[145]

Allerdings muß darauf hingewiesen werden, daß der oben benutzte Begriff „Ritual" insofern irreführend wirkt, als es bei den Feiern nicht immer eine genau festgelegte Liturgie gibt: „Dabei geht es sehr lustig zu mit Lachen, Tanzen, Singen. [...] Wir haben jeweils ein Lied gesungen über alle vier Himmelsrichtungen und so den Kreis gezogen. Es war leicht zu lernen, und alle haben mitgesungen, immer wieder. Dann werden Gottheiten angerufen, und alle wiederholen das. Wie, das überläßt man dem Zufall. Das sind kurze Lieder, die man ziemlich schnell lernen kann, die eine einfache Melodie haben, die man immer wieder von vorne singt. Dadurch bildet sich Energie, und die Leute werden einfach kribbelig, können nicht mehr stillstehen; man fängt an zu rennen, läuft im Kreis. Das gibt immer mehr Energie. Und wenn die Energie so groß ist, daß man nur noch vibriert, wenn die Energie an ihrem Höhepunkt ist, dann sagt die Hohepriesterin: ‚Jetzt läßt die Energie los.' Man reißt die Arme hoch und stellt sich vor, daß die Energie aus den Händen, aus dem Kopf auf die Mitte zufließt, sich bündelt. Das ist wie bei einem Hurrikan, daß dadurch so eine Tüte entsteht und die Energie weggeht auf das Ziel zu, das man sich vorgestellt hat. Dieses Ziel ist vorgegeben, oder man sagt generell, das Ziel ist Heilung. [...] Hinterher ist man so fertig, die Energie schießt ja nur so raus aus einem. Dann kommt die totale Abschlaffung. Man legt sich auf den Boden und erdet sich."[146]

Für das Feierjahr wird das sog. „Mondjahr" zugrunde gelegt. Darin kommt die besondere Verehrung der Göttin, der „Mondin", zum Ausdruck, die für den Kult deutlich wichtiger ist als ihr gehörnter Gefährte. Das Mondjahr hat dreizehn Monate. Die „13" ist aber gleichzeitig auch ein anti-christliches Symbol, da nach der Lehre der Kirche diese Zahl eine „unheilige" ist, im Gegensatz etwa zur „12". Die „Hexen" versammeln sich immer in den Vollmond-Nächten; das dann vollzogene Ritual ist im Gegensatz zu den Sonnen-Ritualen nicht öffentlich. Häufig sind die Beteiligten nackt, in Opfer, Gesang und Gebet wird die Feier vollzogen, die Göttin in eine Priesterin oder der Gott in einen Priester „hineingerufen".

Die organisatorische Grundlage des „Wicca" ist der „Coven". Er besteht grundsätzlich aus dreizehn Mitgliedern, Männern und Frauen (eine Ausnahme bilden nur gewisse lesbische Gruppen, die auch die Verehrung des Gehörnten ablehnen). Nach der klassischen Tradition durchläuft der Initiand drei Weihegrade, um zur Priesterin bzw. zum Priester zu werden. Danach kann er selbst alle Rituale durchführen und auch einen eigenen Coven gründen.

Der Kult des „Wicca" unterliegt meistens der Geheimhaltung. Man kann nicht einfach an einem Gottesdienst teilnehmen, die Lehre wird im allgemeinen nur mündlich weitergegeben. Die Arkandisziplin hängt natürlich auch mit der Bedeutung der „Magie" zusammen. „Wicca" ist insofern „magisch", als hier alle überlieferten Bestandteile magischer Praxis – Kabbala, magischer Kreis, das magische Schwert und ein Dolch mit schwarzem Griff, die sog. „Athane", Druden-Fuß, Reinigungs- und Kraftrituale – Verwendung finden. Und ganz offensichtlich stellen einige „Hexen", wie etwa die schon erwähnte Szuszanna Budapest, auch Abbilder ihrer Feinde her, um diese auf magische Weise zu schädigen. Überschneidungen zwischen „Wicca" und dem „Satanismus" sind ganz offensichtlich, dafür hat auch der starke Einfluß Crowleys gesorgt, aber beide Phänomene müssen doch grundsätzlich auseinandergehalten werden (auch Crowley war nicht „Teufelsanbeter" im platten Sinne des Wortes).

Allerdings kann man in Teilen des „Wicca" eine gewisse Rationalisierung der Vorstellung von „Magie" feststellen. Ganz vordergründig wird das schon daran erkennbar, daß man die Götternamen nicht ernst nimmt, sondern für austauschbar hält (was einem Heidentum im ursprünglichen Sinne so nicht möglich gewesen wäre). Vor allem hängt diese Tendenz aber mit der Gründung des oben genannten „Saxon-Wicca" zusammen, der als erster von einer sog. „Selbstinitiation" ausging: „Sie bedeutet den Höhepunkt und die Beendigung einer langen Metamorphose im Denken und Fühlen und nicht zuletzt auch eine endgültige Absage an das Christentum, unter dessen Einfluß nahezu jeder von uns aufgewachsen ist. [...] das Echo unseres Schwurs wirft Wellenkreise in jener anderen Welt, deren Existenz anzuerkennen zu unseren grundlegenden Prinzipien zählt. [...] Das Fehlen menschlicher Zeugen, die uns später Vorhalte machen könnten, zählt zu den unerheblichsten Details bei diesem Vorgang. Die Alten Götter werden unsere Richter sein, und unser Gewissen [...]."[147] – So wie schon die Rituale eine Tendenz in Richtung „Selbsterfahrung" und/oder Rauschzustand haben, wird hier jetzt auch „Magie" im Grunde genommen als „eine Art Psychologie"[148] verstanden, als „Wissenschaft vom Ich"[149]; eine Bewegung, die in zahlreichen okkulten Richtungen des 20. Jahrhunderts, die etwa unter dem Einfluß Aleister Crowleys oder Julius Evolas stehen, zu erkennen ist.

Frau Holle

„›Frau Holle‹ ist die alte germanische Unterweltsgöttin ›Hel‹ oder ›Hella‹, die in der christlichen ›Hölle‹ zum Urbild des Finsteren, Dämonischen, Schlechten an sich wurde und als Person verschwand. Im alten Kult war sie aber als Erd- und Unterweltsgöttin Hel-Hella-Holle das Urbild des Guten, Fruchtbaren, Gerechten, Mütterlichen, so wie uns die märchenhafte ›Frau Holle‹ noch erscheint."[150] Der Abschnitt stammt aus dem schon zitierten Buch von Heide Göttner-Abendroth über „Die Göttin und ihr Heros". Die darin enthaltenen Kapitel über die keltischen und germanischen Mythen sowie die deutschen Volksmärchen stehen nur neben denen über Griechenland, Kreta, Ägypten, Mesopotamien, Kleinasien, Palästina, Persien und Indien.

Frau Göttner-Abendroth räumte der „eigenen" Überlieferung keinen besonderen Rang ein. Aber an dieser Zurückhaltung hat sich seit dem Beginn der 80er Jahre einiges geändert. Das läßt sich beispielsweise an dem Buch „Frau Holle – Die gestürzte Göttin" von Sonja Rüttner-Cova ablesen. Oder daran, daß in Berlin für einige Zeit ein „Wodan-Isis-Coven" existierte und in Frankfurt ein „Hecksenkreis Yggdrasil" gegründet wurde, der es sich seit 1980 zur Aufgabe macht, feministische Magie und altgermanische Überlieferung, Wicca und Aleister Crowley und „Seid-Kunnar" zu verbinden. Seit einigen Jahren findet das „Höxter-Hexen-Camp" zu Füßen der Externsteine statt, und unter dem

Pseudonym „Inanna" wurde ein „Runenbuch für Frauen" veröffentlicht; es gibt mittlerweile sogar Runen-Übungen speziell für Frauen, wenn auch deren Durchführung seltsam begründet wird: „Runen sind Ausdruck matriarchalischer Kulturen. Runenzeichen wurden auch [!] von germanischen Stämmen benutzt. Ihr Alter geht bis auf Atlantis zurück."[151]

Anklänge an Herman Wirth sind sicherlich kein Zufall. Er wird immer häufiger herangezogen, um zu begründen, daß die Frau in der germanischen Kultur einen besonderen religiösen Rang besaß. Und selbst von außen kommt der Rat, nach den „germanischen Wurzeln" zu suchen; in einem Interview sagte die erwähnte Szuszanna Budapest: „das sind die einzigen Wurzeln, die es für sie gibt und geben wird. Und weil sie von Hitler mißbraucht wurden, stecken sie heute unter einer großen Wolke und die Deutschen fürchten sich, ihre eigenen Wurzeln auszugraben. Und ich kann ihnen nur sagen: Andere Wurzeln gibt es für sie nicht."[152]

X. Kapitel: *Rückkehr nach Camelot*

Die Nebel von Avalon

1982 erschien in den USA Marion Zimmer Bradleys Roman „Die Nebel von Avalon". Heute sind weltweit Millionen Exemplare des Bandes verkauft, wahrscheinlich gehört er zu den erfolgreichsten Büchern der 80er Jahre. Der Sagenkreis um König Artus war schon häufig Gegenstand literarischer Bearbeitungen, er zählt u. a. zu den beliebtesten Vorlagen der Fantasy-Literatur. „Die Nebel von Avalon" gehören auch in den Bereich Fantasy, aber das allein würde den Erfolg nicht erklären, sie sind zugleich ein Stück Weltanschauung dieser Zeit.

Die traditionelle Auffassung des Themas Artus – die Tafelrunde – der Gral folgte der christlichen Deutung, wie sie die mittelalterlichen Ritterromane vorgegeben hatten. Das Besondere an Marion Zimmer Bradleys Darstellung ist die Umkehrung dieser Perspektive: An Stelle der Männerwelt auf Camelot treten Morgaine und Avalon in den Mittelpunkt, Morgaine ist keine böse Fee mehr, sondern die Priesterin der „Großen Göttin", der Gral und Excalibur erscheinen nicht als christliche, sondern als heidnische Reliquien, und der Untergang des britischen Heidentums in der Regierungszeit von König Artus wird beklagt, nicht gefeiert, der Sieg der Kirche erscheint als Triumph von Bosheit und Ignoranz, die alte Naturreligion mit ihren sanften Druiden und Weisen Frauen, der Lehre von der Wiedergeburt und der Lebensbejahung, mit ihren Mysterien, deren Ursprung Atlantis war, erscheint in einem verklärten Licht.

Was Marion Zimmer Bradley hier beschrieb, entspricht ungefähr dem Kelten-Bild, das sich in der esoterischen Szene ausgebildet hat. Im Nachwort der „Nebel von Avalon" weist sie auf die verschiedenen religionsgeschichtlichen Arbeiten hin, die sie zu Rate zog, um dann fortzufahren: „Ich habe die Werke von Margaret Murray gelesen und mehrere Bücher über Gardnerian

Wicca, bin ihren Aussagen aber nicht sklavisch gefolgt. Sehr dankbar bin ich einheimischen nichtchristlichen Gruppen, die mir ein Gefühl für heidnische Riten gegeben haben; Alison Harlow und dem Orden der Großen Göttin, Otter and Morning Glory Zell, Isaac Bonewits und den Neuen Reformierten Druiden, Robin Goodfellow und Gaia Wildwode, Philip Wayne und Crystal Well, Starhawk, deren Buch The Spiral Dance mir eine unschätzbare Hilfe für die Schilderung des Werdegangs einer Priesterin war."[153]

Keltentum und Okkultismus

Die Verbindung zwischen Keltizismus, okkulten und neuheidnischen Gedanken geht bis ins 19. Jahrhundert zurück. Schon bei Helena Blavatsky erschienen die Kelten als Träger einer alten Überlieferung, die dann angeblich in die theosophische „Geheimlehre" einfloß. Ihre Idee von den Kelten als einer der „Wurzelrassen" ähnelt bestimmten Vorstellungen des Franzosen Edouard Schuré. Jedenfalls entwickelte Schuré in seinem Hauptwerk „Die großen Eingeweihten" (1889) den Gedanken, daß die Kelten im sog. „arischen Zyklus" der Weltreligionen eine bedeutende Rolle spielten. Ihr Druide Ram beseitigte Menschenopfer und Frauenherrschaft (!) in seinem Volk, heilte Kranke mit der wundertätigen Mistel und schuf die Vorstellung von der Wiedergeburt. In einer Vision „sah Ram, wie lichtdurchflutet, seine Mission und die ungeheure Bestimmung seiner Rasse. Da zauderte er nicht länger. Statt den Krieg unter den Volksstämmen Europas zu entfachen, beschloß er, die Elite seiner Rasse in das Herz von Asien zu führen."[154] Ram gelangte auf diese Weise nach Indien, begründete die Kaste der Brahmanen und gab in den Veden die Grundlagen des Hinduismus; er selbst wurde nach seinem Tod als der Gott „Rama" verehrt.

Bereits 1904 erschien das Buch Schurés in deutscher Sprache. Die Übersetzung besorgte die Frau Rudolf Steiners; der Begründer der „Anthroposophie" selbst schrieb für die deutsche Ausgabe eine hymnische Einleitung. Steiner entwickelte dann ein intensives Interesse für das Keltentum. So behauptete er bei Gelegenheit, in einer Vision Artus samt den Rittern der Tafelrunde gesehen zu haben, und kurz vor seinem Tod befaßte er sich intensiv mit dem Steinkreis von Stonehenge, den er für ein Bauwerk keltischen Ursprungs hielt. Insofern ist nicht überraschend, daß die Anthroposophen das Keltentum bis heute als wichtigen Baustein des eigenen Gedankengebäudes betrachten.

Die Synthese von Keltentum und Okkultismus war aber immer vor allem eine französische und englische Angelegenheit. In Frankreich erlebten die „Eingeweihten" Schurés bis heute zahlreiche Neuauflagen, und seine Vorstellungen finden sich in vielen gnostischen und rosenkreuzerischen Gruppierungen wieder. In England ist auch hier der Einfluß Crowleys spürbar, der seinen Vornamen aus Begeisterung für das Gälische in Aleister abänderte. Bemerkenswert ist für den Zusammenhang noch, daß zuletzt während der 70er und 80er Jahre eine Gruppe um die Zeitschrift „Sangreal" einen keltisierenden Okkultismus vertrat. – „Sangreal" ist ein Wortspiel, denn der Begriff kann gleichermaßen „sang real" (altfranzösisch für „königliches Blut") oder „san gral" (altfranzösisch für „heiliger Gral") bedeuten. Wahrscheinlich besteht eine Verbindung mit den Büchern von Michael Baigent, Richard Leigh und Henry Lincoln (zuletzt „The Messianic Legacy". 1986), die die phantastisch anmutende These aufstellten, Christus habe die Kreuzigung überlebt, sei nach Südfrankreich geflohen und habe dort die Dynastie der französischen Könige begründet; das Ganze drapiert noch mit einer geheimen „Bruderschaft vom heiligen Gral", den Templern usw. Solche Ideen haben auch in Deutschland immer Anhänger gefunden. Die Bücher von Baigent, Leigh und Lincoln wurden sofort nach ihrem Erscheinen übersetzt und – trotz ihres haarsträubenden Inhalts – sogar in Taschenbuchausgaben verbreitet.

Auch die am Ende des 19. Jahrhunderts entstandenen „Gralsorden" und „Gralsgemeinschaften" gehören in denselben Zusammenhang[155], und sogar die Grals-Mystik des Lanz von Liebenfels und dessen „Neu-Templer" wird man so einordnen müssen. Über die Okkultlehren erhielt der Keltizismus schließlich selbst Eingang in die „Ariosophie". List und sein Adept Rudolf John Gorsleben stellten die Kelten fast auf dieselbe Stufe wie die Germanen bzw. identifizierten beide „Rassen" miteinander.

Es sei hier wenigstens am Rande erwähnt, daß der Weg von den Kelten über den Gral nicht selten zu den Katharern führte. Diese seltsamen Ketzer aus dem Mittelalter haben weit über Südfrankreich hinaus eine große Faszination ausgeübt. Der „Neo-Katharismus" entstand zwar zu Beginn unseres Jahrhunderts in Verbindung mit einem wachsenden kulturellen Selbstbewußtsein „Okzitaniens", aber er mündete rasch in den Hauptstrom des europäischen Okkultimus ein. Als einer seiner Gründerväter ist bemerkenswerterweise ein Deutscher anzusprechen: Otto Rahn. In seinem 1933 erschienenen Buch „Kreuzzug gegen den Gral" verknüpfte auch er das Keltentum und die Häresie der Albigenser: „Aus den Druiden [...] wurden Cathari. Aus den Barden wurden Troubadoure ..."[156] Rahns Buch gehörte zur Lieblingslektüre Himmlers, er selbst trat nach der Machtergreifung der Nationalsozialisten in das „Ahnenerbe" der SS ein und starb 1939 unter mysteriösen Umständen.

Seitenblicke: Frankreich und England

Die neo-keltischen Vorstellungen widersprechen sich nicht nur häufig, sie stehen auch im starken Gegensatz zu dem, was die Forschung gesichert über die Kelten und ihre Religion weiß. Die Kelten sind erst seit dem 6. Jahrhundert v. Chr. historisch greifbar, sie besiedelten das Gebiet von der Iberischen Halbinsel über Britannien, Frankreich bis nach Böhmen hin, ohne jemals ein zusammenhängendes Staatsgebilde zu schaffen. Als Teil der indoeuropäischen Völker hatten sie die typische dreigliedrige Gesellschaftsform – Priester, Krieger, Bauern – ausgebildet, und die Priester, die „Druiden", nahmen wahrscheinlich den höchsten sozialen Rang ein. Daß wir über ihre Vorstellungen so wenig wissen, ist einmal darauf zurückzuführen, daß die Druiden ihre Lehren grundsätzlich nur mündlich weitergaben. Außerdem aber wurden sie bereits während des sog. „Gallischen Krieges" durch Cäsar blutig verfolgt, dann fielen sie der Christianisierung zum Opfer; schon mit Beginn des 5. Jahrhunderts kann man in Gallien, Irland und England nicht mehr von einem intakten Druidentum sprechen. Wenn die Druiden nicht wie in Irland mit dem neuen Klerus verschmolzen, sanken sie auf die Stufe von Wahrsagern und Hexenmeistern herab. Ihre Funktion war zu eng mit der traditionellen keltischen Gesellschaft verbunden, als daß sie ohne diese hätten existieren können. Über die Einzelheiten ihrer Theologie wissen wir so wenig, daß bis heute nicht einmal die Namen der keltischen Götter und die ihnen zugeordneten Aufgaben mit Sicherheit zu bestimmen sind. Das Neo-Druidentum ist kaum mehr als „die Schöpfung eines bizarren intellektuellen Synkretismus", in dem „die Phantasie eine dominierende Rolle [...] spielt [...]."[157]

Wie schon im zweiten Kapitel erwähnt, erlebte Großbritannien unter dem" Eindruck der romantischen Bewegung eine erste „Keltische Renaissance". Dort wuchs die Zahl der verschiedenen Druiden-Orden im Verlauf des 19. Jahrhunderts. Aber das Ganze war bald so sehr eine Angelegenheit der „middle classes", daß von hier keine wirklichen Neuerungen mehr zu erwarten waren. Vielmehr entstanden jetzt in Frankreich entscheidende Impulse für die Fortsetzung des Keltizismus. Das hing mit jenem „Streit der zwei Rassen" zusammen, der das Land schon seit der Zeit des Humanismus beschäftigte. Es ging dabei vornehmlich um die Frage, ob die Größe Frankreichs eher auf die erobernden Franken oder auf die unterworfenen Gallier zurückzuführen sei. Bis zur großen Revolution hatte sich der Adel oft auf das ius belli der Germanen berufen um seine Herrschaftsrechte zu begründen, und der Abbé Sieys forderte deshalb 1789 in seiner berühmten Schrift „Was ist der dritte Stand?", man solle die Aristokraten in die deutschen Wälder jenseits des Rheines zurücktreiben. Der eigentliche „Vater des keltischen Mythos"[158] wurde allerdings der Historiker Henri Martin, der in den 1830er Jahren eine Geschichte Frankreichs schrieb; für ihn waren die Kelten und vor allem ihre Druiden die eigentlichen Schöpfer der abendländischen Zivilisation, sie sollten selbst die griechischen Philosophen zu Schülern gehabt haben. Martin wird später zu den wichtigsten Anregern Schurés gehören.

Die Idee, neben die politische eine religiöse Berufung auf das Keltentum zu stellen, entstand allerdings erst am Ende des 19. Jahrhunderts. 1885 veröffentlichte ein Henri Lizeray ein Buch mit dem Titel „Le Druidisme restauré": „Es fehlen uns die

Druiden. Diese waren mit den kosmischen Fragen vertraut und machten den Aufbau des Universums und die Seele, die dessen Ergebnis ist, zum Thema ihrer Gespräche. Ihre Beschäftigung mit diesen großen Problemen konnte durch diejenige der Kleriker, der Universitätsprofessoren oder der Publizisten nicht ersetzt werden [...] Merlin erwacht aus dem Schlaf, in den ihn Viviane tauchte, d. h. der druidische Geist entflieht dem Winterschlaf, in den ihn die römische Kirche versenkte. [...] in einem gewaltigen Gebiet wird das schöne keltische Denken neu erscheinen."[159]

Lizegray konnte seinen Plan, in Frankreich eine druidische Nationalkirche zu errichten, nicht verwirklichen. Nach seinem Tode zersplitterte sich seine Anhängerschaft in zahlreiche Sekten. Aber fünfzehn Jahre nach Erscheinen seines Buches wurde immerhin eine „Druiden-Bruderschaft" gegründet. Sie entstand sicherlich nicht zufällig in der bretonischen Stadt Quimper, denn von Anfang an gab es eine enge Verbindung zwischen dem religiösen Keltizismus und der Forderung nach kultureller und politischer Autonomie für die keltischen Gebiete, in der Bretagne und Wales ebenso wie im Unabhängigkeitskampf Irlands, später den Regionalbewegungen in Cornwall und Schottland.

Seit dem Beginn des 20. Jahrhunderts sind in Frankreich noch zahlreiche Versuche gemacht worden, einen neuen Glauben auf der Basis des Keltentums zu gründen. Diese münden oft in den allgemeinen Okkultismus ein, oder sie verfechten ein stark politisiertes Heidentum, das in erster Linie der Identitätsbildung dienen soll: „wir behaupten, daß die Zeit für eine neue Verzauberung der Welt gekommen ist, für eine neue Form der gemeinschaftlichen Bindung, der re-ligio. In diesem Sinne, sind wir ›post-christlich‹, frei, das ganze geistige Erbe unseres Volkes aufzunehmen [...]."[160] Solche Ideen werden vor allem von bretonischen Zeitschriften wie „Artus" oder „Diaspad" (so genannt nach einem Bannschrei der Druiden) vertreten, deren intellektuelles Niveau beträchtlich ist.

Die Zahl keltisch-religiöser Organisationen in Frankreich kann kaum überschaut werden. Neben verschiedenen neo-druidischen Gemeinschaften wie dem „Grand Collge Celtique" (gegründet 1950), der „Philosophischen Bruderschaft der Druiden" („Confraternité Philosophique des Druides", gegründet 1975) gibt es auch eine heidnische „Kirche des Feen-Volkes" („Eglise du Peuple des Fées", gegründet 1977) und die besonders rührige „Druidische Kirche der Gallier" („Eglise Druidique des Gaules", gegründet 1985), die sich ausdrücklich in der Tradition von Lizerays Bemühungen sieht. Besonders auffällig erscheint allerdings, daß die Frontstellung des Keltizismus gegenüber dem Christentum wesentlich weniger aggressiv ist als bei anderen neuheidnischen Gruppen. Zahlreich sind die Versuche, in Erinnerung an die frühe irische Kirche des hl. Patrick und des hl. Columban ein „keltisches Christentum" zu restaurieren. Derartigen Ideen fühlen sich die in den 50er Jahren entstandene „Eglise Celtique" oder das Kloster des kleinen bretonischen Ortes Run Meno verpflichtet, dessen Brüder ursprünglich zum „Orden von Avalon" (gegründet 1970) gehörten, der sich später zur „Gemeinschaft keltischer Missionare" (gegründet 1975) umbildete.[161]

Es sind weniger Lehrunterschiede, die die Situation in England von derjenigen in Frankreich unterscheiden, es ist vielmehr der noch stärkere Pluralismus der keltischen „Szene" auf den Britischen Inseln. Besonders drastisch deutlich wird das bei den alljährlichen Auseinandersetzungen um die Feiern an den Megalithen von Stonehenge. Bei diesem Konflikt stoßen die Interessen von vier verschiedenen Gruppierungen aufeinander: diejenigen des Staates, der Sicherheit und Ordnung mit Polizeiaufgebot und Stacheldraht erhalten will, diejenigen der Tourismusindustrie, die jährlich mehr als eine Million Menschen zum Besuch von Stonehenge wirbt, diejenigen der traditionellen Druiden-Orden und diejenigen der „wilden" Druiden. Die Druiden-Orden glauben, daß „Stonehenge selbst symbolisch die Beziehung zwischen Raum und Zeit und aller anderen wesenhaften Gegensätze repräsentiert. Wir benutzen Stonehenge, um das Versprechen der Einheit des Lebenssinns selbst zu feiern, das Zusammentreffen von Kraft und Stoff, durch das die Einheit der Form geschaffen wird."[162] Die älteren druidischen Gemeinschaften begehen seit 1905 die Sommersonnenwende im großen Steinkreis; die Sperrung durch die britische Regierung wurde von ihnen unlängst mit einer Klage vor dem Europäischen Gerichtshof beantwortet.

Allerdings sind die Orden durchaus damit einverstanden, wenn andere als sie selbst am Betreten von Stonehenge gehindert werden. 1974 begründete Phil Russel, besser bekannt als Wally Hope, das „Stonehenge People's Free Festival", an dem seither immer zwischen 30 000 und 50 000 Menschen teilgenommen haben. Es handelt sich um eine Mischung aus Popspektakel, Sonnenanbetung und heidnischem Gottesdienst. Die veranstaltenden Gruppierungen tragen so phantasievolle Namen wie „Orden der Heiden" („The Ancient Order of Pagans"), „Pendragon Circle", „Tipi Circle", „Magische Erddrachen Gesellschaft" („The Magical Earth Dragon Society"), „Gläubige des Sonnentempels" („Devotees of the Sun Temple") oder „Regenbogen-Krieger" („The Rainbow Warriors"). Vor allem aber handelt es sich um Reste der „Hippie-Druiden", die, „mit dem Sichelmesser am Jeansgürtel"[163], die Kräfte der Natur ehren wollen, oder um die Fans, die den Aufforderungen der Rockgruppen „Hawkwind" oder „New Model Army" (beide haben enge Kontakte zur „New Age"–Bewegung) gefolgt sind, sich bei Stonehenge zu versammeln, um das neue Zeitalter zu beginnen: „Wir kommen nach Stonehenge, weil es in einer so unsicheren Welt angebracht ist, daß die Menschen nach Beständigkeit in der Vergangenheit suchen, um für die Zukunft zu lernen. Das Zeugnis ist unumstritten, daß Stonehenge und das umliegende Gebiet eines der kraftvollsten spirituellen Zentren Europas ist. [...] Heiliges Land ist heiliges Land und das Recht, uns darauf aufzuhalten, kann uns nicht abgesprochen werden."[164]

Die „Keltenwelle"

Die zu Beginn der 80er Jahre die Bundesrepublik erreichende „Keltenwelle" war vor allem ein Teil der „Schamanenwelle". Und wieder hatte der Trikont-Dianus-Verlag entscheidenden Anteil an der neuen Entwicklung. Im Sommer 1984 veranstaltete das Unternehmen im österreichischen Zisterzienserkloster Zwettl ein „Seminar Keltisches Bewußtsein": „So hat das lineare, quantifizierende und analytische Denken im Schatten technischer Wunderleistungen die menschlichen Möglichkeiten drastisch begrenzt. Da die Intuition das bewußte Durchwandern unserer Träume, unsere Korrespondenz mit der Tier- und Pflanzenwelt, das Gespür für die Zeichen in der Natur, das Vertrauen in eine kosmische Rhythmik entschwanden, suchten Viele [sic] geistige und existenzielle Lösungen in außereuropäischen Vorstellungswelten – bei den Indianern, Tibetern, den Sufis usw. Es scheint aber so, daß mitten im Herzen Europas ein Volk lebte, welches über das Wissen verfügte, das man in der Fremde vermutete: die Kelten [...]."[165] Die keltische Gesellschaft sollte modellhaft für eine zukünftige herrschaftsfreie Form des Zusammenlebens stehen, unter Einschluß der Gleichberechtigung von Mann und Frau, ihre Religion ein Beispiel für ökologische Lebensweise und Toleranz bieten, ihre Denkweise exemplarische Ganzheitlichkeit demonstrieren.

Die Veranstaltung lockte mehr als 150 Teilnehmer aus der Szene und aus dem interessierten Bürgertum an. Es gab ein „Kelten-Fest" in der nahegelegenen Burgruine Lichtenfels, Vorträge, schamanistische Übungen und Aufklärung über „Kraftlinien", an einem Stein beschwor Heide Göttner-Abendroth „die Göttin", und die „Hexe" Luisa Francia zelebrierte ein keltisches Wasserritual: „Luisa Francia füllte das Kesselchen aus dem Klosterbrunnen und schritt damit der Mehrheit der weiblichen Bewußtseinssucher feierlich voran [...]. Einen entgegenkommenden Trauerzug von Einheimischen kreuzten sie in ihrer kultischen Benommenheit, ohne ihn wahrzunehmen. Den Patres wurde es unbehaglich ob dieser im Kreise schreitenden und sich trunken gebärdenden Fremden. Frau Francia [...] vermittelte ihre magischen Impulse sogar Männern. Keuchend und stampfend, auch mit dem Gesicht im Gras durften sie ihre Verwandtschaft zu Mutter Erde fühlen. Was immer ein Teilnehmer insgeheim loswerden wollte, konnte er dann hypnotisch in einen Stein verlagern und hinter sich werfen. So, sagte Frau Francia, habe sie sich selber schon von einigem befreit."[166]

Es gab allerdings während der Veranstaltung auch Konflikte, zumal vermutet wurde, daß die spirituelle Identitätssuche im „Faschismus" enden müsse; Herbert Röttgen antwortete auf eine entsprechende Frage, „Man könne doch nicht endlos vor seiner eigenen Vergangenheit davonlaufen."[167] Der Trikont-Dianus-Verlag brachte denn auch in der Folgezeit eine ganze Reihe von Titeln heraus, die sich mit den Kelten beschäftigten: neben einem umfangreichen Seminarbericht „Keltisches Bewußtsein" von Kenneth White „Ein Kelte in Asien", Martha Sills-Fuchs' „Wiederkehr der Kelten", Jean Markales „Die keltische Frau" und „Die Druiden". Bis auf die Arbeiten Markales ist das übrige allerdings ohne jeden wissenschaftlichen Wert.

Der westliche Weg

Wie schon mit der Indianer-Literatur, stieß der Trikont-Dianus-Verlag auch mit dem Thema „Kelten" in eine Marktlücke. Die Bretagne und Irland waren schon lange beliebte Reiseziele für die junge Generation in der Bundesrepublik; gerade die „Rückständigkeit" dieser Gebiete wirkte liebenswert, der gälische Nationalismus hatte einen Harmlosigkeitsbonus, zumal er meistens sozialistisch orientiert war. Und schließlich erfreute sich die keltische Religion – oder das, was man dafür hielt – schon in der New-Age-Bewegung großen Ansehens.[168] Die alten Kelten galten einerseits als ideologisch unbedenklich und boten andererseits demjenigen, der der religiösen Exotik müde war, eine Alternative: die Druiden als „Brahmanen Europas"[169]. Unter dem Eindruck der Arbeiten von Mircea Eliade, Joseph Campbell und Robert Ranke-Graves erhielt zudem die Vorstellung wachsende Plausibilität, jede Kultur, jedes Land habe "seine einheimischen Mythen-Zyklen: sie machen die innere Wirklichkeit des Landes aus": „Wir müssen mit unserer Volksseele kommunizieren [...]."[170]

Ein Buch von Lancelot Lengyel über „Das geheime Wissen der Kelten" erschien in mehreren Auflagen, es gibt Anleitungen für das keltische „Baumorakel" und für das Wahrsagen mit Hilfe einer Kombination aus der keltischen Oghamschrift und den germanischen Runen, schließlich existiert auch eine ominöse „keltische" Astrologie, und auf die Rekonstruktion eines keltischen Kalenders wurde viel Mühe verwendet. Neuerdings hat sich der Name „Wyda" für das angebliche System druidischer Philosophie eingebürgert; darunter wird dann etwa folgendes verstanden: „Der Mensch ist ursprünglich in Einheit mit der Natur, bis er durch die Geburt in ‚Abred', den Kreis der

Notwendigkeit eintritt. Dieser stellte nach Auffassung der Druiden die Wurzel allen Leides und allen Übels dar. Wyda zielte nun darauf ab, Abred zu durchbrechen. Die Lebensaufgabe eines Druiden war es, durch eigene Bemühungen die Einheit mit der Natur wiederherzustellen, um so mit der Befreiung des Selbst nach ‚Gwenwyd', der ‚Weißen Welt' zu gelangen. Dieses Gwenwyd ist dabei nicht mit dem christlichen Paradies gleichzusetzen, sondern beschreibt eher einen durchaus irdischen Glückszustand. Durch die Befreiung aus dem Kreis der Notwendigkeit wird auch der Weg zur Befreiung anderer Wesen geebnet. Der Weg zu Gwenwyd führte dabei über drei Stufen: Wissen und Kraft, Macht und Kontrolle, Erkenntnis und Befreiung. [...] Die Lebenskraft der Menschen ist normalerweise in drei Zentren konzentriert, von denen aus die Lebensenergien durch den menschlichen Körper fließen. Bei den drei Zentren handelt es sich um Energiefelder, die sich als Schwingungen unterschiedlicher Frequenz äußern und als besonders aktive Zentren des Feinstoffkörpers zu beobachten sind."[171]

Es ist nicht weiter überraschend, daß „Wyda" mit einer Art von Yoga kombiniert wird, denn dieses Druiden-Wissen scheint im wesentlichen eine als „westlich" verkleidete Esoterik hinduistischer und buddhistischer Herkunft zu sein; jedenfalls zeigt „Gwenwyd" eine gewisse Nähe zum „Nirwana" (zumindest was die Erlösung aus der „Notwendigkeit" betrifft), die „Zentren" entsprechen den auch sonst vielberedeten „Chakren", und die „feinstofflichen Körper" sind außerordentlich verbreitete Topoi okkulter Lehren.

Druiden unter uns

Kaum eine neuheidnische Gruppierung im deutschsprachigen Raum kommt heute ohne den Hinweis auf die keltische Überlieferung aus. Aber abgesehen von Süddeutschland und Österreich, gibt es fast keine Gebiete, die mit einer gewissen Plausibilität eine keltische Tradition behaupten können. Dementsprechend existieren auch keine keltischen Glaubensgemeinschaften wie etwa in England oder Frankreich. Allerdings gibt es

Einzelgänger, die sich als Druiden betrachten, und auch druidische „Akademien", wie etwa die „Schule der Druiden" im österreichischen Ober-Wölbling oder die „Akademie Artemisia", die sich bis auf die antiken Mysterienschulen zurückführt, schließlich das „Triskel-Zentrum" im kleinen Harz-Ort Wildemann.

Die Attraktivität des Druidismus liegt selbstverständlich einerseits in der Behauptung, auf ein uraltes Geheimwissen zurückgreifen zu können, vor allem aber in der Vorstellung, daß „das Land und seine Gesundheit zentrale Themen der gesamten keltischen Weltanschauung [waren; K. W.]. Den Druiden oblag es, die Ökologie zu verstehen."[172] Ganz ähnlich wie im „Wicca" hängen auch hier die Sehnsucht nach einer „Naturreligion" und die Neigung zum Okkultismus eng zusammen.

Die Bandbreite dessen, was diese Druiden tun, ist erheblich. Es gibt Seminare im Sinne des oben geschilderten „Wyda", aber auch seltsame Kombinationen aus „Geistreisen", Meditationen, Atemübungen, dem chinesischen „Schattenboxen" Tai Chi und Runenmagie.[173] Das Selbstverständnis der Druiden weicht erheblich voneinander ab. Die einen scheuen vor der Bezeichnung überhaupt zurück und ziehen „keltischer Schamane" vor, andere sehen sich lediglich als Parteigänger einer matriarchalen, grünen Spiritualität, während einzelne sich für eine Art von europäischem Dalai-Lama halten. Letzteres trifft auf den Druiden Raborne zu, einen Österreicher, der in der esoterischen und neuheidnischen Szene ebenso verehrt wie gehaßt wird. Seine Position als Enfant terrible unter den neuen Druiden muß vor allem als Folge seines außerordentlichen Selbstbewußtseins verstanden werden: Raborne betrachtet sich als den erwählten „Gralskönig", der als Reinkarnation früherer Druiden heute dieses Amt bekleidet; angeblich soll er mit zwei Jahren ausgesucht und dann einer achtundzwanzigjährigen Ausbildung unterzogen worden sein, um ihn zum berufenen geistigen Repräsentanten der „weißen Rasse" und Bewahrer der westlichen Esoterik zu machen. Allerdings sind nicht nur wegen des autoritären Verhaltens, mit dem Raborne auftritt – während des Kelten-Kongresses in Zwettl provozierte er einen großen Eklat –, gewisse Bedenken gegenüber diesem Anspruch angebracht, auch die offensichtliche Unfähigkeit Rabornes, sich einigermaßen klar, widerspruchs- und fehlerfrei auszudrücken, hinterläßt Skepsis; man nehme nur als Beispiel folgende Passage aus einem Interview: „Wir haben überliefert als Bewahrer, jetzt Majestatis Pluralis, das auf dieser Erde die Menschen der weißen Rasse über das Sternbild des Schwans, über zwei Pulsarsterne eingewandert sind und dazu das Wasser brauchen und das Feuer oder die Erde, also heises Land und wir nur in Bereichen eben uns verfestigen können in denen eine Aminosäurestruktur, als Bewußtseinsbild eine Aufbauphase für dieses planetarische Geschehen oder für die Evolution mit Tier, Pflanze und mit Mensch und Stein, hervorbringen kann. Wir sind inzwischen von der Wissenschaft sogar überholt worden, die all das bereits bestätigte und die bestätigen mußte, das die Aminosäure also der Grundbaustein ist, die bereits bestätigt hat, das die Energie in der Kälte im absoluten Minuspunkt aufgehoben werden kann, also wirklich zum Himmel zurückkehren, die bestätigte das wir eben die Prophezeiung des zweiköpfigen Wesens, dieses Mutantenzünders fast wie aus dem Perry Rhodan, dieses androgyne Wesen, das einen Wasser- und einen Feuerkopf hat, einen Treibhauseffekt erzeugte und einen Wassereffekt also einen Kühleffekt, dieses Wesen sich in Form von Zellteilung im Wasser selbst nach dem Auftreten der Aminosäure spaltete und eben ein Art Dualität hervorbrachte, die sich gegenseitig unterstützt und das Leben förmlich macht."[174] Es erübrigt sich wohl jeder Kommentar.

Insgesamt gesehen, verebbt die „Keltenwelle" seit dem Ende der 80er Jahre zusehends. Es erscheint vielen, die in Deutschland am „westlichen Weg" interessiert sind, nicht mehr nötig, einen Umweg zu machen.

XI. Kapitel: *Midgard*

Die Traditionalisten

Die neue Aufgeschlossenheit für Religiosität und archaische Kulturformen hatte keine Wiederbelebung der älteren völkisch-religiösen Gruppen in der Bundesrepublik zur Folge. Ganz im Gegenteil war dort in den 60er und dann in den 70er Jahren eine Stagnation zu verzeichnen, die die verschiedenen Gemeinschaften endgültig auf eine marginale Bedeutung reduzierte. Davon wurden vor allem die „Deutschgläubige Gemeinschaft", die „Goden" und der „Bund für Gotterkenntnis (L)" betroffen. Hatte die Öffentlichkeit schon vorher nie anders als negativ auf ihre Vorstellungen reagiert, so schien jetzt durch den Tod derjenigen, die die Bewegung bereits seit der Vorkriegszeit trugen, deren Existenz als solche bedroht. Gemeinhin gelang aber eine Stabilisierung auf niedrigem zahlenmäßigem Niveau.

Die heute von Odfrid Jungklaaß geführten „Deutschgläubigen" haben im Grunde die durch Otto Sigfrid Reuter und dann Alfred Conn entworfenen Gedankengebäude niemals weiterentwickelt. Das ist nicht nur daran zu erkennen, daß sie immer noch an der merkwürdigen Zeitrechnung festhalten, die die Zählung mit dem Sieg Armins, 9 n. Chr., beginnen läßt, sondern auch daran, daß ihr Literaturangebot im wesentlichen aus Nachdrucken der Werke Reuters, Conns und anderer besteht. Die „Deutschgläubigen" verstehen sich als „Volksreligionsgemeinschaft"; man sucht unter der christlichen Kultur die älteren religiösen Vorstellungen der Germanen freizulegen, aufklärerisch zu wirken: „Deutschgläubig wird man nicht ›gemacht‹ durch missionarische Mittel wie Überredung, eine Taufhandlung oder gar frommen Zwang, sondern man stellt nach eigener Abkehr vom Fremdglauben selber fest, daß man deutschgläubig ist. Deutschgläubigkeit ist nämlich kein Glaube an eine vorgegebene, gestiftete Glaubenslehre, sondern die eingeborene, im eigenen Volkstum wurzelnde gläubige Gesinnung. Diese prägt unser gesamtes Leben."

Angesichts dieser weltanschaulichen Kontinuität ist es nicht überraschend, daß die „Deutschgläubigen" sich offen zu ihren Wurzeln in der Schönerer-Bewegung und den völkischen Gruppen der Zeit vor dem Ersten Weltkrieg bekennen, wie sie auch an deren Verschwörungstheorien festhalten. Verblüffend bleibt allerdings die Offenheit, mit der man sogar die Richtigkeit der Gedankengänge Alfred Rosenbergs behauptet, der nach Auffassung Jungklaaß' als gescheiterter Idealist „für seinen Glauben auf dem Schafott der christlichen Sieger"[175] starb.

Ähnlich traditionalistisch wie die „Deutschgläubigen" sind sonst nur noch die Ludendorffer eingestellt. Selbst wenn sie mit Nachdruck behaupten, „keine Wotansanbeter und keine Juden-, Freimaurer- und Jesuitenfresser"[176] zu sein, bleibt doch die Tatsache bestehen, daß der „Bund für Gotterkenntnis (L)" auch nach dem Tod Mathilde Ludendorffs im Jahre 1966 ihre Ideen praktisch unverändert weitergibt. Ohne Zweifel liegt der Akzent nicht mehr so stark wie früher auf einer „deutschen Gotterkenntnis" – „Herrenrassenwahn" wird verworfen, „Volksbewußtsein"[177] gefordert. Aber ein Schwerpunkt der Arbeit bleibt wie eh und je der Kampf gegen die „überstaatlichen Mächte"; die Rolle der Juden erscheint tendenziell verringert, die der „Romkirche" verstärkt.

Im Mittelpunkt steht für die Ludendorffer naturgemäß die „Gotterkenntenis" oder das „Gotterleben", wie es in den Werken von Frau Ludendorff dargestellt wurde. Ihre Bücher erscheinen in immer neuen Auflagen im „Verlag Hohe Warte", den ihr Schwiegersohn Franz von Bebenburg führt. Aber es gibt auch Darstellungen aus der Feder ihrer Schüler. In einer Arbeit von Hans Kopp erhielt das Gedankengebäude der Mathilde Ludendorff den Rang eines logischen Abschlusses der Religionsgeschichte: „So ist ihr Werk zu verstehen. In einer Welt ohne Götter und auch der Abwendung von dem einen Glücksgott aus Jersualem und dessen Sohn, blieben weder Opfer an Götter noch die Opferung eines Gottes ein glaubwürdiger Rest. Zwar waren es immer nur einige, die diesen Sprung in eine neue Stufe des religiösen Bewußtseins taten, aber nach allen Erfahrungen auf diesem Gebiet ziehen diese wenigen – die ja nur der Ausdruck eines allgemeinen Sehnens sind – die anderen nach. Der Mensch ist auf sein ich gestellt. Er allein hat die Antwort auf das Schicksal zu geben. Weder das Gebet nach oben noch der asketische Verzicht rufen ›Arme der Götter‹ herbei. Nur die eigne Bezwingung erhebt ihn aus der Umschlingung des versklavten Selbsterhaltungswillens zur Freiheit des Selbsttragens. Die Einung, die in alten Religionen zwischen Mensch und Gott mit Hilfe aller möglichen magischen und ideenhaften Vorstellungen erreicht werden wollte, wird durch das Ich hergestellt, das in seinem spontanen Erleben des Göttlichen sich selbst und die Schöpfung vollendet."[178]

Unter allen älteren völkisch- religiösen Gemeinschaften sind die Ludendorffer die einzigen, die es mit ihrer monatlich erscheinenden Zeitschrift „Mensch und Maß" fertiggebracht haben, ein Organ zu schaffen, das die dauernde Kommentierung der gesellschaftlichen, politischen und religiösen Diskussion aus ihrer weltanschaulichen Sicht gewährleistet. Auch dadurch konnten sie einen Teil der einflußreichen Position wahren, die sie in diesem Lager immer einnahmen.

Das unterscheidet sie besonders deutlich von den eher ariosophisch orientierten Gruppen, deren Selbstbezogenheit von vornherein kaum Außenorientierung zuläßt. Besonders extreme Beispiele sind hier der erwähnte „Kristliche Glaubenskreis" und die sog. „Tempelhofgesellschaft", in deren Vorstellungsbereichen vor allem Rassenlehre, Okkultismus, Astrologie und Gesundheitsreform zusammenfließen. Am Rande wäre noch der seit 1967 tätige „Arbeits- und Forschungskreis Walther Machalett für die Vor- und Frühgeschichte der Externsteine im Teutoburger Wald" zu nennen, der sich allerdings im wesentlichen mit Geomantie und Spekulationen über prähistorische Kulturen beschäftigt.

Die aktivste Gruppe dieses Bereiches bleiben nach wie vor die „Goden". In ihrer Selbstdarstellung heißt es heute: „Die Goden sind eine Vereinigung zur Förderung und Pflege der uns wesensgemäßen Religion und Kultur, welche sich allen Menschen öffnet, die sich dem vorgegebenen Ziel verbunden fühlen. Im Streben nach religiöser Erneuerung, im Dienste an unserem Volke und gleichgestimmten Menschen möchte sie allen Suchenden die seelische und geistige Heimat, sowie die Gewißheit zurückgeben, mit aller Kreatur verbunden, und im göttlichen Grund verwurzelt zu sein, und sie wieder mit der Natur aussöhnen."

Die Vorstellungswelt der „Goden" hat sich immer stärker mit okkulten Vorstellungen der verschiedensten Herkunft angereichert; neben der indischen Überlieferung und der Edda sind darum die wichtigsten Gewährsleute für die „godische" Lehre Helena Blavatsky, Rudolf Steiner und der „schlafende Prophet" Edgar Cayce. Die Wertschätzung des Amerikaners Cayce hängt vor allem mit der umfassenden Atlantis-Mythologie der „Goden" zusammen. Ansonsten verbindet sich hier die Ariosophie in ganz traditionellem Sinne mit dem eigenen Sendungsbewußtsein und der Erwartung, einen Epochenwechsel zu erleben: „An der Schwelle einer neuen Zeit aber erinnert sich unsere Seele immer eindringlicher ihrer im eigenen Urgrunde schlummernden Werte, die sie nun stärker zur Selbstverwirklichung drängen. Und allein diese Selbstverwirklichung sucht unsere Seele, nur sie allein wird sie erquicken. Was unsere Vorfahren durchlebten, schlummert noch heute in ihr. Aller Erfahrungsschatz, den unsere Seele so hat sammeln können, wird mit Baldur wieder erwachen und immer nachhaltiger unser künftiges Leben und das kommender Generationen gestalten. Der in Baldur versinnbildlichte Lichtglaube unserer Väter war immer eng verbunden mit den Hochkulturen der Menschheit, ja war allgemein ihr Fundament, und er wirkt gestaltend noch bis in unsere Tage hinein."[179]

Die von Friedrich-Wilhelm Haack ausgemachte Tendenz in den 70er Jahren, hin zu einer aggressiveren, antichristlichen Linie, ist heute in den Veröffentlichungen der „Goden" nicht mehr festzustellen. Vielmehr scheint die Beschäftigung mit der „Rassenfrage" ganz in den Hintergrund getreten zu sein, stattdessen werden nun – etwa in der Zeitschrift „Die Kosmische Wahrheit" – vornehmlich ökologische, astrologische und esoterische Themen behandelt.

Ohne Zweifel dürfte auch bei den Völkisch-Religiösen der allgemeine Generationenwechsel in diesen Jahren einige Unruhe ausgelöst haben. Nach außen drangen solche Konflikte aber nur in Ausnahmefällen. Am deutlichsten spürbar wurde der Prozeß in der „Artgemeinschaft". 1980 kam es zur Spaltung, nachdem der Hamburger Rechtsanwalt Jürgen Rieger faktisch die Leitung der Gruppierung übernommen hatte, woraufhin der Gründer, Wilhelm Kusserow, verbittert seinen Austritt erklärte und mit seiner Anhängerschaft den „Treuekreis Artglaube Irminsul" bildete. Letzterer blieb aber fast ganz auf Berlin beschränkt und ist wenige Jahre später wegen Überalterung der Mitglieder und des Todes von Kusserow aufgelöst worden. – Daß es sich bei der Spaltung nicht um eine inhaltlich begründete Auseinandersetzung handelte, kann man zunächst daran erkennen, daß die „Artgemeinschaft" auch heute noch Kusserow als einen ihrer Lehrer bezeichnet und seine Bücher zum Verkauf anbietet. Zudem wurde inhaltlich am „Artbekenntnis" keine Veränderung vorgenommen, und auch der ganze Stil der Selbstdarstellung hat sich kaum verschoben. Die rationalisierende Tendenz beim Verständnis der Religion, verbunden mit der Mythisierung der „Art", steht noch immer beherrschend im Vordergrund. So heißt es in einem Werbeblatt: „Wir in der Artgemeinschaft haben uns von allen bildhaften, menschenähnlichen Vorstellungen über einen persönlichen Gott gelöst. Darum kann für uns die Religion auch nicht das Verhältnis zu Gott sein. Religion ist für uns die Frage nach dem Sinn des Lebens, das Vertrauen auf unsere Kraft und unsere angestammte Art, die Verehrung der Natur, ihrer Gesetze und von unseren Eltern und Ahnen."

Dementsprechend legt die „Artgemeinschaft" vor allem Wert auf eine umfassende Darstellung der germanischen Geschichte; die meisten Artikel in der „Nordischen Zeitung" und der der Gruppe nahestehenden „Nordischen Zukunft" (sie wird von der Vereinigung „Nordischer Ring" herausgegeben) behandeln historische, archäologische oder religionswissenschaftliche Themen. Der Begriff „Rasse" wird zwar möglichst durch denjenigen der „Art" ersetzt, aber infolge der engen Verbindung Riegers mit der

Zeitschrift „Neue Anthropologie" – die sich vor allem mit Fragen der Rassenlehre beschäftigt – spielen entsprechende Vorstellungen in der „Artgemeinschaft" eine erhebliche Rolle.

Auch die aggressive antichristliche Grundhaltung ist entsprechend getönt. Neben der ökologischen Zerstörung und der Unterdrückung der Frau wird der Kirche vor allem die Feindlichkeit gegenüber der „nordischen Art" vorgeworfen: „Beziehungslose Entdeckungen und Alleinanspruch der jüdisch-christlichen Religion versperren noch immer den Blick für die außergewöhnlichen Kulturleistungen des Indogermanentums, deren geistesgeschichtliche Größe durch unser wiedergewonnenes Wissen um die Naturgesetzlichkeit allen menschlichen Schaffens uns langsam wieder bewußt wird, sich uns geradezu zwingend aufdrängt. [...] Zwei Welten stehen im Ringen miteinander, seit Jahrtausenden, seit der Bewußtwerdung im Orient, welche Kraft aus der Ganzheit, der Gesundheit des Alteuropäers, Indoeuropäers erwachsen kann: Volkliches Denken und internationaler Gleichheitswahn. [...] Welche Verkennung elementarster lebensgesetzlicher Wahrheiten, die seit mehr als tausend Jahren nahezu ausgelöscht wurden durch das irreführende Wort vom – ex oriente lux –. [...] Möge unserem deutschen Volke wieder Gesundheit erwachsen aus der Ganzheit seines germanischen Wurzelgrundes!"[180] Daß man sich mit solchen Vorstellungen durchaus auf der Höhe der Zeit glaubt, kann man nicht zuletzt daran erkennen, daß die Gemeinschaft Riegers in ihrer Selbstdarstellung versucht, eine „grüne" Linie zu entwickeln: „Ökologisch denken – naturgemäß leben – artgemäß glauben!"

Aufschlußreich ist im Zusammenhanng mit dem Generationenwechsel auch das Ausscheiden bestimmter, eher völkisch-religiös orientierter Kreise aus den Organisationen der „Unitarier" und der „Freireligiösen". In der „Religionsgemeinschaft Deutsche Unitarier" bildete sich Mitte der 80er Jahre eine „Arbeitsgemeinschaft Europas Eigene Religion" unter Führung von Bernhard Bühler und Herbert Rau. Sie sammelten diejenigen, die sich vor allem dem Gedankengut der Religionsphilosophin Sigrid Hunke (s. u.) verpflichtet fühlten und einer „Linkstendenz" innerhalb des Verbandes wehren wollten. Auf der Hauptversammlung der „Unitarier" in Kassel im März 1987 trat der Konflikt offen zutage und führte zum Austritt Bühlers und Raus. Daraufhin gründeten sie mit ihrer Anhängerschaft den „Bund Deutscher Unitarier. Religionsgemeinschaft europäischen Geistes"; mittlerweile hat auch Sigrid Hunke, die einmal als die unbestrittene Vordenkerin der „Unitarier" galt, den Verband verlassen.

Das Anliegen des „Bundes", neben dem die erwähnte „Arbeitsgemeinschaft" weiterexistiert, besteht offensichtlich vor allem darin, das unitarische Gedankengut vor einer Entwicklung hin zu einer unverbindlichen allgemeinen Menschlichkeit zu bewahren. Eine inhaltliche Differenz gegenüber früheren Äußerungen der „Unitarier" (etwa in deren „Grundgedanken" von 1977) ist nicht zu erkennen: „Wir erleben somit Gott und Welt nicht dualistisch. Anstelle von ›Gott‹ setzen wir vielfach den Begriff des ›Göttlichen‹ und bezeichnen damit die Wirkkraft, die in allem Gewordenen und Werdenden anwesend und mit dessen innersten Wesenskern identisch ist. [...] Wir erleben und verstehen das Göttliche als das Allumgreifende und Alldurchwirkende, als den Seins- und Wesensgrund in uns und im Ganzen der Welt. Wir verstehen es als das All-Eine, das sich als unendliche Mannigfaltigkeit gestaltet und sie zugleich als Einheit verbindet."

Die eher defensive Tendenz des „Bundes" deutet schon darauf hin, daß er im Gesamtrahmen der „Unitarier" nur noch eine Minderheit repräsentiert. Sein Schicksal wird möglicherweise dasselbe sein wie dasjenige der völkisch orientierten „Freireligiösen", die – vor allem in Norddeutschland – nicht verhindern konnten, daß ihre Gemeinden in Gruppierungen umgewandelt wurden, die sich als „Freie Humanisten" bezeichnen und politisch vielfach der Linken oder dem linken Liberalismus zuneigen.

Gründerzeit

Der Niedergang der älteren völkisch-religiösen Gruppierungen führte allerdings nicht dazu, daß das Phänomen neugermanische Glaubensgemeinschaft völlig verschwand. Ganz im Gegenteil wird man die 70er Jahre als eine regelrechte Gründerzeit zu betrachten haben, auch wenn die neuen Organisationen bisher ihre Winkelexistenz nicht hinter sich lassen konnten.

Die bis heute aktivste und einflußreichste dieser Gruppen ist zugleich die älteste: der sog. „Armanen-Orden". Die Bezeichnung weist schon auf den geistigen Vater dieser Gemeinschaft – den Ariosophen Guido von List – hin. 1969 gründete ein Adolf Schleipfer die „Guido-von-List-Gesellschaft" neu und begann mit der Herausgabe der Zeitschrift „Irminsul". Wohl zwei Jahre später bildete sich als engerer Kreis seiner Anhänger der „Armanen-Orden". Der „AO" ist hierarchisch gegliedert, an seiner Spitze steht Schleipfer als Hochmeister; die Mitglieder sind bei allen Zusammenkünften an einer eigenen Tracht – für die Männer ein schwarzes, hemdartiges Wams, für die Frauen ein längeres weißes Kleid, beide mit der heraldischen Lilie im Wappenschild (das sog. „Armalein" in Lists Esoterik) auf der Brust – zu erkennen. Der hohe Anspruch des Ordens kommt in seinen „Grundsätzen" zum Ausdruck:

„1. Der Armanen-Orden war und ist der einzige natürliche Ordnungsträger des gesamten Ario-Germanentums im Sinne der kosmischen Gesetzmäßigkeit.

2. Der Armanen-Orden ist das gesamte Ario-Germanentum in seiner geistigen, seelischen und körperlichen Eigenart.

3. Der Armanen-Orden verkörpert die wahre Erkenntnis der göttlichen Weltordnung auf der Grundlage des germanischen Weistums, dessen Religions- und Kultform die einheimischen, germanischen Göttermythen bilden.

4. Die Erweckung des Armanen-Ordens ist für das Germanentum die Wiedergeburt einer Lebensgestaltung auf der Grundlage der naturgesetzlichen Weltordnung.

5. Der Armanen-Orden verweigert allen Ideologien und Bestrebungen die Anerkennung, die der naturgesetzlichen Weltordnung widersprechen oder die freie Erkenntnis der göttlichen Gesetze verhindern wollen."

Mit den „Ideologien und Bestrebungen", die im fünften Absatz genannrt werden, ist ohne Zweifel vor allem das Christentum gemeint, dem der AO die Verantwortung für den „orientalischen Kulturholocaust"[181] aufbürdet. Darunter wird vor allem die biblische Lehre vom Wert jedes Menschen und von ihrer Gleichheit im Angesicht Gottes verstanden. Und insbesondere die Erlaubnis zur „Rassenmischung" erscheint dem „Armanen-

Orden" als der Ausdruck von Irrlehre; auf dem Hintergrund des Rassen-Okkultismus, wie ihn Lanz von Liebenfels lehrte und verbunden mit einer eigenwilligen Reinkarnationslehre, werden dann die angeblichen Folgen solcher geschlechtlichen Verbindung dargestellt: „Man kann sich gut vorstellen, welchen Einbruch in diese Idealvorstellungen [des germanischen Menschen; K. W.] eine Rassenvermengung mit sich brachte. Man hatte die Erkenntnis, daß sich der Mensch wieder in der eigenen Sippe inkarniert. Bei der Rassenvermischung entstand für den im Jenseits lebenden ein unendliches Chaos, jetzt war für ihn auch fragwürdig geworden, wo er inkarnieren konnte, in seiner eigenen Sippe, in einer anderen? Die Auflösung des Sippenheils war die Folge."[182]

Das Gedankengebäude des „Armanen-Ordens" besteht im übrigen aus Versatzstücken der Vorstellungen der früheren ariosophischen Gemeinschaften, auch hier ergänzt um eine aktuelle, ökologische Komponente. Man hat die unter Völkischen üblichen Verschwörungsvorstellungen (Jesuiten, Freimaurer, Weltkapital, Kommunisten; Juden werden in dem Zusammenhang nicht erwähnt) und bedient sich ziemlich wahllos in allen möglichen okkulten Traditionen. Angefangen bei Helena Blavatskys „Geheimlehre" über Rudolf Steiners Atlantis-Mythologie, Alfred Schulers Idee der „Blutleuchte" und Aleister Crowleys „Magick" bis zu der notorischen Berufung auf keltisches „Weistum" der Druiden, die Katharer, Templer, Geomantie, Pendeln etc. Der Verlag des Ordens bringt im Nachdruck die Werke Lists und einiger anderer Ariosophen heraus, vor allem soweit sie Runenmagie betrieben haben.

Eine gewisse Originalität ist in alldem nur bezüglich der Wertung der Frau zu erkennen. Wahrscheinlich unter dem Einfluß von Friedrich Wilhelm Marby, vielleicht auch dem von Herman Wirth, nimmt sie eine außerordentliche Stellung im religiösen Leben der Gemeinschaft ein: „Bevor noch die Götter als Bildeskräfte des Kosmos und Führer der Völker in den Vordergrund der Betrachtung kamen, gab es die ›Große Mutter‹, gab es die Leitung der Völker durch die Frau. Vor dem Mannzeitalter (Patriarchat) gab es das Frauenzeitalter (Matriarchat), das gemäß der großen kosmischen Entwicklung dem Mann-Zeitalter weichen mußte. Aber nach These und Antithese folgt die Synthese und so wird die geistige Zukunft unserer Entwicklung eine Zeit lang in der gleichberechtigten Gemeinsamkeit beider Geschlechter in der religiösen Leitung der Völker einmünden. Um dies zu erreichen muß jedoch vorerst die – insbesondere von der Kirche unterdrückte und abgewertete Bedeutung der Frau – gehoben und der Frau die ihr zukommende hohe Stellung und Aufgabe gerade für die germanische Religion wieder eingeräumt werden."[183] Diese neue Bedeutung der Frau – die Arbeiten von Heide Göttner-Abendroth werden mit Wohlwollen betrachtet! – kommt nicht zuletzt darin zum Ausdruck, daß die Ehefrau Adolf Schleipfers, Sigrun Schleipfer, bei allen Veranstaltungen des „Armanen-Ordens" eine sehr aktive Rolle spielt. Das bezieht sich auch und gerade auf kultische Feierlichkeiten.

Die Gemeinschaft legte in ihrer „Satzung" fest: „Angehöriger des AO ist jeder germanische Mensch, der die germanischen Göttermythen als seine natürlichen Urbilder germanischer Wesensart anerkennt." Dem ist schon zu entnehmen, daß der „Armanen-Orden" etwas unentschieden hin und herschwankt zwischen dem Wunsch nach einem echten „Götterglauben" und einem vulgarisierten Jungschen „Archetypus". In seinen Festen (neben Winter- und Sommersonnenwende vor allem das „Ostara-Thing" im Frühjahr und das „Wodansfest" im Herbst) verbinden sich deshalb Vorträge über okkulte Spekulationen mit festgelegten gottesdienstlichen Abläufen. Einen gewissen Eindruck vom Kultus der Gemeinschaft vermittelt der folgende Bericht über das Fest zu Ehren der Frühlingsgöttin: „In einem großen romantischen Brunnenhaus drängten sich nun schweigend 30–40 Menschen, und nach der Niederlegung einer Opfergabe an die Quellgeister wurde das Wasser geschöpft. Erst das gemeinsame Raunen einiger Runen, das in geheimnisvoller Weise im Gewölbe des Quellenhauses widerhallte, brach schließlich das selbstauferlegte Schweigen. Gemeinsam wurde etwas von dem Wasser getrunken, die Menschen beglückwünschten sich zu einem frohen Osterfest und schritten aus dem Dunkel des Brunnens wieder zurück in die Morgendämmerung. Nach dem Frühstück versammelten wir uns schließlich im Saal des Gasthauses. Eine der attraktivsten Frauen des Ordens war mit einer Krone und einem Brustgeschmeide aus bunten Frühlingsblüten geschmückt und saß, gewissermaßen als lebendige Verkörperung Ostaras vor dem Altar. Die Feier, bei der verschiedene Ordensmitglieder kultische Aufgaben übernommen hatten, war ziemlich vielschichtig und komplex. Sie setzte sich im Großen und Ganzen aus fünf Teilen zusammen: Einer Anrufung der Göttin, die von einem Mann verlesen wurde, wobei die Ostara verkörpernde Frau auf diese Evokation antwortete. Dann folgte eine Meditationsübung, bei der es um die Imagination des Urd-Brunnens, der Quelle des Lebenswassers ging, die wir uns im Bereich des Beckens vorstellten. Mit unserem Atem zogen wir nun die Kräfte aus jenem inneren Lebensquell empor, um sie unseren Organismus durchströmen zu lassen. Daran schloß sich dann die Weihe des Osterwassers, der Ostereier und des Salzes an [...] In einer Flammenschale wurde auf dem Boden des Saals ein Osterfeuer mit Hilfe von Brennspiritus entzündet [...] Und dann wurde das Wasser, die Eier und das Salz als Kultspeise an alle Anwesenden verteilt, was in der Tat wesentlich mehr war, als eine Nahrungsaufnahme im üblichen Sinne: Verschmelzung unserer Sinne und Seelen mit den Kräften der Göttin, des Frühlings und der Fruchtbarkeit."[184]

Auf die besondere Rolle, die Sigrun Schleipfer – im Gegensatz zu den Vorstellungen der traditionellen Ariosophen und der meisten Völkisch-Religiösen – innerhalb des „Armanen-Ordens" spielt, wurde schon hingewiesen. Unter dem Namen ihres ersten Mannes, als Sigrun Strauß-Hammerbacher, war sie bereits als Mitglied der „Goden" hervorgetreten, nach ihrer – wohl Ende der 80er Jahre erfolgten – Trennung von Adolf Schleipfer führt sie nun den Titel einer Freifrau von Schlichting (auf Grund des Mädchennamens ihrer Mutter?). Von den persönlichen Differenzen zwischen den Ehepartnern scheint die gemeinsame Arbeit allerdings nicht berührt zu werden. Sie treten zusammen bei Veranstaltungen des AO auf, und die jetzt von Frau von Schlichting ins Leben gerufene „Arbeitsgemeinschaft naturreligiöser Stammesverbände Europas", kurz ANSE, wirbt gleichzeitig für den Orden.

Mit der Gründung der ANSE ging es vor allem darum, eine Art Plattform für die Vereinigung aller heidnischen Gruppen „Midgarts", also Europas, zu schaffen: „Wir haben keinen Grund anzunehmen, daß außereuropäische Kulturen wie Islam, Zionismus, Christentum das Abendland stärken oder in irgendeiner Weise fördern, oder daß etwa der Bhuddismus, Kommunismus oder Hinduismus unsere Kultur erhalten. Deshalb müssen wir schon unsere eigenen Heidenkräfte dafür einsetzen und die Verantwortung für unsere eigenen Belange wieder übernehmen. Wir sollten uns im Andenken an unsere Midgart-Ahnen in allen Stämmen einigen, uns wieder gemeinsame Gesetze geben und unsere angestammte germanisch-keltische Religion und Kultur wieder einführen und Konzepte für die Gestaltung unserer Zukunft erarbeiten. Wenn wir fleißig und einig genug sind, werden alle Midgart-Geschwister Vertrauen in unsere Arbeit gewinnen und sich uns anschließen. Dies ist die Heimkehr in ein geeintes Europa. Midgart Sal and Sig!"[185]

Für solche Zusammenarbeit gibt es schon Ansätze. Etwa in Form des sog. „Ersten wanischen Mitgart-Things", das im Juni 1988 auf Island stattfand. Auch wenn die Zahl der Teilnehmer nur klein war, fand die Veranstaltung ebenso unter den traditionellen – der „Deutschgläubigen Gemeinschaft" und den „Goden" – wie unter den neueren völkisch-religiösen Gruppen – den „Gylfiliten" und der „Heidnischen Gemeinschaft" (s. u.) – eine positive Aufnahme, selbst eine vereinzelte Stimme aus dem Lager der „Unitarier" signalisierte Wohlwollen.[186] Ausgerichtet wurde die Veranstaltung von einem gewissen Sveinbjörn Beinteinsson, dem „Allsherjargodi", d. h. „Hohepriester", der als „Asatru" bezeichneten neugermanischen Gruppe, die Island 1973 als Glaubensgemeinschaft staatlich anerkannte.[187] Einen ähnlichen Status besitzt in Europa sonst bloß noch die britische Organisation „Odinic Rite", mit der die ANSE regelmäßige Treffen beim sog. „Leimrutenfest", im Herbst jedes Jahres, durchführt. Die Gruppe von Frau Schleipfer scheint außerdem Kontakte zu verschiedenen „Asatru"-Gruppen in den USA und in Skandinavien sowie zu neo-keltischen Zirkeln in Frankreich zu haben.

Der „Armanen-Orden" und die ANSE sind gegenwärtig ohne Zweifel die aktivsten völkisch-religiösen Gruppierungen in der Bundesrepublik. Von hier aus gibt es zahlreiche Querverbindungen zu den älteren Gemeinschaften, zu heidnischen Einzelgängern und zu den Wikinger-Gruppen, die sich auf Schaukämpfe mit Schwert und Schild spezialisiert haben (etwa die „Gotharike-Wikinger" in Berlin), aber auch zu Wicca-Covens und zu verschiedenen anderen Neugründungsversuchen, die allerdings keinen vergleichbaren Rang besitzen.

Hier wäre zuerst die schon erwähnte „Heidnische Gemeinschaft e. V." zu nennen. Sie wurde 1985 in Berlin von dem Graphiker Géza von Neményi durch Zusammenschluß älterer loser Gruppierungen („Germanisches Heidentum in Berlin", „Heidnischer Gesprächskreis", „Heidnische Gemeinschaft", „Heidenspaß-Kreis") gebildet. Die „Heidnische Gemeinschaft" gilt als deutsche Sektion der isländischen „Asatru" und versteht sich selbst als „eine Vereinigung, deren Mitglieder sich zu den heidnischen Naturgöttern und zur germanisch-slavisch-keltischen Naturreligion bekennen. Wir versuchen, die Naturverbundenheit unserer Vorfahren wieder so zu leben, wie es uns in den mythologischen Quellen überliefert ist." Die „Heidnische Gemeinschaft" soll in erster Linie eine Dachorganisation der in Berlin lebenden Heiden sein, doch geht ihr prinzipieller Anspruch weit darüber hinaus. Denn trotz ihrer relativ kleinen Größe besitzt sie unter allen neuheidnischen Gruppen die am weitesten ausformulierte und am stärksten systematisierte Weltanschauung. In der sog. „Germanischen Reihe" sind mehr als fünfzig Broschüren erschienen, die deren Elemente erläutern und in den größeren Zusammenhang einordnen; von der Bedeutung der alten Kultstätten über das Feierjahr, Naturheilkunde und Vorgeschichte, bis hin zu Runenmagie und „germanischer" Astrologie. Man hat darüber hinaus ein regelrechtes Ausbildungssystem für die „Goden", also Priester, entworfen; zu ihren Aufgaben zählen:

„– Leitung und Durchführung der Feste [...],
– Leitung des Things und der Rechtshandlungen,
– Runenbefragung und Wahrzeichendeutung,
– Kenntnis und Vermittlung des Glaubens und der Geschichte,
– Pflege und Unterhaltung heiliger Stätten,
– Hilfestellung in allen Glaubens- und Lebensfragen."[188]

Dahinter steht die Idee, den Theologen der Kirchen ein selbständiges heidnisches Priestertum (bestehend aus Männern und Frauen) entgegenzustellen. Ein Ziel, das der militant antichristlichen Grundeinstellung der „Heidnischen Gemeinschaft" entspricht. Der Hauptvorwurf gegen die biblische Lehre ist auch hier ihre angebliche Naturfeindlichkeit, der Vorwurf der Zerstörung des „Arteigenen" tritt zurück.

Schon diese Akzentverschiebrung hin zu einer heidnischen Ökologie zeigt einen gewissen Unterschied zu den Ideen, die etwa der „Armanen-Orden" vertritt, obwohl auch Verbindungen zwischen beiden Gruppen bestehen. Es taucht bei der „Heidnischen Gemeinschaft" sogar ein vereinzelter Hinweis auf die Werke der Mathilde Ludendorff auf, oder man druckt Vorzeit-Erzählungen des in der NS-Zeit populären Kurt Pastenacci in der der Gemeinschaft nahestehenden Zeitschrift „Der Runenstein" nach. Aber das alles scheint keine dominierende Rolle zu spielen. Aus dem völkisch-religiösen Bereich heraus führt auch die Berufung auf slawische Überlieferungen (obwohl sie sich mit der Vorstellung verbindet, die Slawen seien „Ostgermanen" gewesen[189]). Und schließlich wäre darauf hinzuweisen, daß die Gruppe von Neményi großen Wert auf die demokratische Verfassung der „Heidnischen Gemeinschaft" legt. Ob es sich dabei um Schutzbehauptungen handelt, kann man von außen schwer beurteilen. Immerhin scheint die 1985 gegen Neményi und den mit ihm zusammenarbeitenden Michael Pflanz wegen rechtsradikaler Unterwanderung durchgeführte Kampagne im Landesverband der „Grünen" Berlin wenig mit tatsächlichem „Neonazismus" zu tun gehabt zu haben.[190]

Gleichfalls in Berlin beheimatet, wenn auch auf intime Weise mit der „Heidnischen Gemeinschaft" verfehdet, existiert seit Mitte der 80er Jahre eine „Gemeinschaft für heidnisches Leben" um Michael Frantz und Matthias Wenger. Die Gruppierung tritt weniger stark an die Öffentlichkeit, was sich nicht zuletzt dadurch erklärt, daß sie aus dem dem Wicca zugehörenden „Wodan-Isis-Coven" entstanden ist. Seit 1988 erscheint allerdings „Der Hain. Zeitschrift für Heidentum und Naturreligion" in unregelmäßigen Abständen als eine Art Sprachrohr der Gruppe. Hier sind die Übergänge zum „wilden" Heidentum fließend, um gedankliche Kohärenz wie Neményi bemüht man sich gar nicht erst, es herrscht eher ein religiös-esoterisches „anything goes".

Abschließend sei darauf hingewiesen, daß sich sofort nach dem Umbruch in der DDR auch dort wieder neugermanische Gruppen zu Wort meldeten; der „Gode" der in Leipzig beheimateten „Schildgemeinschaft" konnte auf dem „Wodansfest" des „Armanen-Ordens" im Herbst 1990 bereits einen Vortrag halten.

Die dunkle Seite oder: Der letzte Avatar

Für jede Gruppierung, die sich heute der Erneuerung des Heidentums verpflichtet fühlt, spielt die Stellung zum Nationalsozialismus und seinen okkulten Wurzeln (in „Germanen-Orden" und „Thule-Gesellschaft") eine wichtige Rolle. Ausnahmslos werden für die Bewertung des Zusammenhangs negative Chiffren verwendet. Eine positive Einstellung bleibt selbst dort tabu, wo Sympathie für die radikale Rechte in der Bundesrepublik vorhanden ist bzw. vermutet werden darf. Andererseits gibt es hier auch eine seltsame Faszination des Themas „Hitler und die Magie". Und kaum jemand in dieser „Szene" zweifelt daran, daß die Nationalsozialisten „durch Okkultzirkel mit tatkräftiger Unterstützung der deutschen Großindustrie [...] an die Macht gekommen waren."[191]

Die Kunst der Konstruktion von Verbindungslinien zwischen Hitler und der Esoterik ist in der Bundesrepublik allerdings – verglichen mit England, Frankreich und Italien – nur sehr schwach entwickelt. In den genannten Ländern werden in unregelmäßigen Abständen Bücher veröffentlicht, die Hitler als einen „Eingeweihten" der Templer, der Katharer, einer mysteriösen „Vril-Gesellschaft", eines „Ordens vom Grünen Drachen" oder irgendeiner anderen okkulten Gemeinschaft betrachten. Fast immer erscheint dann die SS, in grotesker Verzeichnung der Realität, als Geheimbund mit ausgeprägter Arkanlehre, komplizierten Initiationsriten und Weihefeiern, die auf der Wewelsburg abgehalten wurden. In Westdeutschland wird diese Literatur praktisch nie übersetzt, eine Ausnahme bildet nur der phantastische Entwurf von Louis Pauwels und Jacques Bergier, der zuerst

1962 unter dem Titel „Aufbruch ins dritte Jahrtausend" in deutscher Sprache erschien und seitdem zahlreiche Neuauflagen erlebte.

Von der negativen Einstellung zum Thema unterscheidet sich eine seltsame Tendenz, die man als die „linke Seite" der neuheidnischen Esoterik bezeichnen könnte: die Verehrung Hitlers als göttliches Wesen. – Der Ursprung dieser Idee liegt offensichtlich nicht in Deutschland: „Unverblümt wird Hitler in Indien bewundert. Nur die verwestlichte indische Elite äußert die routinemäßigen Negativa. Die Masse fühlt ganz anders. Hitler ist ein ‚Avatar', ein Herabgestiegener, ein Träger des göttlichen Funkens. Er gilt als Asket, als Zölibatär und als Yogi, der ausgesandt war, die verhaßten Engländer zu bedrücken. Das Hakenkreuz als traditionelles indisches Heilssymbol beglaubigt seine mythische Sendung."[192]

Dieses befremdlich anmutende Vorstellungsgefüge scheint vor allem ein Produkt der „Arier"–Ideologie des Hindu-Nationalismus zu sein. Dessen Verfechter beriefen sich immer eher auf den während des Zweiten Weltkrieges mit Deutschland sympathisierenden Rebellenführer Subhas Chandra Bose als auf Mahatma Gandhi. Und in diesem Umfeld ist schon 1958 der Versuch gemacht worden, die systematische Grundlage für eine Hitler-Religion zu schaffen. Savitri Devi, eigentlich eine mit einem Inder verheiratete Griechin, veröffentlichte in jenem Jahr in Kalkutta ein Buch mit dem Titel „Pilgrimage", auf dessen Umschlagblatt die Ruinen des „Führerbunkers" zu erkennen waren, darüber eine aufgehende Sonne. Die Quintessenz jenes Werkes findet sich in folgender Formulierung: „Adolf Hitler ist der größte Retter und Führer der Zukunft; und kosmische Wahrheit, älter als Sonne und Sterne ist der göttliche Atem seiner Bewegung und hinter Ruhm und Tragik seiner politischen Karriere steht die Essenz ewiger Wahrheit."[193]

Auch Savitri Devi betrachtete Hitler als Reinkarnsation Vishnus und glaubte, daß seine Stunde erst noch kommen werde. Ihre ganze Energie konzentrierte sie darauf, eine „arische Internationale"[194] zu schaffen, weshalb sie sich auch an der Gründung der ominösen „World Union of National Socialists" beteiligte. Savitri Devi starb 1982, und ihr Werk wäre der

Erwähnung kaum wert, wenn sich die dort geäußerten Ideen nicht neuerdings in gewissen, sehr kleinen Zirkeln zu verbreiten begännen. Der Mythisierung Hitlers scheint dabei Vorschub zu leisten, daß er für die heutige Welt bereits zu einer Art von „negativem Mythos" geworden ist: eine unhistorische, absolute Größe, zwar als absolutes Böses, aber eine Umwertung in das entgegengesetzte Extrem dürfte leichter sein, als allgemein angenommen wird.

Derjenige, der eine solche Umwertung im deutschsprachigen Raum vorzubereiten versucht, ist der Chilene Miguel Serrano. Er hat bereits verschiedene Bücher in spanischer Sprache über den „letzten Avatar" geschrieben, seit 1987 liegt ein Werk mit dem Titel „Das Goldene Band" auch in deutscher Sprache vor. Es erschien bezeichnenderweise in einem „Verlag Richard Schepmann" (Wetter), der sich ansonsten mit dem luxuriösen Reprint von Titeln aus dem früheren, SS-eigenen „Nordland-Verlag" beschäftigt.

Serrano beruft sich für seinen „esoterischen Hitlerismus" auch auf Savitri Devi, aber sein Gedankengebäude ist zu komplex, als daß man die Bestandteile auf einen Ursprung zurückführen könnte. Die etwas chaotische Darstellung auf mehr als 400 Seiten läßt zwei Leitmotive erkennen: eine historische und eine metaphysische Spekulation. Die historische geht auf die – in Lateinamerika wohl lange Zeit verbreitete – Vorstellung zurück, daß Hitler noch am Leben sei. Zwar habe die große Koalition von Demokraten, Kapital, Freimaurern, Rosenkreuzern, Protestanten und Katholiken, Rotem Kreuz, Rotariern, Juden und Kommunisten den Weltkrieg gewonnen, aber die Leichenreste, die 1945 als diejenigen Hitlers ausgegeben wurden, waren nicht die Hitlers. Vielmehr sei der „Führer" mit Hilfe eines U-Boot-Konvois in die Antarktis geflohen, wo die deutsche Marine schon in den 30er Jahren ein fruchtbares Land, umgeben von Eisbergen, entdeckt habe. Hier befinde sich der Zugang zu jener unterirdischen Welt (die Erdkugel gilt Serrano jenseits des Magma-Gürtels als hohl), hier liege das „Thule" der Nordvölker, wo die sagenhaften „Hyperboreer" in ewiger Jugend leben. Dort plant der wieder verjüngte Hitler seine Rückkehr, um zu vollenden, was er begonnen hat; die als „UFOs" bezeichneten Flugmaschinen sind

Aufklärer seiner gigantischen Armee, geflogen von den gefallenen Soldaten der deutschen Wehrmacht, die nun auferstanden sind, um – wie die „Einherjer" Walhallas und Wodans „Wildes Heer" – zur letzten Schlacht anzutreten.

Wie es schon die Hindu-Legenden über den Gott Shiva berichteten, wird es damit zur „Esoterischen Wiederkehr Hitlers auf dem Goldenen Adler, in einer Feuerscheibe"[195] kommen. Er, der in die Geheimlehren der Katharer und Templer eingeweiht ist, verkörpert in sich die „Odins-Kraft", eine paranormale Fähigkeit, deren Energie aus der Welt der „Astralwesen" stammt. Und deshalb muß er den Weltkrieg, der eigentlich ein Kampf der Götter und okkulten Mächte war, fortsetzen, um die „Arier" vorzubereiten für die „Rückkehr nach Asgart, nach Thule, in die Urheimat auf dem Wege über das Paradies der Asen im Kaukasus, zum Großen Polarkreis des rechtsläufigen Hakenkreuzes, des Symbols der Rückkehr in das Goldene Zeitalter der Sonne und des Endes der Involution im Kaliyuga."[196]

Im Grunde genommen ist das Buch Serranos eine ununterbrochene Kette von Absurditäten, strotzend von historischer Unkenntnis, von Fehlern und Verwechslungen, dabei Anregungen aus Hinduismus und europäischer Esoterik, Theosophie und Anthroposophie, Ariosophie, „Welteis"– und „Archetypen"–Lehre vermischend. Jörg Lanz von Liebenfels, Rudolf John Gorsleben und Herman Wirth kommen bei ihm ebenso vor wie Hanns Hörbiger und Julius Evola (dem er die Ablehnung Hitlers vorwirft). – Man kann das alles kaum anders denn als unappetitliche Spinnerei betrachten und nur verwundert darüber sein, daß ein Mann wie Serrano eine beachtliche Karriere im diplomatischen Dienst Chiles und in Gremien der UNO machen konnte und sich, nach Aussage des Buches, zu den Freunden Hermann Hesses und C. G. Jungs zählen durfte.

Serrano ist noch mit weiteren Titeln auf dem esoterischen Buchmarkt vertreten. Und seine Identität mit dem Verfasser des „Goldenen Bandes" scheint noch niemandem aufgefallen zu sein. Schon deshalb darf man davon ausgehen, daß dieses Werk bisher kaum Verbreitung gefunden hat. Die Wirkung wird auf marginale Gruppen beschränkt sein, die zudem kaum faßbar sind. Ob der „Orden" des „Esoterischen Hitlerismus", von dem im „Goldenen

Band" verschiedentlich die Rede ist, wirklich als Organisation existiert, war jedenfalls nicht festzustellen. Eine gewisse Ausbreitung fand in den zurückliegenden Jahren schon die Verquickung von „Ufologie" und „Hitlerismus"[197], doch von einer Gemeinschaft, die ähnliche Gedanken wie diejenigen Serranos vertritt, kann in der Bundesrepublik bloß bezüglich der sog. „Gylfiliten" die Rede sein.

Die „Gylfiliten" wurden 1976 durch den ehemaligen „Goden" Wolfgang Kantelberg gegründet. Sie verstehen sich als hierarchischer Orden und haben eine umfangreiche Mythologie ausgebildet, deren Wurzeln auch in der Ariosophie liegen. Zu ihren Besonderheiten gehört vor allem die eigene Kultsprache, die angeblich an das frühe Germanisch anknüpft. Im Weltbild der „Gylfiliten" figuriert Hitler als Halbgott oder Inkarnation Odins; bei Gottesdiensten werden nebeneinander Kerzen in Schwarz, Weiß und Rot entzündet, um dann den „Führer" zu beschwören.

XII. Kapitel: *Die Undogmatischen*

Ein Anachronismus

In einem Gespräch, das er mit dem katholischen Theologen Karl-Josef Kuschel führte, äußerte der Schriftsteller Martin Walser: „Ich glaube, daß wir Völker nördlich der Alpen unendlich beraubt sind. [...] Es geht um die Beraubung vorhandener Traditionen durch den Import der Religion. Wir sind unserer Fruchtbarkeit beraubt worden. [...] Ich habe einmal einen Altskandinavisten gefragt, wie die Bekehrungen [der Germanen; K. W.] eigentlich zustande kamen. Und da hat er gesagt: Ja, nur über die Könige. Die Könige haben zuerst gemerkt, was man mit der Religion machen kann. Kaiser Nero zum Beispiel hatte ein äußerst großes Interesse an Christus. Er merkte, welches Herrschaftsinstrument der Monotheismus sein kann. Deshalb meine ich: Alles, was von der Zentrale kommt, kann nur schlecht sein, weil es Machtausübung bedeutet. So ist uns also, was die Religion angeht, vielleicht verlorengegangen, was wir im Grunde im Tiefsten immer noch in uns haben."[198]

Nun ist Martin Walser weder ein Völkisch-Religiöser noch ein Anhänger der heidnisch inspirierten Esoterik. Seine polemische Auseinandersetzung mit dem Christentum hat aber auch keine aufklärerische oder gar marxistische Spitze. Vielmehr trägt er Bedenken gegen die Kirche und ihre Lehre vor, die in Deutschland nach dem Ende des Zweiten Weltkrieges nur selten zu hören waren, die jedoch mit einiger Sicherheit untergründig immer vorhanden gewesen sind. Sie galten, selbst so vorsichtig formuliert, als bedenklich, als bedenklich wegen ihrer angeblichen Nähe zu nationalsozialistischen Vorstellungen.

Es war zu erwarten, daß diese Tabuisierung nicht auf Dauer bestehen konnte, zumal sie sachlich nicht zu rechtfertigen war. Mit dem wiederauflebenden Interesse für die archaische Religiosität scheint seit dem Anfang der 80er Jahre eine Tendenz freigesetzt worden zu sein, die zwangsläufig zur Frage nach den eigenen, vorchristlichen Glaubensvorstellungen führen mußte. Die Schweizerin Margret Burri hat hier mit ihrem Buch „Germanische Mythologie zwischen Verdrängung und Verfälschung" (1982) eine Vorreiterrolle gespielt. Sie wandte sich nachdrücklich gegen den Versuch, diese Religion und jede Erinnerung an sie immer mit dem „Dritten Reich" in Verbindung zu bringen; und auf dem Hintergrund der Jungschen Psychologie hat sie formuliert: „Sich mit den germanischen Göttern einzulassen bedeutet, Zwiesprache zu halten mit der eigenen Seele. Wohl jeder, der sich offenen Herzens mit diesen mythologischen Gestalten beschäftigt, wird ergriffen von der archetypischen Gewalt, die jede dieser Göttergestalten verkörpert."[199]

Einerseits kann man eine solche Entwicklung als Normalisierungsprozeß betrachten: „Fast ein halbes Jahrhundert nach dem Ende des NS-Regimes sollte es möglich sein, den Germanen Gerechtigkeit widerfahren zu lassen und sich vorurteilsfrei mit ihnen zu beschäftigen."[200] Andererseits darf man nicht unterschätzen, daß das, was lange als verboten galt, immer eine unterschwellige Faszinationskraft besitzt, die irgendwann an die Oberfläche tritt. Entsprechendes ist gegenwärtig in der Populär-Kultur zu beobachten. Noch ganz harmlos in den Comic-Versionen altgermanischer Mythen („Walhalla"), interessanter schon in der Rock-Musik. Während sich die „Einstürzenden Neubauten" nur ein „Runenmännchen" als Emblem ausgesucht haben, zeigt die Gruppe „Slayer" schon Runenschrift, germanische Schwerter und einen stählernen Adler als Symbol. Und die britische Heavy-Metal-Formation „Black Sabbath" veröffentlichte im Juni 1990 ein Album mit dem Titel „Tyr". So genannt nach dem germanischen Gott des Krieges und Beschützer der Gemeinschaft. Die einzelnen Nummern der Platte tragen Namen wie „Odin's Court" oder „Battle of Tyr" oder „Valhalla":

> „Wir werden geführt, in das Land der Ewigkeit,
> Wir reiten auf den kalten, kalten Winden Walhallas.
> Das Königreich Odins ist das Königreich der Götter.
> Wo nur die Seelen der Tapferen in Frieden leben.
> [...]

Die Langschiffe segeln, und die Kriegswagen werden losgemacht,
Und der Zorn Thors wird uns gute Dienste leisten.
Erhebt eure Hände,
Kommt nach Walhalla, dann wird eure Seele gerettet sein,
Erhebt eure Augen,
und Odin wird sich euer annehmen."

Vorbilder

Die überraschende Vitalität, die neugermanische Vorstellungen heute wieder besitzen, ist weder eine Folge schleichender „Faschisierung" des geistigen Lebens noch Ergebnis der erfolgreichen Mission völkischer Gemeinschaften. Vielmehr liegt auch hier jene Außenwirkung vor, die die Entstehung aller religiösen Strömungen in der Bundesrepublik seit dem Ende der 60er Jahre bestimmt hat. D. h., es war der angelsächsische, insbesondere der nordamerikanische Einfluß von ausschlaggebender Bedeutung.

In Großbritannien wie in den USA existieren heute Gruppierungen, die man als völkisch-religiös bezeichnen kann. In England sind das etwa der schon erwähnte „Odinic Rite", die „Sons of Odhinn", der „Order of the Hammer" oder ein kleiner – eher esoterisch orientierter – Zirkel um die Zeitschrift „Balder". In den Vereinigten Staaten wäre vor allem die „Asatru"–Gemeinschaft zu nennen, die in einem Flugblatt erklärt: „Mut, Lebenskraft und Freiheitsliebe sind unser spirituelles Geburtsrecht. Laßt uns dieses Erbteil prüfen, das sich in unserer alten Religion, bekannt als Odinsglaube oder Asatru, beispielhaft verwirklicht fand." Vor einigen Jahren wollte diese Gemeinschaft sogar eine Art von Kommune gründen, um dort – unbeeinflußt von der Außenwelt – ein Leben nach heidnischen Prinzipien zu führen.[201]

Die Völkisch-Religiösen in den angelsächsischen Ländern gehören dort zu den heidnischen „Netzwerken", ihre Anhängerschaft überlappt sich mit derjenigen von Okkult-Gruppen und der Alternativ-Bewegung im Sinne eines „Green-eco-pagan-shamanism for all"[202]. So ist es auch nicht verwunderlich, daß 1988 eine Ausgabe der in den USA weitverbreiteten esoterischen

Zeitschrift „Gnosis" erschien, die ausschließlich die „nordische" Tradition behandelte. Der Herausgeber Jay Kinney begründete das Projekt auf eine für einen US-Amerikaner typische Weise: „Wenn jemand behauptet, es sei einfach, mit den eigenen Wurzeln' in Verbindung zu treten, sollte man ihm keinen Glauben schenken! Vielleicht ist es schon anderswo schwierig, aber das Leben in den Vereinigten Staaten ist so bestimmt von der Übermacht des letzten und neuesten [...], daß es meistens unmöglich ist, weiter als eine oder zwei Generationen zurückzuschauen, ohne in einen Nebel verblaßter Erinnerung und entfernter Stimmen zu laufen."[203]

Es sei hier am Rande bemerkt, daß eine Wiederaufnahme germanischer, religiöser Vorstellungen seit den 70er Jahren auch in Skandinavien zu verzeichnen ist. Da deren Symbolik in Dänemark sogar dem politischen Widerstand während der deutschen Besetzung gedient hatte, galt sie hier von vornherein als „unbelastet".[204] Insbesondere die Anti-Akw- und die Alternativbewegungen in Dänemark und Schweden haben sich der Chiffren der alten Naturreligion bedient, um ihre Anliegen auszudrücken: eine ökologisch orientierte Buchhandlung in Aarhus wurde „Yggdrasil" genannt, es erschienen Zeitschriften mit den Titeln „Hel", „Mjolner" oder „Freya"; „Ragnarök" war ein Bild für den angeblich bevorstehenden militärischen Atomschlag und der „Fenriswolf" stand für den Kapitalismus. Schließlich wäre noch zu erwähnen, daß in Skandinavien sehr früh Yoga-Schulen entstanden, die auch „mantrische" Runen-Übungen durchführten.

Einfallstore

Diese Art von religiöser Identitätssuche dürfte auch in Westdeutschland dafür ausschlaggebend gewesen sein, daß die germanische Religion in ungeahntem Maße an Attraktivität gewinnen konnte. Eine weitere Bestätigung für diesen Zusammenhang kann man darin finden, daß die Themen, mit deren Hilfe das neue Interesse geweckt wurde, zuerst oft von Amerikanern und Engländern behandelt worden sind. Hier wären neben der Vor-

und Frühgeschichte (einschließlich der historischen Spekulationen) vor allem die Geomantie und die Runen-Magie zu nennen.

Eine Ausnahme bildet allerdings das erstaunlichste Buch in diesem Zusammenhang, der schmale Band von Victor K. Wendt, der den Titel „Das Geheimnis der Hyperboreer" trägt. Der Verfasser beruft sich ganz offen auf Helena Blavatsky, Edouard Schuré und Rudolf John Gorsleben und erklärt einleitend: „Erst die Einsicht, dass es übersinnliche Mächte gibt, die das historische Geschehen beeinflussen, führt zu einer echten Geschichtswissenschaft."[205] Was man dann zu lesen bekommt, ist eine Kompilation der älteren historischen Phantastik, die so oft in die Idee von der Völkerheimat am Polarkreis verliebt gewesen ist. Doch bleibt Wendt ganz frei davon, irgendwelche Sonderrechte für die „Nordischen" zu behaupten. Die Faszination der „Hyperboreer" scheint bei ihm von jedem „rassischen" Einschlag frei zu sein. Das Buch von Wendt ist eher ein Symptom; wie weit sein Einfluß reicht, bleibt schwer abzuschätzen. Fest steht in jedem Fall, daß Werke, die sensationelle Aspekte der Vorgeschichte behandeln, schon immer eine große Zahl von Käufern fanden: das betrifft in der Zeit nach dem Zweiten Weltkrieg vor allem die Bücher von Jürgen Spanuth[206] über Atlantis, aber auch den ganzen Bereich der Prä-Astronautik, wie sie Erich von Däniken oder Robert Charroux betreiben, schließlich die mehr volkskundlich orientierten Arbeiten von Otto Hantl (vor allem „Urglaube und Externstein". 1988) und anderen.

Demgegenüber ist Geomantie eine erst neuerdings in der esoterischen Bewegung verbreitete Praxis. Sie sucht „die subtilen Energien und Kraftströme der Erde. Diese teilweise sehr stark wirkenden Kräfte waren den Eingeweihten aller Kulturen bekannt und sie wirkten und arbeiteten im Einklang mit ihnen. [...] Dem Geomanten fällt [...] die Aufgabe zu, die Wechselbeziehung zwischen irdischen Energiemustern und kosmischen Einstrahlungen in der Landschaftsgestaltung deutlich werden zu lassen und harmonisch miteinander zu verbinden."[207] Er soll Astrologie und den Gebrauch der Wünschelrute ebenso beherrschen wie die Lehre von den Proportionen und die Landvermessung.

Als erste der jüngeren Veröffentlichungen über die Geomantie erschienen in deutscher Sprache die Bücher des britischen „Odinisten" Nigel Pennick (Die alte Wissenschaft der Geomantie. 1982 bei Trikont-Dianus) und seines Landsmannes John Mitchell (Geomantie von Atlantis. 1984). Heute ist die Zahl der Arbeiten zu diesem Thema allerdings kaum noch zu übersehen. Die Beschäftigung mit „Kraftlinien" und „starken Plätzen" hat epidemische Ausmaße angenommen. Von der alten Zurückhaltung gegenüber „Himmlers Spinnerei" ist nichts geblieben, und vieles bewegt sich in der Grauzone zwischen völlig intuitiver „Findung" und grenzwissenschaftlicher „Radiästhesie".

Eine nicht zu unterschätzende Folge dieses neuen Interesses stellt der Kultplatz-Tourismus dar. Große Verlage wie Knaur oder Goldmann bringen Reiseführer für „magische" Orte heraus; auf den Spuren der Kelten kann man dann durch England, Irland, Frankreich, die Schweiz, Österreich und Deutschland ziehen. Die Initialzündung für diesen Trend zur heidnischen „Wallfahrt" war wohl das 1988 veröffentlichte „Kultplatzbuch" von Gisela Graichen. Die Autorin lieferte damit allen möglichen heidnischen Gruppen und Einzelgängern eine Art Atlas für das Auffinden heiliger Orte. Der Band scheint – nicht zuletzt wegen einer damit verbundenen zweiteiligen Sendereihe im ZDF – so erfolgreich gewesen zu sein, daß bereits 1990 eine zweite erweiterte Auflage gedruckt werden mußte und zahlreiche ähnliche Titel auf dem Markt erschienen. Auch hier ist auffällig, mit welcher Unbekümmertheit Autoren wie Wilhelm Teudt, Rudolf John Gorsleben oder Friedrich Wilhelm Marby nicht nur zitiert, sondern zustimmend ausgewertet werden.

Unter den angeblichen oder wirklichen Kultplätzen nehmen die Externsteine einen ganz besonderen Rang ein. Sie sind seit der Mitte der 80er Jahre zum bevorzugten Ziel der neugermanischen Bewegung geworden. Und es bleibt nicht bei Seminaren, in denen der „Landschaftstempel" (Peter Dawkins) erklärt wird. Gemäß der Interpretation Teudts, der in den Felsen einen Sonnentempel sah, versammeln sich hier verschiedene Gruppen zum Zweck der Meditation oder der kultischen Sonnenwendfeier. Dabei kommt es – ganz ähnlich wie in Stonehenge – immer häufiger zu Streitigkeiten zwischen den einzelnen Organisationen sowie zwischen diesen, den Touristen und der Polizei. In dem

Zusammenhang wurde 1988 ernsthaft das sog. „Asgard-Projekt" diskutiert, die Externsteine allein zum Zweck religiöser Handlungen zugänglich zu halten, als ein „deutsches Findhorn – germanisches Reservat", zugleich heidnischer Kultort und Tummelplatz eines farbigen Synkretismus: „Begegnungsstätte für den Austausch von Altem Wissen aller Nationen und Kulturen – Menschen die auf den Steinen meditieren – sich im Kreis an den Händen haltend OM chanten – Heilzeremonien an den Mondsteinen – Kinder lernen den Bäumen zuhören – im ehemaligen Restaurant wird Vollwertessen zubereitet – im Wald stehen Tipis und Schwitzhütten – jemand spielt leise Sitar – astral-Seminare am Sargstein etc."[208]

Anders als die Geomantie ist die Runen-Magie in Deutschland niemals ganz verschwunden. Schon in den 50er Jahren hatte Karl Spiesberger mit einem entsprechenden Buch die älteren ariosophischen Traditionen wiederaufgegriffen. Diese haben sich unterdessen derart verselbständigt, daß niemand mehr erkennen will, wie wenig die Wissenschaften über den kultischen Gebrauch der Runen feststellen konnten. Diese etwa zweitausend Jahre alten germanischen Schriftzeichen waren keineswegs autochthon, sie gingen vielmehr auf das römische oder etruskische Alphabet zurück. Sie haben zwar ohne Zweifel zu religiösen Zwecken gedient – jeder einzelne Buchstabe besaß einmal einen Symbolwert – aber deren Sinn ist spätestens mit der Christianisierung völlig verlorengegangen. Was Guido (von) List, Rudolf John Gorsleben, Friedrich Wilhelm Marby, Herman Wirth und andere in die Runen hineingedeutet haben, entbehrt jeder Grundlage.

Da es eben keine authentischen Quellen gibt, sind es gerade diese Autoren, die heute von Esoterikern herangezogen werden, die sich mit Runen-Orakel, Runen-Astrologie, Runen-Numerologie, Runen-Meditation oder Runen- Yoga beschäftigen. Ihre Namen tauchen in allen einschlägigen Werken auf, wenn auch verbunden mit der obligatorischen Ablehnung der in der Ariosophie vorhandenen „rassistischen" Auffassungen. Für diese erneuerte magische Praxis sind die Runen „weit mehr als nur die archaischen Schriftzeichen eines antiken, aus dem Gebrauch gekommenen Alphabets – sie sind echte Symbole. Symbole sind ein Mittel, um Zugang zum inneren Wirken des menschlichen

Geistes zu erlangen. Sie sind wie Pforten zum Unterbewußten, und dies gilt gleichermaßen für die Runen."[209]

Es gibt mittlerweile in der Bundesrepublik mehr als zwei Dutzend Bücher über Runen – die meisten aus dem Amerikanischen übersetzt. Der Gebrauch von Runen ist schon so weit in die Okkultszene eingedrungen, daß die „Bild-Zeitung" vor wenigen Jahren ein Buch über „Die geheimen Kräfte unseres Lebens" des Astrologen Alexander Morin auf den Markt bringen konnte, das ein ganzes Kapitel über Runen-Magie enthielt. Es gibt seit 1989 eine spezielle Zeitschrift für diesen Bereich, die den Titel „Runen-Rundbrief" trägt. Große Verlage vertreiben „Sets" mit Orakelsteinen aus Kunststoff und aus Holz und Runen-Karten nach Art eines Tarot-Spiels. Es gibt aber auch einen Spezialversand, der sich nur mit der Herstellung von Kultgegenständen beschäftigt, die Runen tragen; neben Holzstäben, Waffen, Talismanen andere Schmuckstücke und Gewänder. Die Firma bietet selbstverständlich das gesamte Spektrum der Literatur, insbesondere Nachdrucke der älteren ariosophischen Bücher, dazu Seminare für praktische Übungen. Runen-Magie ist daneben auch schon Teil des Programms bei anderen esoterischen Veranstaltungen.

Gruppen, die sich – wie der schon erwähnte „Hecksenkreis Yggdrasil" – auf Runen-Magie spezialisiert haben, sind dagegen noch die Ausnahme. Hier werden die „Runen-Weihe" und die „Ladung" von Gegenständen besonders ernst genommen: „Den Talisman oder das Amulett auf den Altar, oder, wenn nicht vorhanden, auf einen kleinen Tisch legen, Gesicht Richtung Norden. Stehende Man-Runenstellung [d. h. aufrecht, mit ausgebreiteten Armen dastehen; K. W.]. Zuerst ‚MAN' in tiefen Tönen schwingen lassen, dann immer höher werden. Dann so intonieren, daß der Ton im Bereich des Kopfes und der Arme schwingt. Jetzt wird ein Licht-Kegel, mit der Spitze nach unten, visualisiert, ausgehend von den nach innen gerichteten Handflächen, die Spitze ca. in Höhe des Solarplexus. Wenn das gelungen ist, kniet man sich vor den Altar, auf dem das gute Stück liegt, und senkt den Kegel über den Talisman oder das Amulett. Jetzt wird mit voller Kraft dreimal ‚Man' intoniert, wobei das ‚M' Energie aufstauend wirken, das ‚A' voll schwingen und das ‚N' in der Stirn wirken sollte. Über den hellen rauchigen Kegel, der jetzt genau mit der Spitze den Talisman trifft, führen wir Energie zu. Pendelversuche davor und danach werden die Kraftübertragung bestätigen."[210]

Heidentümer

Kein Neuheide glaubte oder glaubt in einem direkten Sinn an die „Realität der alten Götter". Die Götter gelten als Gestaltungsweisen „einer angeborenen Bilderwelt"[211], sie werden ästhetisch oder psychologisch als Allegorien oder „Archetypen" gedeutet. Die damit einhergehende Tendenz zur totalen Individualisierung religiöser Vorstellungen wurde bei den Völkisch-Religiösen durch den Bezug auf „Rasse", „Art" oder „Volk" aufgehoben, bei den gegenwärtig stärker werdenden, „undogmatischen" Heiden hat man jedoch dieser Entwicklung freie Bahn gegeben. Man betont zwar das „Eigene", aber verschmilzt es bereitwillig mit Fremdem. Wechselseitige Ergänzungen von Wicca-, indianischen, keltischen und germanischen Elementen sind hier nicht die Ausnahme, sondern die Regel: „Mutter Erde kennt keine Vaterländer [...]."[212]

Es hat sich so im Laufe der 80er Jahre eine heidnische Szene ausgebildet, die vor allem aus Einzelgängern zwischen den neuen Hexen und den älteren Völkisch-Religiösen besteht. Die Grenzlinien sind nicht immer klar zu ziehen, es scheint viele zu geben, die hier wie dort einmal mitmachen oder zu beiden Seiten freundliche Kontakte unterhalten. Andererseits bestehen auch ausgeprägte Aversionen, etwa zwischen verschiedenen Covens und Geza von Neményis „Heidnischer Gemeinschaft" bei den jährlichen Wicca-Camps in Höxter; langwierige Pressefehden und wechselseitige Beschimpfung als „Neo-Nazi" sind dann an der Tagesordnung.

Diese ganze, sehr unübersichtliche Subkultur besteht vor allem aus einem Netzwerk kleinerer Verlage und Zeitschriften. Noch in großer Nähe zu den Völkisch-Religiösen stehen die Blätter „Heidenspaß", „Der Jahreskreis" und „Pen Dragon" bzw. „Pen Tuisko". Der „Heidenspaß" wurde allerdings bereits 1987 eingestellt. Die Zeitschrift war in erster Linie eine Art von Mitteilungsblatt für die gerade entstehende neuheidnische Bewegung. Dementsprechend reichte die Thematik von einem Plädoyer für die Friedensbewegung über Abhandlungen zur Vorgeschichte bis zur Runenesoterik; und in der Redaktion fand sich neben dem „Armanen" Harry Radegeis der Wicca- orientierte Matthias Wenger, der heute (zusammen mit Michael Pflanz) den "Hain" als Nachfolgezeitschrift des „Heidenspaß" herausgibt. Einen so breiten Einzugsbereich wie der „Heidenspaß" haben weder „Der Jahreskreis" noch „Pen Dragon" bzw. „Pen Tuisko". „Der Jahreskreis" erscheint in unregelmäßigen Abständen und behandelt neben „Brauchtumspflege, Heimatforschung und naturverbundener Lebensgestaltung" vor allem politische Fragen, die die deutsche Teilung, die Lage der ehemaligen Ostgebiete, die „revisionistische" Betrachtung der Zeitgeschichte betreffen. Das Niveau der Beiträge ist im allgemeinen ebenso primitiv wie die Herstellung des Blattes. Demgegenüber wirkt das von dem Österreicher Michael Damböck redigierte „Pen Tuisko" (der frühere Titel „Pen Dragon" mußte aus rechtlichen Gründen aufgegeben werden) wesentlich professioneller. Damböck ist promovierter Ethnologe und führt seit der Mitte der 80er Jahre einen eigenen Verlag, der Bücher zur Volkskunde, vor allem aber Nachdrucke der Werke des Ariosophen Lanz von Liebenfels herausbringt. „Pen Tuisko" – im Untertitel „Briefe an deutsche Heiden" – folgt dieser Linie insofern, als hier vor allem Artikel zur völkisch orientierten Vorgeschichtsforschung erscheinen.

In „Pen Dragon" sind auch schon Arbeiten von Guntram Heß, dem Leiter des „Abendländischen Besinnungskreises Heimatreligion" abgedruckt worden. Heß beschäftigt sich vor allem mit Volkskunde und prähistorischen Zusammenhängen, aber sein „Besinnungskreis" hat sich darüber hinaus vorgenommen, ganz aktiv eine Erneuerung des „Artglaubens", einer „heidnischen Kirche" zu betreiben. In zahllosen kleinen Broschüren propagiert er neben Aufforderungen zu radikalem Umweltschutz Runen-Astrologie und neugermanische Rituale: „wenn ›Religion‹ Rücksuche nach der Rückverbindung zu einem Urheil bedeutet, so suchen wir alle, indem wir nach dem großen Rettungsanker ausspähen, unsere Religion! Wir suchen deshalb so verzweifelt, wissen wir doch, daß die Kirchen, die in unserem Lande mächtig sind, für unser Volk keine Rettung sein können, weil sie das Heil unseres Volkes bekanntlich gar nicht wollen. Die Lebenserhaltung des germanischen Menschentyps war zu keiner Zeit Programmpunkt des Kristianismus. Wir besinnen uns suchend auf die heimaterhaltende Religion, unsere Heimatreligion. Im engeren Sinne ist unsere Heimat das Abendland, denn wäre auch der Volkbegriff des ‚Hocheuropäers' nicht unbedingt mit dieser Region verknüpft, so finden sich heute doch allein hier die erhalten gebliebenen Kernvölker dieses Menschentums."

Wie erwähnt, spielen die Vorstellungen Herman Wirths eigentlich in der gesamten neuheidnischen Bewegung eine wichtige Rolle. Wegen seiner Idee des germanischen Matriarchats und seiner Sympathie für die Indianer erschien und erscheint er auch deren „linkem Flügel" durchaus akzeptabel. Das hat allerdings die „Herman-Wirth-Gesellschaft" und das noch von Wirth gegründete „Institut für Urgemeinschaftskunde" nach dem Tod des „Meisters", 1981, nicht vor dem Absinken in die Bedeutungslosigkeit bzw. der Auflösung retten können. Die Vorstellungen Wirths entfalten ihre Wirkung meistens durch die Lektüre seiner Werke. Diese wurden durch den (ursprünglich aus der Indianer-Unterstützer-Szene stammenden) Verleger Andreas Lentz wieder zugänglich gemacht bzw. neu gedruckt. Im Verlag „Neue Erde" erscheint die auf zwölf Bände angewachsene Abhandlung über „Die heilige Urschrift der Menschheit", dazu zahlreiche weitere kleinere Arbeiten Wirths. Lentz hat sich im übrigen darum bemüht, die Vorstellungen Wirths von ihrem völkischen Gehalt zu befreien: „Prof. Wirths Forschung ist bei allen Anfechtbarkeiten im Detail Ausdruck eines neuzeitlichen, ganzheitlichen Denkens. Sie weist, wenn wir auf den Sinn hinter der Terminologie stoßen, auf unsere Wurzeln, auf das Gewordene hin, das immer Teil von uns ist. Und die Forschung Herman Wirths kann uns helfen in Anknüpfung an unsere Verwurzelung mit den Problemen der heutigen Zeit fertig zu werden, die im falschen Denken ihre Ursache haben."[213]

Der „Neue Erde"–Verlag ist im übrigen ein gutes Beispiel für die Verflechtung der verschiedenen Strömungen des Neuheidentums. Der hier erscheinende „Regenbogen"–Kalender enthält eben neben den gewöhnlichen die germanischen Monatsnamen,

Hinweise auf Sonnenwendtage und astrologische Daten, dazu Schemata für den „Biorhythmus". Das Gemisch aus Interesse an der Vorgeschichte und archaischer Religiosität, Feminismus und Astrologie, Ökologie und Vollwerternährung verbindet heute die ganze „undogmatische" pagane Strömung. So existieren nebeneinander Verlage wie „Neue Erde" und „Werner Pieper's Medienexperimente", kleine Gruppen, die sich mit Archäologie und Volkskunde beschäftigen wie der „Urlagu"-Verband oder „Irminsul e.V." (in Horn an den Externsteinen!), Zirkel wie der schon erwähnte „Hecksenkreis Yggdrasil" und amateurhaft gemachte Zeitschriften wie der erst neuerdings aufgetauchte „Baphomet's Merkur", der regionalistische „Freesenbref" oder der auf Umweltfragen und Poesie festgelegte „Lebensbaum". Darüber hinaus finden sich Artikel mit neuheidnischer Tendenz dieser Art in zunehmendem Maße in esoterischen Zeitschriften wie „Anubis", „Atlantis-Lichtnetz", „Esotera" und „Abrahadabra" (neuerdings „Aha"). Es ist durchaus wahrscheinlich, daß sie dort allmählich die „New Age"-Orientierung ablösen werden.

Selbstverständlich kommt es auch hier immer wieder zu Auseinandersetzungen, aber es gibt auch eine besondere Solidarität zwischen den „Fakern" – „Spinnern"[214], wie es ein Insider ironisch formulierte. Es bestehen keine eindeutig fixierten Glaubensaussagen, eher ein Spiel mit Theorien und kultischen Handlungen, ein ausgeprägtes Desinteresse an Gruppenbildung, ein gewisses anti-autoritäres Moment, viel Sympathie für die Alternativ-Bewegung: „Der heidnische Zauberer ist erdverbunden und ungemein praktisch, leiht sich hier und dort eine Prise Theologie und paßt sie seinen/ihren Systemen an, die mehr als wahrscheinlich irgendwo anders entliehen sind."[215]

XIII. Kapitel: *Heidnische Theologie*

Das Problem

Im Grunde genommen ist eine neuheidnische Theologie eine Unmöglichkeit. Nicht, weil in diesem Lager keine Köpfe von entsprechendem Format zur Verfügung stehen oder zur Verfügung standen, sondern weil eine solche Systematisierung des religiösen Gedankengebäudes den Grundauffassungen des Neuheidentums widerspricht; der anti-dogmatische Affekt ist – seit den Anfängen – ein kontinuierliches Moment aller paganen Strömungen: Heidnisch ist „die herzhafte Abneigung gegen das Schulgemäße und der Hang zum ungebundenen Suchen nach Gott."[216]

Das hat allerdings einflußreiche Vertreter dieser Richtung – wie Otto Sigfrid Reuter, Wilhelm Schwaner, Ludwig Fahrenkrog, Hildulf Flurschütz, Mathilde Ludendorff und dann vor allem Wilhelm Kusserow – nie daran gehindert, umfangreiche Werke zu hinterlassen, in denen sie versuchten, neuheidnisches Denken vollständig darzustellen und zu begründen. Das Faktum beißt sich zwar mit der Vorstellung der „Natürlichkeit" des Paganen, aber es entspricht der Tatsache, daß alle neuheidnischen Gemeinschaften das Ergebnis einer intellektuellen Stiftung sind.

Angesichts der relativen Einflußlosigkeit der Gruppen nach dem Ende des Zweiten Weltkrieges ist es nicht überraschend, daß sich seitdem auf diesem Gebiet nur wenig Neues entwickelt hat. Man darf zwar das Nachwirken der älteren Entwürfe – vornehmlich unter den Völkisch-Religiösen – nicht unterschätzen, aber die Jahre seit ihrer Entstehung sind an diesen frühen Werken nicht spurlos vorübergegangen. Und den vielgelesenen Autoren, die aus der Esoterik kommen, wie Sergius Golowin (vor allem: Magische Gegenwart. 1980) oder Hans Biedermann, der in erster Linie über Hexerei (Hexen. Auf den Spuren eines Phänomens. 1974), Magie (Handlexikon der magischen Künste. 1968/1972) und religiöse Symbolik (Knaurs Lexikon der Symbole. 1990) gearbeitet hat, geht es nicht um Geschlossenheit im Sinne heidnischer Lehre.

Zu nennen wäre im Vorfeld „heidnischer Theologie" immerhin der Name von Hubertus Mynarek. Der ehemalige katholische Priester und Professor für Fundamentaltheologie verließ 1972 seine Kirche aus Protest gegen den undemokratischen Führungsstil der römischen Hierarchie. In zahlreichen Büchern hat er seitdem eine scharfe Kirchenkritik geübt, die aber rasch in eine prinzipielle Kritik des Christentums überging. Mynarek sympathisiert mit einer freien, „neuen Religiosität" (Religiös ohne Gott? 1983), die manchen Ideen der New-Age-Bewegung sehr nahe kommt. Andererseits hat er mit seinen an C. G. Jung orientierten Gedankengängen und der Vorstellung von einer „ökologischen Religion" heute einen maßgeblichen Einfluß auf die „Unitarier" gewonnen. Doch als spezifisch „heidnisch" kann seine Anschauungsweise eigentlich nicht betrachtet werden.

Der „dialektische Unitarismus": Sigrid Hunke

Sigrid Hunke gehört ohnes Zweifel zu den bedeutenderen nichtchristlichen religiösen Denkern der Nachkriegszeit. Sie wurde 1913 als Tochter des Verlegers Walter C. Mühlau in Kiel geboren, studierte nach einer musikalischen Ausbildung Philosophie, Psychologie und Religionswissenschaften. Zu ihren Lehrern zählt sie die Philosophen Martin Heidegger, Eduard Spranger, Nicolai Hartmann ebenso wie den Psychologen Karlfried Graf Dürckheim und den Rassenanthropologen Ludwig Ferdinand Clauss. Gelegentlich taucht in der Reihe noch der Name des Religionswissenschaftlers Hermann Mandel auf; eine weitere Verbindung mit Mandel scheint dadurch gegeben, daß dessen Bücher im Verlag des Vaters von Sigrid Hunke herausgegeben wurden.

Mandel, 1886 geboren, er starb 1946, war ursprünglich Professor für Systematische Theologie an der Universität Kiel, entfernte sich aber zu Beginn der 30er Jahre immer weiter von der evangelischen Lehre und wandte sich einer „Deutschtheologie" zu. Deren Grundgedanke lag in der Entgegensetzung „zwischen abendländischer und orientalisch vorderasiatischer Geisteskultur", die eine „Wirklichkeitsreligion"[217], naturverbunden auf Lebensbewältigung gerichtet, die andere „Jenseitsreligion", naturfeindlich, dualistisch und fatalistisch. Mandels Religionspsychologie war strikt antisemitisch und basierte auf der Annahme unveränderlicher rassischer Grundlagen jedes Glaubens. Das führte ihn 1933 auf die Seite der „Deutschen Christen", die allerdings seine radikale Absage an die Bibel dann doch nicht mittragen wollten, so daß er sich für kurze Zeit der „Deutschen Glaubensbewegung" näherte, um schon ab 1934 alle Versuche zur organisatorischen Zusammenfassung seiner Anhänger aufzugeben.

Es ist kaum zu bezweifeln, daß die von Sigrid Hunke entwickelte Weltanschauung entscheidende gedankliche Anstöße aus den Vorstellungen Mandels bezogen hat. Auch für sie liegt die Ursache allen Unglücks begründet in dem „Dualismus orientalischer und griechischer Herkunft: wie er einerseits der Geistesstruktur [...] entspricht im Denken des Alten und Neuen Testaments, im Denken des Paulus, der Gnostik und des Augustinus und jenes Dualismus, wie er der Geistesstruktur des platonischen Griechentums eignet." Und sie setzt dem entgegen, was sie „Dialektischen Unitarismus" nennt: „Was das europäische Ketzertum durch 2 Jahrtausende herausgefordert hat: das war die absolute Trennung von Gott und Mensch, Gott und Welt, von Jenseits und Diesseits, von Geist und Materie, Seele und Leib, das war ihre extreme Gegensätzlichkeit und Rangverschiedenheit von himmlisch und irdisch, von geistlich und weltlich, von Heiligkeit und Sünde, das war das substantielle Denken, das das Göttliche zu einer Person vergegenständlichte und sich anmaßte, konkrete Auskünfte zu erteilen über das, was Europa mit Chiffren und Namen nur benannte, um es als Unerforschliches ahnungsvoll zu verehren."[218]

Die „Ketzer", auf die sich Sigrid Hunke beruft, sollen die geheimen Träger von „Europas eigener Religion" sein: von Heraklit über den häretischen Theologen Pelagius, über den Mystiker Meister Eckhart bis zu Goethe, Schopenhauer, Nietzsche und den eigenwilligen katholischen Dogmatiker Pierre

Teilhard de Chardin. Bei allen findet sie die Sehnsucht nach dem „All-Einen", „die Lehre von der Wesenseinheit des Seins mit dem Seienden und vom einen Sein als der Geburtsstätte aller Gegensätze, in dem sie wieder ‚zusammenfallen' [...]."[219]

Selbstverständlich sind in diesen Vorstellungen zahlreiche Übereinstimmungen mit völkisch-religiösen Ideen festzustellen, und man hat Frau Hunke häufig verdächtigt, diese älteren Konzepte in modernisierter Form zu vertreten. Aber von einer Identität ihrer Positionen – etwa mit denjenigen von Hermann Mandel – kann nicht ernsthaft die Rede sein. Zum einen läßt sich in ihren Werken kein „Rassismus" in dem Sinne feststellen, daß sie menschliche Rassen für absolute Größen hält, die alle anderen Lebensäußerungen bedingen. Das hindert sie aber gerade nicht, das spezifisch Europäische hervorzuheben und die Leistungen des abendländischen Geistes zu würdigen. An dem sie wiederum gerade das strikte Beharren auf dem Recht des Individuums schätzt: „An ihm ist es, sich zu entscheiden, frei zwischen Gut und Böse zu wählen. Für ihn gibt es nicht hier gute, dort böse Menschen, noch ‚das Gute' und ‚das Böse' schlechthin, inhaltlich allgemeingültig fixierbar für alle Völker und Zeiten. Der Mensch ist frei, und in seiner Hand liegen Wahl und Wollen, Vorziehen höherer Werte vor niederen nach der jeweiligen Werteskala und sich für oder gegen sie entscheiden."[220] Demgegenüber tritt die Pflicht zur „Bindung", die sie durchaus auch kennt, deutlich in den Hintergrund.

So wird auch Sigrid Hunkes erstaunliche Offenheit gegenüber anderen religiösen Vorstellungen verständlich. Denn neben ihren grundlegenden „theologischen" Schriften (vor allem: Europas andere Religion. 1969) hat sich Sigrid Hunke intensiv mit dem (positiven!) arabischen Einfluß auf die europäische Geschichte befaßt (Allahs Sonne über dem Abendland. 1960) und erfreut sich in der islamischen Welt großen Ansehens. Schließlich darf nicht ignoriert werden, daß ihre Haltung dem Christentum gegenüber von der Aggressivität der Völkisch-Religiösen weit entfernt ist: „der heutige Christ wie jeder andere Religiöse muß unbehindert und ohne Schaden den Weg zum Göttlichen gehen und gehen dürfen, auf dem er das Göttliche findet."[221]

Bis in die 80er Jahre hinein war Sigrid Hunke die unbestrittene

„Vordenkerin" der „Unitarier" in der Bundesrepublik. Ihre Ideen bildeten die Grundlage praktisch aller neueren programmatischen Aussagen dieser Gemeinschaft, sie prägte darüber hinaus das Gemeinschaftsleben und die religiöse Erlebnisweise mit Gedichten und Liedern. Durch die oben beschriebenen Veränderungen innerhalb des Verbandes wurde ihr Einfluß sicherlich beschränkt, aber kaum völlig beseitigt.

Religion als Identitätsfaktor: Henning Eichberg

Spätestens mit den 60er Jahren machte sich in der Bundesrepublik eine nicht nur anti-christliche, sondern auch anti-religiöse Atmosphäre breit. Diesem Sachverhalt ist es zu verdanken, daß Ansätze wie die Sigrid Hunkes niemals zu einer Schulbildung führten und „heidnische Theologie" nur in merkwürdigen Mutationen überleben konnte.

Im Grunde genommen gehört Henning Eichberg nicht in diesen Zusammenhang, denn er ist kein religiöser Denker, hat dies auch niemals zu sein behauptet. – Eichberg wurde 1942 im schlesischen Schweitnitz geboren, wuchs nach der Flucht seiner Eltern in der DDR und dann in der Bundesrepublik heran. Nach dem Abschluß des Studiums hat er sich als Universitätsdozent vor allem mit der Kultur- und Sport-Soziologie beschäftigt. Eichberg durchlief in den Jahren eine erstaunliche Fülle politischer Positionen. Sein Ausgangspunkt war die „nationale Rechte", vor allem deren neutralistischer Flügel, den Otto Strasser organisieren wollte. Aber mit dem Aufbruch der APO verstärkte sich für Eichberg immer mehr der Eindruck, daß der revolutionären Herausforderung durch die Linke nur eine revolutionäre Antwort der Rechten entsprechen könne. Er entwarf Strategie und Doktrin für eine „Neue Rechte", die die alten Ressentiments, autoritäres Gehabe, Militarismus, überkommene Gesellschaftsvorstellungen und Antisemitismus ablegen sollte. Sein Schlüsselbegriff wurde „nationale Identität", bezeichnenderweise ein soziologischer Terminus. Eichberg stellte sich darunter die Aufhebung der zentralen „Entfremdung" in der industrialisierten Welt vor: "Identität ist stets kollektive Identität, Gemeinsames und Wiedererkanntes. Identität konstituiert sich zugleich aufgrund von Unterscheidung, von Einsicht in das andere, das Fremde und seine Eigentümlichkeit. [...] Die Möglichkeiten, Mensch zu sein, sind vielfältig. Die Vielfalt in ihrer Differenzierung zwischen den Völkern ist schwerwiegender als bei oberflächlicher Betrachtung oft angenommen."[222]

Zum damaligen Zeitpunkt glaubte Eichberg noch, daß sich kulturell heomogene Räume schaffen ließen, die unabhängig voneinander – ohne zivilisatorische Imperialismen – leben könnten. Er verarbeitete historische, soziologische, ethnologische und Ergebnisse der Verhaltensforschung, um seine Thesen zu stützen. In diesem Zusammenhang fand auch die Religion Aufmerksamkeit, aber im Grunde nur als Reflex der Kultur, der er sie zurechnete, Teil „der umfassenden soziokulturellen Verflechtung aller Äußerungs- und Handelsweisen einer Population"[223]. Im Verlauf der 70er Jahre hat sich Eichberg dann immer weiter von seinen früheren Auffassungen entfernt und suchte sich der Alternativ-Bewegung anzunähern. Vor allem die politische Linke beobachtete und beobachtet diese Bemühungen mit Mißtrauen, aber es kann eigentlich kein Zweifel bestehen, daß Eichberg heute kein „Rechter" mehr ist. Wahrscheinlich hat ihn seine Sympathie für die Regionalismen in Europa und die antikolonialistischen Gruppen in Afrika und Asien immer weiter nach links geführt, auch in seiner Auffassung bestärkt, daß die Nation nicht „staatlich" (d. h. „von oben"), sondern „volklich" (d. h. „von unten") richtig zu begreifen sei, der Patriotismus durch einen „Matriotismus"[224] ersetzt werden müsse. In der Quintessenz läuft das auf eine fast anarchische "Balkanisierung für jedermann"[225] hinaus.

Mit dieser bemerkenswerten geistigen Entwicklung Eichbergs hing eine Veränderung in seiner Haltung gegenüber religiösen Fragen eng zusammen. Von der „politischen" oder „kulturellen Religion" hin zu einer Religion, die als selbständige Größe wahrnehmbar wird. Allerdings denkt er sie immer noch völlig von der „Identität" einer Gemeinschaft abhängig; daher erklärt sich auch das besondere Interesse Eichbergs an der germanischen Mythologie einerseits, seine Abneigung gegen das Christentum andererseits. Dessen Universalismus und dessen (angebliche)

Neigung zur Einebnung aller kulturellen Unterschiede macht er für die Entstehung totalitärer Ideologien ebenso verantwortlich wie für die drohende Umweltkatastrophe. Und er stellt dem eine „volkliche" „Religion als soziale Sinnlichkeit" entgegen: „das Handeln und die Rituale des Volkes, körperliches Handeln und sinnliche Erfahrung also: Gabentausch und Tischgemeinschaft, Gebet und Opfer, Spiel und Fest, Tempel und kultisches Drama."[226]

Eichberg hat auf die Anhänger „nationalrevolutionärer" Ideologien ebenso Einfluß genommen wie auf bestimmte Sympathisanten der grün-alternativen Szene. Den Nachklang auch seiner früheren Vorstellungen kann man noch vielfach feststellen, er läßt sich auch in den Gedankengängen Björn Ulbrichs nachweisen, auf dessen neuheidnisches Konzept noch einzugehen sein wird.

Alain de Bennoist: Der Meister aus Frankreich

Zwischen Eichberg und dem 1943 geborenen Franzosen Alain de Benoist bestand ursprünglich eine enge Verbindung. Beide hielten seit den 60er Jahren nicht nur persönlichen Kontakt zueinander, sie einte auch das Konzept einer „Neuen Rechten". Aber während alle entsprechenden Planungen in der Bundesrepublik immer im Ansatz steckenblieben, konnte sich in Frankreich eine entsprechende Organisation ausbilden, die für einen gewissen Zeitraum sogar erheblichen Einfluß auf die öffentlichen Diskussionen ausübte. Der „G. R. E. C. E." – im Französischen gleichermaßen das Wort für „Griechenland" wie ein Akronym für „Groupement de Recherche et d'Etudes sur la Civilisation Européenne" („Forschungsgruppe für die europäische Zivilisation") – entstand 1968, zum gleichen Zeitpunkt, als die Pariser Studenten und Antiautoritären ihren berühmten „Mai" hatten. Die Organisation war die Antwort einer „Neuen Rechten" auf die „Neue Linke"; und zwar nicht die Antwort der bürgerlichen Gaullisten, nicht die der katholischen Traditionalisten, aber auch nicht die der Faschismus- Nostalgiker. Man bildete einen Zusammenschluß rechter Intellektueller und Journalisten, die das Ziel verband, der einen „Kulturrevolution" eine andere entgegenzustellen. Die neue Gemeinschaft setzte weder auf Parteien noch auf die Massenwirkung ihrer Politik; man ging fast konspirativ vor, wollte erst eine geistige Grundlegung der eigenen Weltanschauung schaffen, bevor man nach außen agierte. Daher der Aufwand, mit dem man die Herausgabe von Zeitschriften (vor allem „Nouvelle Ecole" und „Eléments", später „Etudes et Recherches", neuerdings „Krisis") und die Gründung eines Verlages betrieb. In seinem 1978 erschienenen Buch „Vu de droite" („Von rechts gesehen") machte de Benoist sogar den Versuch, eine Art Kompendium der neuen „Ideologie" vorzulegen.

Wie Eichberg benutzt de Benoist den Begriff „Ideologie" in einem positiven Sinn. Er geht von der Wertgebundenheit aller Auffassungen aus. Die Wissenschaften müssen zwar herangezogen werden, um ein realistisches Weltbild zu begründen (man stützt sich hier vor allem auf den „logischen Empirismus"), aber in der Formulierung der Konsequenzen ist der Mensch frei. Frei allerdings nur im Rahmen seiner Kultur. Was die Elite jeder Zivilisation als Norm festlegt, muß sie als verpflichtend durchsetzen; die Grenzen ihres Spielraums bilden die „natürlichen", d. h. letztlich biologischen Gegebenheiten innerhalb einer ethnischen Einheit. Daher resultiert das immer wieder heftig attackierte Interesse der „Nouvelle Droite" an Rassenkunde, Vererbungsforschung und Eugenik.

Der GRECE ist nicht an Tages-, sondern an „Metapolitik" interessiert. In der gesellschaftlichen Auseinandersetzung mit dem Liberalismus und der Linken geht es ihm deshalb um die Erringung der kulturellen Macht. Und Religion ist für Alain de Benoist ein fundamentaler Bestandteil jeder Kultur. Und seine Kritik an der heutigen richtet sich vor allem gegen ihre zweitausendjährige Prägung durch das „Judäo-Christentum". Es ist eine nietzscheanische Kritik, die der kirchlichen Lehre nicht nur die orientalische – also „fremde" – Herkunft, sondern auch die „Sklaven-Moral" – die angebliche „Gleichmacherei" – vorwirft und dem die „liberation païenne", die „heidnische Befreiung" entgegenstellt: „Hier wird der ewige Polytheismus wiedergeboren. Ewig wie die Natur, die Welt, die Menschen, deren Verschiedenartigkeit er erhöht und verherrlicht. Hier gilt es das Erbe zu läutern, zu wählen [...] zwischen den widersprechenden Gesetzen [...] Die Vestalinnen sind nicht, sie waren nie verschwunden. Sie haben von Jahrhundert zu Jahrhundert das heilige Feuer bewahrt. Sie haben, von Zeitalter zu Zeitalter, die Flamme weitergegeben. Und wer sich nach Delphi begibt, kann, wenn er will, von den Höhen widerhallen hören die Prophezeiung der letzten Pythia: ›Eines Tages wird Apollon zurückkehren – für immer‹"[227]. Die hier ganz deutliche Fixierung auf die griechisch-römische Antike wurde bei de Benoist schon früh um das Interesse an den germanischen Traditionen ergänzt; die notorisch pro-deutsche Haltung des GRECE – eine Ausnahmeerscheinung in der französischen Rechten – findet sozusagen auch ihren religiösen Ausdruck.

In seinem 1981 erschienenen Buch „Comment peut-on être païen?" („Wie kann man Heide sein?") hat de Benoist seine Ideen systematisch darzulegen versucht. Auch er beruft sich dafür auf die Traditionen von Celsus und Julian über die mittelalterlichen Mystiker bis hin zu Schopenhauer, Nietzsche usw. Darüber hinaus ist der Rekurs auf die Ideen Sigrid Hunkes von entscheidender Bedeutung. Allerdings darf bei de Benoist an eine versöhnliche Haltung gegenüber dem Christentum nicht gedacht werden. Sein „Heidentum" lebt ganz von der Aggressivität gegen die biblische Botschaft, der er praktisch alle Fehlentwicklungen der modernen Welt vorwirft, und es lebt von einem an Heidegger inspirierten existentialistischen Pathos: „Es geht tatsächlich darum, die Götter wieder erscheinen zu lassen. [...] Es gilt, eine Metaphysik aufzugeben, nach der Gott die Welt aus dem Nichts geschaffen hat, in der Gott ein Erster ist, von dem Erde und Himmel, Menschen und Götter abstammen, zugunsten einer, in der der Mensch jederzeit einen Gott ins Leben zu rufen vermag, der auf seinen Anruf wartet, um zum vollen Bewußtsein seiner selbst zu gelangen [...]."[228]

Von den Kritikern der „Neuen Rechten" in Frankreich wird häufig übersehen, daß sich deren Gedankengebäude durchaus weiterentwickelt. So ist etwa festzustellen, daß die seltsame Religiosität des Als-ob, wie sie in den eben zitierten Sätzen zum Ausdruck kommt, in jüngster Zeit einer Vorstellung zu weichen beginnt, für die Religion durchaus eine Größe sui generis ist. In einer Nummer der von Alain de Benoist herausgegebenen Zeitschrift „Krisis“ heißt es beispielsweise: „Der Begriff des Mythos wird doch viel zu oft als ein ›Produkt‹ des menschlichen Geistes hingestellt oder einfach wie eine Art des Denkens. Oder der Mythos, von Natur aus vielgestaltig, ist eine Verbindung, die sich aus sich selbst heraus entwickelt und sich allen sozialen und kulturellen Veränderungen anpaßt, dadurch ihre Lebenskraft zum Ausdruck bringend. Aber es sind nicht die materiellen Strukturen, die die Symbole entstehen lassen, es sind vielmehr die symbolischen Formen, die dazu beitragen, die materiellen Formen zu schaffen. [...] Es bleibt problematisch, vom Mythos wie von einem Objekt zu sprechen.“[229]

Im Gegensatz zu Westdeutschland, wo die Ideen eines Alain due Benoist gemeinhin einfach als „faschistisch“ erledigt wurden, hat es in Frankreich nach dem Erscheinen von „Vu de droite“ eine intensive Diskussion über die Thesen der „Neuen Rechten“ gegeben. Ironisch wurde sie als „Mono-Poly“ bezeichnet: die Auseinandersetzung um die Frage, ob der Monotheismus oder aber der Polytheismus eigentlich eine freiheitliche Ordnung begründeten. Der schärfste Gegner Alain de Benoists war in diesem Streit ein Ex-Marxist und Vertreter der „nouveau philosophes“, Bernard-Henri Lévy. Die „neuen Philosophen“ hatten sich in den 70er Jahren unter dem Eindruck der Veröffentlichungen Solschenizyns über die Verbrechen im sowjetischen Gulag von der radikalen Linken abgewandt und suchten seitdem nach den Ursachen des Totalitarismus. In seinem Buch „Le Testament de Dieu“ hat Lévy 1979 die Behauptungen de Benoists über die Folgen des jüdisch-christlichen Einflusses auf Europa entschieden zurückgewiesen und seinerseits das politische Heidentum und den Traum von der Erneuerung des antiken Geistes scharf angegriffen: „Nicht die absolute Macht der Götter, sondern die Bedingtheit ihrer Macht schließt das Subjekt aus und verhindert, daß es sich entwickeln kann: ihre relative Macht, die immer im Machtsystem der anderen, feindlichen Götter ihre Grenzen findet. Was jeden Ansatz zu einem eigenen Willen zunichte macht, ist im Grunde die Tatsache, daß die Griechen nur solche Mächte und Grundsätze als göttlich anerkannten, die zwar eine Identität und Zuständigkeit, deshalb aber noch lange keine Handlungsfreiheit besitzen, die in alle Ewigkeit den Lauf der Welt bestimmt. Statt einem persönlichen Gott, der nach seinem Ebenbild Gefolgsleute schafft, die Personen wären, haben wir viel zu viele Götter, das heißt den Polytheismus."[230]

Heute erinnert bloß noch wenig an diese Auseinandersetzungen vom Beginn der 80er Jahre. Der Versuch, die „Neue Rechte" französischen Musters zu exportieren, war wohl nur in Italien erfolgreich. Entsprechende Bemühungen in der Bundesrepublik, durch die das „Thule-Seminar" unter Leitung des Franzosen Pierre Krebs ein Pendant des GRECE werden sollte, blieben trotz reger publizistischer Arbeit (u. a. erschienen eine Zeitschrift „Elemente" und zahlreiche Übersetzungen der Hauptwerke de Benoists) ohne Erfolg. Und in Frankreich sank der Einfluß des GRECE nicht nur wegen persönlicher Querelen, sondern auch deshalb, weil die „Metapolitik" ein sehr anspruchsvolles Anliegen ist, das es an Attraktivität mit dem Aktionismus des neu entstandenen „Front National", einer unmittelbar wirksamen politischen Kraft, nicht aufnehmen kann; die religiösen Sympathien Le Pens gehören übrigens den katholischen Integristen, nicht den Neuheiden.

Heidnische Naturreligion: Géza von Neményi

1988 erschien in einem kleinen Verlag im niedersächsischen Bergen/Dumme das Buch „Heidnische Naturreligion". Wie man schon dem Untertitel entnehmen kann, geht es dem Verfasser Géza von Neményi um die Wiederbelebung der „Altüberliefer-te[n] Glaubensvorstellungen, Riten und Bräuche".

Neményi ist als Oberhaupt der „Heidnischen Gemeinschaft" – anders als Sigrid Hunke, Henning Eichberg oder Alain de Benoist – vor allem an Fragen religiöser Praxis interessiert. Dementsprechend fällt die theoretische Grundlegung sparsam aus. Er stellt einleitend die prinzipiellen Unterschiede zwischen „Heidentum" und „Christentum" fest, die nach den üblichen Hinweisen auf die Frauenfeindlichkeit und die Neigung zum Glaubenszwang in der Kirche in der Feststellung gipfeln: „Das Christentum ist eine Religionsform, die jenseitsorientiert und weltverachtend, die Grundtendenz durchblicken läßt, der

Mensch sei Sünder und bedürfe der Erlösung und Reinigung. [...] Im Heidentum dagegen wird der Mensch von den Göttern so akzeptiert, wie er ist, mit all seinen vermeintlichen Fehlern und Schwächen."[231]

Die Mehrzahl der über 450 Seiten des Buches sind dann der Darlegung heidnischer Rituale vorbehalten, angefangen bei Opfer und „Hammerweihe", über verschiedene Formen des Runenorakels, Kulttanz und Kultmusik, die Feste im germanischen Jahreskreis bis hin zur „Wasserweihe" eines Neugeborenen und zur „Totenbestattung". Der dabei zutage tretende Archaismus ist nicht zuletzt eine Folge der Behauptung Neményis, er verfechte kein „Neuheidentum", sondern das ursprüngliche, authentische „orthodoxe Heidentum". Konsequenterweise wurde das Buch auch „dem größten Manne des letzten Jahrtausends" gewidmet, dem Goden Snorri Sturlason, der zusammen mit Sämund Sigfusson dem Weisen „das heilige Buch der Edda" überliefert hat. Und konsequenterweise findet man auch genaue Vorschriften für die Durchführung eines „Gottesurteils" in Neményis Buch: „Neben dem Holmgang [Zweikampf an abgelegenem Ort; K. W.] gab es die Eisenprobe. Bevor sich einer von einer falschen Anschuldigung reinigte, schnitt er sich die Haare ab und fastete. Dann mußte man glühendes Eisen ein Stück Wegs tragen. Die verbrannten Hände wurden verbunden, und nach drei Tagen nachgesehen, ob die Verbrennungen geheilt waren. Waren sie das, so war die Eisenprobe bestanden, umgekehrt aber verloren. Eine andere Form war, daß neun glühende Pflugscharen niedergelegt wurden und darübergegangen werden mußte, mit bloßen Füßen, aber von zwei Leuten geführt. Dann wurden drei Tage später die Füße auf Wunden geprüft."[232]

Das alles kann nicht darüber hinwegtäuschen, daß das Heidentum Neményis ebenso Rekonstruktion ist wie das der übrigen Einzelgänger und Gruppen auch. Er bedient sich dabei der in diesem Lager verbreiteten Umdeutung christlicher Gottesdienstformen oder schöpft aus den Arbeiten der älteren Völkisch-Religiösen und der völkischen Vorgeschichtsforschung: von Otto Sigfrid Reuter bis Wilhelm Teudt.

Das Konzept Neményis ist, verglichen mit dem Niveau der Ansätze von Sigrid Hunke, Henning Eichberg oder Alain de Benoist, als intellektuell schwach zu beurteilen. Demgegenüber hat jetzt ein Björn (eigentlich: Stefan) Ulbrich einen Band vorgelegt, in dem er einerseits den Anspruch erhebt, sich mit den Genannten messen zu können, andererseits bemüht ist, ein Kompendium in Theorie und Praxis zu liefern. 1990 erschien im gerade gegründeten Arun-Verlag sein Buch mit dem Titel „Im Tanz der Elemente. Kult und Ritus der heidnischen Gemeinschaft".

Im wesentlichen lassen sich drei Richtungen des Neopaganismus erkennen, die für Ulbrichs Denken eine wichtige Rolle gespielt haben. Zuerst ist der dominierende Einfluß Nietzsches festzustellen. Die Idee des „Übermenschen", der sich in die Auseinandersetzung begibt, um gegen das Chaos, das die Welt ist, seine Ordnung zu schaffen und seine Werte durchzusetzen. Daneben nimmt Ulbrich aber auch die Verarbeitung entsprechender Gedanken bei Sigrid Hunke und Alain de Benoist auf. Schließlich ist bemerkenswert, daß er als erster im deutschen Raum versucht hat, den „Traditionalismus" des Italieners Julius Evola in umfassendem Sinne für sein Konzept fruchtbar zu machen. Evolas Vorstellungen lag die Idee des „Aufstandes gegen die moderne Welt" zugrunde. Ein „Aufstand" im Namen der „objektiven" Überlieferung, die aus dem „goldenen Zeitalter" stammt, und für die die Begriffe „Polarität", „Männlichkeit", „Hierarchie", „Kriegertum" bestimmend sind. Evola ist heute in Frankreich und Italien für den Bereich der entschieden antichristlichen Esoterik von großer Bedeutung. Doch obwohl einige seiner wichtigsten Bücher (Das Mysterium des Grals. 1978; Aufstand gegen die moderne Welt. 1982; Metaphysik des Sexus. 1983; Die hermetische Tradition. 1989) übersetzt bzw. neu herausgegeben wurden, hat er in der Bundesrepublik bisher nur wenig Resonanz gefunden.

Björn Ulrbrich ist von Beruf Ingenieur für technischen Umweltschutz, und die Vorstellung von der Notwendigkeit, Naturwissenschaft und Religion, Natur und Technik im Sinne einer Synthese zum Ausgleich zu bringen, scheint ein wichtiger Schlüssel für seine Weltanschauung zu sein: „Die Rückbesinnung auf den archaischen Kern wird im Zusammenhang mit der Überwindung des Christentums und der anderen Heilsreligionen nicht auf eine Renaissance des Vater- oder Muttergottes hinauslaufen, sondern auf ein religiöses Wissen, welches sich jenseits der Trennungslinien verwirklicht. Die Zeit verlangt, die Koordinaten des Göttlichen neu zu bestimmen!"[233]

Eine solche neue Bestimmung ist es, die Ulbrich im „Tanz der Elemente"" zur Darstellung bringen will. Dabei unterscheidet sich das, was hier über Priestertum, Sonnenverehrung, „Baumkult" und rituellen Tanz gesagt wird, nicht wesentlich von anderen heidnischen Konzepten. Dasselbe gilt für die Durchführung der „Weihen" oder „Leiten". Überraschend ist allerdings die Ernsthaftigkeit, mit der die geschlechtlich bedingte – also verschiedene – Religiosität von Mann und Frau betrachtet wird. Neben der Berufung auf die Feministinnen Heide Göttner-Abendroth und Ute Schiran und den „Mondkult als weiblichen Einweihungsweg" steht hier der „nordische Männerbund" als Pendant. Das hat dem Verfasser – wie nicht anders zu erwarten – eine ganze Reihe von Verdächtigungen eingetragen.

Obwohl die Arbeit Ulbrichs der erste neuere Entwurf einer heidnischen Theologie im deutschen Sprachraum ist, den man ernst zu nehmen hat, sind auch hier die Schwächen aller dieser Vorstellungsgefüge mit Händen zu greifen. Dabei steht vor allem die Behauptung eines einheitlichen, kohärenten Heidentums im Mittelpunkt. Diese Annahme soll einerseits erlauben, relativ unbekümmert wahlweise auf indianische, germanische, keltische oder „matriarchale" Traditionen zurückzugreifen, um ein möglichst geschlossenes Bild zu liefern, es soll andererseits die Ideen von Friedrich Nietzsche, Johann Jakob Bachofen, Ludwig Klages, Stefan George u. a. zu einem großen Ganzen verbinden. Des weiteren wird man doch feststellen müssen, daß gerade die Intellektualität dieser Konzeption von Heidentum seiner weiteren Verbreitung im Wege stehen wird: Die Ausführungen Ulbrichs sind eben nur für den Gebildeten verständlich.

XIV. Kapitel: *Versuch einer Bestandsaufnahme*

Befund

Die Religion verschwindet nicht. Keine Vorstellung von einer vollständigen Säkularisierung hat sich bewahrheitet, es scheint Bestände zu geben, die die Macht der Ratio kaum angreifen kann. Damit erledigen sich auch die Hoffnungen in ein allmähliches Abklingen der Glaubensstreitigkeiten. Wenn nicht alles täuscht, stehen der Welt in den kommenden Jahren zahlreiche religiöse Auseinandersetzungen bevor. Ob es sich dabei um blutige Kämpfe zwischen Hindus und Muslimen in Indien oder um den Konflikt zwischen dem Westen und den islamischen Staaten handelt, ob es um die Einbrüche in den traditionellen Katholizismus Lateinamerikas infolge der Konjunktur afro-karibischer Kulte geht, oder ob das Phänomen „Fundamentalismus" sich in vielerlei Gestalt verbreitet, immer geht es um religiöse Fragen. Dabei mag das „Neuheidentum" wie ein Nebenkriegsschauplatz erscheinen, aber vielleicht kündigt sich hier doch ein weiter gehender Bruch mit der bisherigen Geschichte des Abendlandes an, als man auf den ersten Blick wahrnehmen will.

Was in den vorangegangenen Kapiteln als „Heidentum" oder „Neuheidentum" bezeichnet wurde, ist nichts weniger als eine einheitliche Größe. Weder sozial noch ideologisch, noch in der politischen Orientierung. Man findet unter den Heiden verkrachte Existenzen und arriviertes Bürgertum, eine Vielzahl von Halb- und Ungebildeten ebenso wie Intellektuelle. Das weltanschauliche Spektrum umfaßt bloße Hirngespinste ebenso wie die Verarbeitung philosophischer Ideen; Berührungen sind möglich, aber nicht zwangsläufig. Die politischen Haltungen reichen vom offenen Neo-Nationalsozialismus bei den „esoterischen Hitleristen" über Sympathien für die radikale oder gemäßigte Rechte im

Solidarität mit dem „kämpfenden Nicaragua“ bei den „Undogmatischen“ und im „Wicca“.

Diese Vielgestaltigkeit ist auch historisch begründet. Das Neuheidentum war in der Geschichte der vergangenen zwei Jahrhunderte immer ein gegenkulturelles Konzept. Seine Wirkungsweise ist eher kryptisch denn offensichtlich. Dementsprechend schwierig bleibt es, die Zahl seiner Anhänger oder deren gesellschaftlichen Einfluß genau zu bestimmen. Bei geschlossenen Gruppen wie den „Goden“ kann man von etwa 400 bis 500 Mitgliedern ausgehen, bei den „Armanen“ sind es sicherlich weniger, ganze 56 zählen die Anhänger des „Kristlichen Glaubenskreises“, verschwindend gering dürfte auch die Zahl der „Gylfiliten“ sein. Völlig unmöglich wäre es, den Umfang der in Wicca-Covens Organisierten anzugeben, obwohl sie vielleicht zahlenmäßig am stärksten sind unter den „Neuheiden“. Angesichts dessen kann einen gewissen Aufschluß die Tatsache vermitteln, daß eine Zeitschrift wie „Pen Tuisko“ mit 1200 bis 1300 Exemplaren erscheint, weiter darf man an der wachsenden Akzeptanz des heidnischen Themas in Büchern mit entsprechenden Titeln und am Erscheinen von entsprechenden Artikeln in esoterischen Publikationen eine Ausbreitung des Gedankengutes erkennen. Trotzdem bleiben Schätzungen gewagt, selbst „Insider“ schwanken mit ihren Angaben zwischen 5000 und 50 000 Personen.

Nun hängt die Rolle einer Gegenkultur nicht von ihrer personellen Stärke ab, sondern davon, ob sie Wirksamkeit entwickelt, die herrschenden kulturellen Konzepte zu ändern vermag. Und aus diesem Grund spricht manches dafür, daß man die neuen Heiden nicht einfach als den unvermeidbaren „Narrensaum“ unserer Gesellschaften betrachten darf.

Alte Muster

Zu Beginn der 60er Jahre veröffentlichte der Ethnologe Wilhelm E. Mühlmann ein Buch, in dem Ergebnisse der vergleichenden Völkerkunde zusammengefaßt waren. Die Beiträge des Bandes beschäftigten sich mit zwei Konstanten, die – wenn auch in veränderter Form – in der Geschichte „primitiver" und „entwickelter" Gesellschaften immer wiederkehren: mit „Nativismus" und „Chiliasmus". Der Begriff „Chiliasmus" wird vom griechischen „chilioi", d. h. „tausend", abgeleitet. Er steht für Bewegungen, die ein „tausendjähriges Reich" (vgl.Offb 20,1–10) erkämpfen wollen. Das „tausendjährige Reich" ist eine außerordentlich weitverbreitete religiöse Utopie, in der sich der Friedenswunsch der Menschheit ausdrücken, aber auch die Idee, die zukünftige Herrschaft einer Elite, einer Nation, eines einzelnen auf Dauer durchzusetzen, so die Geschichte zu beenden. Sie taucht bei den „Naturvölkern" ebenso auf wie im christlichen Abendland. Hier besonders einflußreich durch die theologische Spekulation des Joachim von Fiore (um 1130–1202) um das „Dritte Reich", dann durch die Radikalen unter den tschechischen Hussiten und durch den täuferischen Flügel der Reformation. In säkularisierter Gestalt hat sich chiliastisches Gedankengut auch in den sozialistischen Zukunftsentwürfen des 19. Jahrhunderts erhalten: die Arbeiterpartei, die als Schar der Auserwählten die „Gottlosen", also die Kapitalisten, entmachten wird, um das „Friedensreich" der gerechten Wirtschaftsordnung zu errichten, mit dem schließlich das Ende der historischen Entwicklung – der „Kommunismus", der „Anarchismus" – herbeigeführt wird.

Es liegt auf der Hand, daß in der nationalsozialistischen Ideologie ebenfalls zahlreiche chiliastische Elemente auffindbar sind: das nicht nur wegen der in ihr enthaltenen sozialistischen Vorstellungen, sondern vor allem wegen der häufig gebrauchten Formel vom „tausendjährigen Reich" der Deutschen. Trotzdem bleibt festzuhalten, daß Nationalsozialisten weniger in utopischen denn in mythischen Kategorien dachten, ihr Geschichtsbild eher „nativistisch" denn „chiliastisch" war. „Nativismus" ist vor allem der Wunsch nach „Wiederherstellung des reinen Urzustandes"[234]. Es ist ein Grundmotiv aller archaischen Religionen, daß sie die Geschichte, die Veränderung, zerstören möchten, um die Ursprünglichkeit, das Paradies, das „Goldene Zeitalter" wiederzuerlangen. Die Reaktion auf Krisen besteht in frühen Gesellschaften deshalb oft in einer Art radikalem Konservatismus, der das Gemeinwesen befestigen möchte, indem er auf (vermeintlich) sichere Bestände der Tradition zurückgreift. Die bleibende Stärke dieses Impulses ist schon offensichtlich, wenn man in der Entwicklung des Christentums die zahlreichen Reformbestrebungen vor seinem geistigen Auge passieren läßt, die antraten, um die „Urkirche" wiederherzustellen. Wenn man auch in bezug auf den Nativismus Nachwirkungen beobachtet, müssen fast alle Bewegungen der politischen Rechten, wie sie seit dem Anfang des 19. Jahrhunderts entstanden sind, erfaßt werden. Für sie spielte fast immer die Idee einer verklärten Vergangenheit eine entscheidende Rolle; und je mehr die wissenschaftliche Historiographie die früheren Zeiten erfaßte, desto weiter wich man zurück, bis hin ins sagenhafte Atlantis.

Das schließt enge Berührungen mit dem chiliastischen Moment nicht aus. Wie man umgekehrt auch bei Karl Marx und anderen sozialistischen Theoretikern eine Verbindung beider Motive feststellen kann: im Kommunismus der Zukunft soll sich schließlich der „Urkommunismus" der Anfänge wiederholen, so wie der von einem Völkischen erträumte Staat selbstverständlich dem seiner „rassereinen" Vorfahren gleichen muß.

Natürlich kann es nicht darum gehen, mit dem Hinweis auf die Fortwirkung von Nativismus und Chiliasmus der Geschichte ein weiteres Mal ein „Gesetz" aufzuzwingen, wie das schon häufig vergeblich versucht wurde. Vielmehr ist hier einer Beobachtung nachzugehen, die sich angesichts der gegenwärtigen Veränderungen in der religiösen Situation der Bundesrepublik und der westlichen Welt allgemein, förmlich aufdrängt. Nämlich, daß zum zweiten Mal in diesem Jahrhundert auf einen Utopieverlust eine Kehre folgt, in der nicht mehr Emanzipation und Selbstbestimmung, sondern Einfügung in die kosmische Ganzheit und Berufung auf die Überlieferung zentrale Werte sind. So jedenfalls ließe sich gleichermaßen die Renaissance des Okkultismus wie das Wiederaufleben heidnischer Vorstellungen deuten.

Natur und Identität

Allerdings ist dann noch ein Weiteres zu bemerken. Es bedarf keiner prophetischen Gabe, um angesichts der Veränderungen im mittel- und osteuropäischen Raum vorauszusagen, daß die Frage nach der „Identität“ zukünftig einen bedeutenden Rang in der öffentlichen Diskussion der westlichen Länder einnehmen wird. Die Überflußgesellschaften Europas und Nordamerikas waren sich lange Zeit der Moderne so sicher, daß das Wiederaufbrechen nationaler, rassischer und religiöser Konflikte sie völlig unvorbereitet traf. Wenn man damit durch die „Dritte Welt“ konfrontiert wurde, hielt man solche Erscheinungen für eine Art „Kinderkrankheit“, die mit der weiteren „Entwicklung“ verschwinden müsse und die man durch karitative Maßnahmen in ihren Auswirkungen lindern könne. Infolge der revolutionären Entwicklung im früheren sowjetischen Machtbereich haben die Europäer die Probleme plötzlich vor der Tür, und eben nicht bloß in Gestalt von Asylsuchenden.

Mit einer gewissen Zwangsläufigkeit werden geistige Rückwirkungen in den Ländern des „Wohlstandsgürtels“ eintreten. Man wird sich gezwungen sehen, von jenem optimistischen Universalismus Abschied zu nehmen, der die Vorstellungswelt lange Zeit beherrscht hat. Die Verschiedenartigkeit von Völkern und Kulturen muß zwangsläufig einen ganz neuen Stellenwert bekommen, die Frage nach dem Eigenen und dem Fremden, nach dem Allgemeinen und dem Besonderen der Kulturen, nach der Bedeutung der Geschichte wird wieder ins Bewußtsein treten. In dieser Perspektive können ideologische – und vor allem religiöse – Konzepte einige Aussicht auf Resonanz haben, die jene Zusammenhänge seit jeher mit besonderer Aufmerksamkeit betrachten, und Differenzen auch dort dogmatisieren, wo sie offensichtlich nicht vorhanden sind. Das National-Religiöse ist eine so fundamentale Verbindung, daß sie weder die Christianisierung noch die Säkularisierung zerstören konnte; das hat dieses Jahrhundert zur Genüge bewiesen, und es könnte die Zukunft noch andere – nicht zwangsläufig mörderische – Varianten bereithalten.

Schließlich darf neben der eher politischen Entwicklungsrichtung eine zweite, die ökologische, nicht aus dem Blick geraten. Die mit der Umwelt zusammenhängenden Probleme nehmen schon jetzt einen breiten Raum in den gesellschaftlichen Auseinandersetzungen ein. Durch die wachsende Bedrohung der Natur wird diese Tendenz eher noch zunehmen. Die christliche Theologie ist zwar willens, die ökologische Fragestellung aufzugreifen und in ihr Denken einzubeziehen. Aber ihre Vertreter können nicht umhin, auch die traditionelle Skepsis kirchlicher Lehre gegenüber einem Idealbild von „Natur" und „Natürlichkeit" zum Ausdruck zu bringen. Da möchte es attraktiv erscheinen, einer schlichter strukturierten Anschauung zu folgen, für die die Gleichung von „natürlich" und „gut" kein Problem darstellt. Vielleicht ist die jüngst entbrannte Diskussion um die Rehabilitierung der Euthanasie ein erstes Anzeichen für die entsprechende Tendenz.

Pluralismus und Polytheismus

Schließlich berührt unser Problem noch einen letzten Zusammenhang, den der mittelfristigen Verschiebungen im intellektuellen „Überbau" der westlichen Welt. Es macht sich eine allmähliche Änderung des Zeitgeistes bemerkbar, die nicht nur auf die Entwicklungen im politischen Raum zurückgeführt werden kann, es scheint vielmehr so, als begänne sich eine andere Mentalität durchzusetzen.

Wie erwähnt, ist die Vorstellung eines heidnischen „renouveau" der französischen Intelligenz keineswegs fremd. „Die lange Unterdrückung unserer Kultur durch die bezaubernde Kraft des Judäo-Christentums kann das Heidentum wie eine Provokation erscheinen lassen, aber es ist keine andere als die einer erwachenden Schönen."[235] Jean Baudrillard, der sicher mehr als nur ein Mode-Philosoph ist, hat seiner Klage über die „Banalität" der Moderne immer wieder einen Kontrapunkt gesetzt, indem er die Hoffnung auf eine neue „Theophanie" beschwört, in der sich Religion und „Leben" verbinden werden.

Eine solche Anziehungskraft könnte das Heidnische durchaus auch in Deutschland entwickeln. Schon Ernst Bloch hatte das Verschwinden des antiken Polytheismus bedauert, was darauf hindeutet, daß entsprechende Gedankengänge selbst für die intellektuelle Linke an Attraktivität gewinnen könnten. Ob das allerdings noch von Belang sein wird, bleibe dahingestellt. – Einer der Anhänger des erwähnten Baudrillard in der Bundesrepublik, Gerd Bergfleth, hat bereits 1984 eine „Vernunftkritik" erscheinen lassen, in der er den Aufstand von „Leidenschaft, Enthusiasmus und Sehnsucht"[236] forderte, um die Allmacht der Ratio zu brechen, einen neuen Mythos zu schaffen. Ein anderer, der Gießener Philosoph Odo Marquard, veröffentlichte einen Essay zum „Lob des Polytheismus". Sein Text dient anders als der Bergfleths nicht der Apotheose Nietzsches, eher der wohlwollenden Feststellung, daß das „Ende des Monotheismus" zwangsläufig kommen werde, um das Terrain vorzubereiten für „eine Polymythie, die spezifisch der modernen Welt zugehört [...]"[237].

Die spezifische Zugehörigkeit, von der Marquard spricht, bezieht sich vor allem auf die pluralistische Struktur der westlichen Gesellschaften. Religion und Weltanschauung haben sich hier in einem bis dahin unvorstellbaren Maße privatisiert und individualisiert. Das hatte einerseits ein überraschendes Abnehmen atheistischer „Bekenntnisse" zur Folge, andererseits öffnet sich die Schere zwischen persönlicher Religiosität und der Überlieferung christlichen Glaubensgutes; nach einer neueren Umfrage behaupten zwar mehr als 60% der Bundesbürger, daß sie an Gott glauben, aber nur knapp 30% betrachten sich im Vollsinne als Christen. In dem Maße, in dem in einer liberalen Gesellschaft die Sanktionen für abweichende Vorstellungen verschwinden, fällt auch die Zurückhaltung, diese zu äußern, dann zu propagieren.

In unserer Welt, in der die konkurrierenden Sinnangebote und Zukunftsentwürfe nur durch den Pragmatismus und eine gewisse Sattheit zusammengehalten werden, existiert ein faktischer Polytheismus, dem keineswegs ein vertieftes Verständnis philosophischer oder religiöser Fragen entsprechen muß. Was es darüber hinaus an durchdachtem Heidentum gibt, ist immer von dem Bestreben gekennzeichnet, jenen „Spalt" zu schließen, der sich zwischen dem Menschen und seiner Existenz auftut. Heidentum will die personale Ganzheit, nicht wie die Christen als geschenkte Gnade, sondern als selbsterworbene.

Das hat seine Faszination, aber auch seine unübersteigbare Grenze. Der Schriftsteller Hartmut Lange schreibt von dem Gefühl der Freiheit und des Glücks, das ihm einmal die Erinnerung an die Götter der Griechen und Römer vermittelte, doch er schließt dann: "Heute hat meine Stimmung gewechselt.

Die unbedingte Freude und Freiheit, die kindliche Unbekümmertheit der griechischen Mythologie spart die existentielle Not unseres Lebens aus: die Frage nach dem Sinn und nach der Vergänglichkeit."[238]

Wahrscheinlich wird der Paganismus zukünftig in einer Weise gesellschaftsfähig werden, wie es zuvor schon die New-Age-Bewegung geworden war. Manche Anzeichen sprechen dafür, daß er an die Stelle dieser älteren Strömung treten wird. Wohl kaum in Gestalt der völkisch-religiösen Ideologien – gar der Ariosophie – oder durch die Ideen einer Sigrid Hunke, wohl kaum durch einen Siegeszug der „Nouvelle Droite", aber denkbar als Konsequenz des Einsickerns einer Mischung grüner, alternativer, okkulter und neuheidnischer Vorstellungen.

Solchen geistigen Entwicklungen mit Diffamierung und Verfolgung zu begegnen ist nicht nur unwürdig, es dürfte auch wirkungslos sein. Die Kirchen müssen sich sagen, daß hier eben die Freiräume besetzt wurden, die sie haben entstehen lassen. Christliche Lehre hatte ihre Bedeutung gewonnen, „weil sie – was keiner aussprach und keiner wußte, aber jeder wahrhaft Fromme in sich zum Ausdruck brachte –, auf ihren Kern gesehen, etwas Einfaches war, was sich mit den verschiedensten Koeffizienten verbinden konnte, ja sie alle aufsuchte: Gott als der Vater, der Richter und Erlöser, durch und an Christus kund geworden."[239] Das Bewußtsein dieser Existenzbedingung ist dem Christentum heute weitgehend abhanden gekommen.

Anmerkungen

[1] Roman Schweidlenka: Freyas Linden. In: Esotera. H. 7. Juli 1990. S. 12.

[2] Zit. nach Heimo Schwilk: Eine Andacht für den Antichrist. In: Rheinischer Merkur – Christ und Welt. Nr. 35. 31–08–1990.

Vgl. Boris Groys: Ein neues Heidentum. Die „russische nationale Wiedergeburt" – Ein Blick auf jüngste Diskussionen. In: Frankfurter Allgemeine Zeitung. Nr. 118. 22–05–1987.

[4] Robert Kehl: Gottfried Keller, ein Pionier natürlicher Religion. In: Freie Religion. H. 4. April 1990. S. 75–78. Hier S. 78. Zu Anm. 2.

[5] Salcia Landmann: Die Juden als Rasse. Wiesbaden – München 1987 (2. Auflage). S. 116f.

[6] Theophil Spoerri: Die Götter des Abendlandes. Eine Auseinandersetzung mit dem Heidentum in der Kultur unserer Zeit. Berlin o. J. (ca. 1946). S. 10.

[7] Friedrich Gogarten: Verhängnis und Hoffnung der Neuzeit. Die Säkularisierung als theologisches Problem. Stuttgart 1953. S. 15.

[8] Carl Schneider: Geistesgeschichte der christlichen Antike. Tb-Ausgabe. München 1978. S. 600.

[9] Mircea Eliade: Geschichte der religiösen Ideen. Bd. 3/1: Von Mohammed bis zum Beginn der Neuzeit. Freiburg/Breisgau 1985 (2. Auflage). S. 107.

[10] Helge Ljungberg: Die nordische Religion und das Christentum. Gütersloh 1940. S. 324.

[11] Giovanni Cherubini: Der Bauer. In: Jacques Le Goff (Hrsg.): Der Mensch des Mittelalters. Frankfurt/Main – New York 1989. S. 130–155. Hier S. 153.

[12] Carlo Ginzburg: Hexensabbat. Entzifferung einer nächtlichen Geschichte. Berlin 1990. S. 271.

[13] Nach isländischer Überlieferung hat Eirik Blutaxt 80 „Seidmänner" verbrennen lassen, die schwarzmagische Praktiken betrieben. Vgl. Hermann Schneider: Glauben. In: ders. (Hrsg.): Germanische Altertumskunde. München 1951 (2. Auflage). S. 222–305. Hier S. 292f.

[14] Jacob Burckhardt: Die Kultur der Renaissance in Italien (1860). Stuttgart 1973 (10. Auflage). S. 523.

[15] Vgl. zu dem ganzen Zusammenhang Gerd-Klaus Kaltenbrunner: Vorwort des Herausgebers. In: ders. (Hrsg.): Antichristliche Konservative. Religionskritik von rechts. Herderbücherei Initiative. Bd. 49. Freiburg/Breisgau 1982. S. 7–66. Besonders S. 33–43.

[16] Vgl. hierzu und zum folgenden Hubert Cancik: Der Nietzsche-Kult in Weimar. Ein Beitrag zur Religionsgeschichte der wilhelminischen Ära. In: Nietzsche-Studien. Bd. 16/1987. S. 405–429. Bes. S. 414–420.

[17] Friedrich Gottlieb Klopstock: Hermann aus Walhalla. In: ders.: Sämmtliche Werke. Dritter Band. Leipzig 1854. S. 346–349. Hier S. 346.

[18] Zit. nach Heinz Gollwitzer: Zum politischen Germanismus des 19. Jahrhunderts. In: Festschrift für Hermann Heimpel zum 70. Geburtstag. Göttingen 1971. S. 282–356. Hier S. 306. Eigene Übersetzung.

19 Johann Gottfried HERDER: Ideen zur Philosophie der Geschichte der Menschheit (1784/1791). Werke in zehn Bänden. Hrsg. von Martin Bollacher. Bd. 6. Stuttgart 1989. S. 793f.
20 Wilhelm REYNITZSCH: Uiber Truhten und Truhtensteine, Skalden, Barden und Bardenlieder, Feste, Schmäuse etc. und Gerichte der Teutschen. Nebst Urkunden. Gotha 1802. S. 4f.
21 Ebd. S. 17.
22 Ebd. S. 24.
23 Ebd. S. 30f.
24 Friedrich Ludwig JAHN: Deutsches Volkstum. Frankfurt/Main 1810. S. 83.
25 Vgl. Ernst Moritz ARNDT: Ein Wort über die Feier der Leipziger Schlacht. 1814. Arndts Werke. Hrsg. von August Leffson und Wilhelm Steffens. 11. Teil: Kleine Schriften. Leipzig o. J. S. 133–141. Hier S. 141.
26 Zit. nach Otto SPRINGER: Die Nordische Renaissance in Skandinavien. Tübinger germanistische Arbeiten. Bd. 22. Stuttgart 1936. S. 88.
27 „Es liegt ein lieblich Land / Im Schatten breiter Buchten / Am salzgen Ostseestrand. / An Hügelwellen träumt's, im Tal, / Alt-Dänemark, so heißt es, / und ist der Freja Saal. / Dort saß in alter Zeit / Die Kämpen-Schar geharnischt / Und ruhte aus vom Streit. / Dann schlug sie auf die Feinde ein – / Nun hütet ihre Knochen / Des Hügels Bautastein." Zit. nach Elisabeth FEHRENBACH: Über die Bedeutung der politischen Symbole im Nationalstaat. In: Historische Zeitschrift. 213/1971. S. 296–357. Hier S. 317.
28 Zit. nach Michel RAOULT: Les druides. Les sociétés initiatiques celtiques contemporaines. Monaco 1983. S. 84.
29 Thomas NIPPERDEY: Deutsche Geschichte 1800–1866. Bürgerwelt und starker Staat. München 1983. S. 450.
30 Beide Zitate nach Henning EICHBERG: Kommen die alten Götter wieder? Germanisches Heidentum im 18./20. Jahrhundert – Zur Genese alternativer Mythen. In: Hans-Peter Duerr (Hrsg.): Unter dem Pflaster liegt der Strand. Bd. 13. Berlin 1984. S. 7–53. Hier S. 24f.
31 Heinrich HEINE: Zur Geschichte der Religion und Philosophie in Deutschland (1834). Gesammelte Werke – Historisch-kritische Ausgabe. Bd. 8/1. Hamburg 1979. S. 118.
32 Alle Zitate nach Manfred GEBHARDT (Hrsg.): Ein Hauch von Maienblüte. Postkarten der deutschen Arbeiterbewegung zum 1. Mai. Berlin (Ost) 1989. S. 115.
33 Zit. nach Paul PIECHOWSKI: Proletarischere Glaube. Die religiöse Gedankenwelt der organisierten deutschen Arbeiterschaft nach sozialistischen und kommunistischen Selbstzeugnissen. Berlin 1927 (6. Auflage). S. 123.
34 Zit. nach EICHBERG: Götter. Hier S. 12.
35 Die Passage stammt aus dem Aufsatz eines Alphons Poller, der 1920 in den „Deutschösterreichischen Stimmen" erschien, er kann aber sicher als grundsätzlich charakteristisch für die Geistesverfassung der Völkischen auch des Kaiserreiches verstanden werden; zit. nach Bernhard KOERNER: Handbuch der Heroldskunst. Wissenschaftliche Beiträge zur Deutung der Hausmarken, Steinmetzzeichen und Wappen. Bd. IV. Görlitz 1930– 1933. S. 281f.
36 Willi BUCH: 50 Jahre antisemitische Bewegung. Beiträge zu ihrer Geschichte. München 1937. S. 20.
37 Paul de LAGARDE: Die Religion der Zukunft (1878). In: Deutsche Schriften. München 1924. S. 251–286. Hier S. 270.

[38] Hans von WOLZOGEN: Die Religion des Mitleidens und die Ungleichheit der menschlichen Racen. Separatabdruck aus den „Bayreuther Blättern". Bayreuth 1882. S. 153.

[39] Friedrich NAUMANN: Asia. Berlin-Schöneberg 1899. S. 110f.

[40] Arthur BONUS: Zur Germanisierung des Christentums. Erster Band: Zur religiösen Krisis. Jena 1911. S. 2. 12f.

[41] Ludwig KLAGES: Mensch und Erde. In: Freideutsche Jugend. Zur Jahrhundertfeier auf dem Hohen Meißner 1913. Jena 1913. S. 89–107. Hier S. 103.

[42] Zit. nach Modris EKSTEIN: Tanz über Gräben. Die Geburt der Moderne und der Erste Weltkrieg. Reinbek bei Hamburg 1990. S. 26.

[43] Vgl. Nicholas GOODRICK-CLARKE: The occult roots of Nazism. The Ariosophists of Austria and Germany 1890–1935. Wellingborough 1985. S. 17. Die Arbeit kann als die beste wissenschaftliche Untersuchung zu diesem Thema gelten.

[44] Bundesarchiv NS 26/852 Ms. „A. Die Einführung in den Untergrad". Blatt 3 (ohne Paginierung).

[45] Vgl. die „Festordnung" des schon völkisch-religiös gerichtetenn „Jungdeutschen Bundes" (er ging später im „Germanen-Orden" auf!) in Stuttgart von 1903. Institut für Zeitgeschichte/München Fa 88/Fasz. 166/2261/58.

[46] Ernst WACHLER: Über die Zukunft des deutschen Glaubens. Ein philosophischer Versuch. Sonderdruck aus der „Deutschen Zeitschrift". Berlin 1901. S. 13.

[47] Die Aussagen über den Tod Wachlers sind widersprüchlich, es gibt auch Behauptungen, er sei 1945 durch Tschechen, die Theresienstadt als KZ für die Deutschen weiterführten, erschlagen worden. Vgl. Armin MOHLER: Die Konservative Revolution in Deutschland 1918–1932. Ergänzungsband. Darmstadt 1989. S. 13f.

[48] Vgl. Heinz BARTSCH: Die Wirklichkeitsmacht der Allgemeinen Deutschen Glaubensbewegung der Gegenwart. Diss. phil. Breslau 1938. S. 15.

[49] Norbert SEIBERTZ: Lebensfragmente. Handschrift für Freunde und Verwandte. Maschinenschriftliches Manuskript, ungedruckt. Geislingen 1948. Originalexemplar im Besitz des Verfassers.

[50] Otto Sigfrid REUTER: Sigfrid oder Christus?! Leipzig 1910 (2. Auflage). S. 64.

[51] Bekenntnis der Germanischen Glaubens-Gemeinschaft. 2. Artikel. Hier zit. nach GERMANISCHE GLAUBENS-GEMEINSCHAFT (Hrsg.): Das Deutsche Buch. Berlin – Steglitz 1921 (2. Auflage). S. 22.

[52] Ludwig FAHRENKROG: Selbsterlösung. Jungdeutsche Religion. H. 2. Leipzig o. J. S. 15f.

[53] Walter FLEX: Der Wanderer zwischen beiden Welten (1917). Gedächtnisausgabe zum 20. Todestage. München 1937. S. 18.

[54] Vgl. Paul SCHÜTZ: Warum ich noch ein Christ bin. Berlin 1937. S. 17.

[55] Robert HEPP: Politische Theologie und theologische Politik. Studien zur Säkularisierung des Protestantismus im Weltkrieg und in der Weimarer Republik. Diss. phil. Erlangen – Nürnberg 1967. S. 32. Die – leider ungedruckt gebliebene – Arbeit dürfte die beste Darstellung des in diesem Abschnitt Behandelten sein.-

[56] Thomas MANN: Betrachtungen eines Unpolitischen (1918). Gesammelte Werke in Einzelbänden. Frankfurt/Main 1983. S. 45.

[57] Ulrich LINSE: Barfüßige Propheten. Erlöser der zwanziger Jahre. Berlin 1983. S. 22.

[58] Hildulf R. FLURSCHÜTZ: Neugeburt nordischen Naturglaubens. Schriftenreihe der Nordungen. Bd. 2. Berlin 1928. S. 15.

59 Max Schulze-Sölde: Bericht über die religiöse Woche in Hildburghausen. In: Der Dom. Folge 1/1930. S. 1–9. Hier S. 1.

60 Friedrich Hielscher: Das Reich. Berlin 1931. S. 376.

61 Erhard Schlund OFM.: Neugermanisches Heidentum im heutigen Deutschland. München 1924 (2. Auflage). S. 8f.

62 Carl Gustav Jung: Wotan (1936). In: Gesammelte Werke. Bd. 10. Olten und Freiburg/Breisgau 1984. S. 203–218. Hier S. 216f. 209.

63 Vgl. Ulrich Hunger: Die Runenkunde im Dritten Reich. Ein Beitrag zur Wissenschafts- und Ideologiegeschichte des Nationalsozialismus. Europäische Hochschulschriften. Bd. 227. Frankfurt/Main 1984. S. 354.

64 Zit. nach: Junge Kirche. Mitteilungsblatt der Jungreformatorischen Bewegung. Nr. 7/10–08–1933. S. 88.

65 Jakob Wilhelm Hauer: Wodanskult? In: Deutscher Glaube. H. 3/1934. S. 114–116. Hier S. 114.

66 Vgl. Jakob Wilhelm Hauer: Deutsche Gottschau. Grundzüge eines deutschen Glaubens. Stuttgart 1934 (4. Auflage). S. 251f.: „Keiner kann vor ihn [=Christus] treten, sofern er nicht durch Voreingenommenheit den Blick sich trüben läßt, ohne von Ehrfurcht ergriffen zu werden vor dieser menschlichen Größe, vor der unerhörten Liebesmacht und der Bereitschaft, sich für seine Aufgabe dranzugeben."

67 Zit. nach NN: Rücktritt Professor Hauers. In: Berliner Tageblatt. 09–04–1936.

68 Hans Buchheim: Glaubenskrise im Dritten Reich. Drei Kapitel nationalsozialistischer Religionspolitik. Stuttgart 1953. S. 198.

69 Alle Angaben nach Hansgeorg Schroth: Die Presse der Völkisch-Religiösen. In: Wort und Tat. H. 3/1935. S. 84–87.

70 Vgl. Kurt Dietrich Schmidt: Die Bekehrung der Germanen zum Christentum. 2. Lieferung. Göttingen 1936. S. 88–144.

71 Vgl. Friedrich Murawski: Das Gott. Umriß einer Weltanschauung aus germanischer Wurzel. Berlin 1941.

72 Der Ursprung dieser Verschwörungstheorie ist offensichtlich in dem Versuch des Gründers der „Thule-Gesellschaft", Rudolf von Sebottendorff (eigentlich: Rudolf Glauer), zu finden, sich 1933 den neuen Machthabern anzudienen; jedenfalls wird man sein Buch „Bevor Hitler kam. Urkundliches aus der Frühzeit der Nationalsozialistischen Bewegung" (München 1933) entsprechend interpretieren müssen. Seine Angaben über die Mitgliedschaft zahlreicher hoher NS-Funktionäre in der „Thule" fand besonders Aufnahme bei Dietrich Bronder: Bevor Hitler kam. Genf 1975 (2. Auflage), und wurde dann immer wieder kolportiert. Etwa bei Friedrich- Wilhelm HAACK: Wotans Wiederkehr. Blut-, Boden- und Rasse-Religion. München 1981. S. 7. Zur Kritik vgl. Goodrick-Clarke: Ariosophists.

73 Ms. „Kultische Höhepunkte im Leben eines konfessionell nicht gebundenen SS-Angehörigen". Bundesarchiv NS 17 LSSAH 120.

74 Vgl. John M. Steiner: Über das Glaubensbekenntnis der SS. In: Joachim Hütter u. a. (Hrsg.): Tradition und Neubeginn. Internationale Forschungen zur deutschen Geschichte im 20. Jahrhundert. Bonn 1975. S. 317– 335. Hier S. 335.

75 Vgl. die verschiedenen Äußerungen bei Henry Picker: Hitlers Tischgespräche im Führerhauptquartier. Wiesbaden 1983. S. 44f. 85. 101.

76 Die These wurde zuerst von Wilfried Daim: Der Mann, der Hitler die Ideen gab. Von den religiösen Verirrungen eines Sektierers zum Rassenwahn des Diktators.

München 1958 (2. Auflage: Wien 1985), aufgestellt. Auch bei HAACK: Wotan. S. 85. Zur Klarstellung vgl. Ekkehard HIERONIMUS: Lanz von Liebenfels: „Lebensspuren". In: Albrecht Götz von Olenhusen (Hrsg.): Wege und Abwege. Festschrift für Ellic Howe zum 20. September 1990. Freiburg/Breisgau 1990. S. 157–172.

77 Vgl. Ralph TEGTMEIER: Aleister Crowley. Die tausend Masken des Meisters. München 1989. S. 97f.

78 Zit. nach: HJ-Führerdienst (Gebiet Niedersachsen). H. 5/Juni 1937. S. 14.

79 Ernst KRIECK: Heil und Kraft. Ein Buch germanischer Weltweisheit. Leipzig 1943. S. 44.

80 André MALRAUX: Antimemoiren. Frankfurt/Main 1968. S. 50.

81 Vgl. für den ganzen Zusammenhang neuerdings Rainer LÄCHELE: Religionsfreiheit und Vergangenheitsbewältigung. Die Deutschen Christen und die Besatzungsmächte nach 1945. In: Evangelische Theologie. 51/1991. S. 131–154.

82 Jakob Wilhelm HAUER: Der bleierne Vorhang. An die Arbeitsgemeinschaft für freie Religionsforschung und Philosophie. Tübingen 1952. Ms. ungedruckt. S. 15. Vgl. die Einschätzung von Wolfgang SEIBERT: Deutsche Unitarier Religionsgemeinschaft. Entwicklung, Praxis und Organisation. Stuttgart 1989. Bes. S. 23–31.

83 Die Angaben stammen aus einem Flugblatt der „Artgemeinschaft" vom Beginn der 50er Jahre.

84 Vgl. Wilhelm KUSSEROW: Geleitgeister. Lebensbericht 1901–1981. Eigenverlag: o. J. (Berlin 1982). S. 122f.

85 Informationen über diese marginalen Gruppen bei HAACK: Wotan. Bes. S. 107–118. 157–176. Außerdem ders.: Blut-Mythus und Rasse-Religion. Neugermanische und deutsch-völkische Religiosität. Münchener Reihe. München 1983.

86 Vgl. die Berichterstattung NN: Ein Kranz für Hermann den Cherusker. Pannordisches Treffen im Teutoburger Wald. In: Die Welt. 30–07–1959.

87 Dietrich BONHOEFFER: Widerstand und Ergebung. Briefe und Aufzeichnungen aus der Haft. Hrsg. von Eberhard Bethge. München 1977. S. 356f.

88 Gerhard ADLER: Die Jesus-Bewegung. Aufbruch der enttäuschten Jugend. Düsseldorf 1975. S. 75.

89 Vgl. Sergius GOLOWIN: Das Zeitlose in der Industriegesellschaft. Von neuen Jugendbewegungen 1966–1974. In: Jugend in der Gesellschaft. Ein Symposion. München 1975. S. 179–201. Hier S. 179.

90 John Coleman: Die neuen religiösen Bewegungen. In: Concilium. H. 1. 19/1983. S. 1–4. Hier S. 1.

91 Marilyn FERGUSON: Die sanfte Verschwörung. Persönliche und gesellschaftliche Transformation im Zeitalter des Wassermannes (1980). Tb-Ausgabe. München 1988. S. 33.

92 Fritjof CAPRA: Wendezeit. Bausteine für ein neues Weltbild (1983). Tb-Ausgabe. München 1988. S. 257.

93 Vgl. Karl LEDERGERBER und Peter BIERI: Was geht New Age die Christen an? Brücken zum gegenseitigen Verständnis. Freiburg/Breisgau 1988. S. 18f.

94 Zit. nach Annette MEYHÖFER: Im großen Netzwerk. In: Frankfurter Allgemeine Zeitung. Nr. 244/21–10–1987.

95 Christiane THURN und Herbert RÖTTGEN: Wir sind konservativ geworden und revolutionär geblieben. o. O. o. J. (München 1981). o. S. (Blatt 2).

96 Nicola SCHULZ und Karl Heinz ALBERS: Nicht nur Bäume haben Wurzeln. Eine Streitschrift für einen Rückschritt zum Fortschritt. München 1982. S. 213.

[97] Eberhard KNÖDLER-BUNTE: Statt eines Editorials: Wie sich mir nach der Diskussion in der Arbeitsgruppe das Problem „Linker Konservatismus" stellt. In: Ästhetik und Kommunikation. Nr. 36 (Juni 1979). S. 4–12. Hier S. 5.
[98] Wolfgang POHRT: Ein Volk, ein Reich, ein Frieden. In: Die Zeit. Nr. 45/30–10–1981.
[99] Mircea ELIADE: Die Sehnsucht nach dem Ursprung. Von den Quellen der Humanität. Wien 1973. S. 88. Vgl. Ekkehard HIERONIMUS: Der Traum von den Urkulturen. Vorgeschichte als Sinngebung der Gegenwart. Carl Friedrich von Siemens Stiftung. Themen XXII. München 1975.
[100] Zit. nach NN: Excalibur. In: cinema. Sonderband Nr. 5: Helden und Mythen. Die Welt des Fantasy-Films. o. J. (1981). S. 4–15. Hier S. 15.
[101] Hans-Christoph BLUMENBERG: Kleine Fluchten. In: Die Zeit. Nr. 15/08–04–1983.
[102] Holger SCHLEIP: Einleitung – oder: Auf dem Weg zu einer artgrenzenüberschreitenden Ethik. In: ders.: Zurück zur Natur-Religion? Wege zur Ehrfurcht vor allem Leben. Freiburg/Breisgau 1986. S. 9–16. Hier S. 15.
[103] Zit. nach Theodore ROSZAK: Mensch und Erde auf dem Weg zur Einheit (1978). Tb-Ausgabe. Reinbek bei Hamburg 1986. S. 55.
[104] Formulierung Thoreaus, zit. nach Werner MÜLLER: Geliebte Erde. Naturfrömmigkeit und Naturhaß im indianischen und europäischen Nordamerika. Bonn 1985 (5. Auflage). S. 61.
[105] Gegen die Behauptung, daß Steuben der Vereinnahmung Vorschub geleistet habe, und zur Rolle seiner Bücher in der Jugendopposition vgl. Paulus BUSCHER: Das Stigma. „Edelweiß-Pirat". Koblenz 1988. S. 146–148. S. 388. Anm. 1 zu Kap. 78.
[106] Zit. nach Charlene SPRETNAK: Die Grünen. Nicht links, nicht rechts, sondern vorne (1984). München 1985. S. 334.
[107] Vgl. Hans-Joachim SCHEPKER: ... dann werdet ihr feststellen, daß man Geld nicht essen kann. Indianer in der Subkultur – ein Kindheitstraum kehrt zurück: In: Hans-Peter Duerr (Hrsg.): Unter dem Pflaster liegt der Strand. Bd. 13 (1984). S. 111–137. Bes. S. 124–129.
[108] Vine DELORIA: Nur Stämme werden überleben. Indianische Vorschläge für eine Radikalkur des wildgewordenen Westens (1970). München 1987. S. 124. Der amerikanische Originaltitel des Buches lautet „We talk – You listen".
[109] Ebd. S. 20f.
[110] Roman SCHWEIDLENKA „: Indianische Impulse für die Revitalisierung der Erdreligion. In: Unicorn. H. VIII (1984). S. 7–10. Hier S. 7.
[111] Erklärung Nr. 12 des Traditional Circle of Indian Elders and Youth vom 14. Juni 1989. Zit. nach der deutschen Fassung. In: Für die Erde, für das Leben. Nr. 5/1990. S. 8.
[112] SUN BEAR und WABUN: Indianische Astrologie der Erde. 20. April – 20. Mai. Biber. Geboren unter dem Mond der Wiederkehrenden Frösche. Teilabdruck aus: Das Medizinrad (1980). München 1986. S. 11f.
[113] NN: Der Weg des Kriegers. In: Mescalito. Nr. 21 (1990). S. 3–9. Hier S. 6. Es wurde die Interpunktion des Originaltextes beibehalten. Überhaupt scheint es so, als seien viele „Eingeweihte" niemals in die Regeln von Zeichensetzung und Rechtschreibung eingeweiht worden.
[114] Der außenpolitische Sprecher des elder circle, Milo Yellowhair, in einem Interview. In: Esotera. H. 4/1990. S. 92f. Hier S. 92.
[115] Leserbrief einer Evelyne. In: Mescalito. Nr. 19/20 (1989). S. 106f. Hier S. 106.

[116] Die materialreichste Studie zu diesen und zum Teil auch zu folgenden Zusammenhängen ist ohne Zweifel der Band von Eduard GUGENBERGER und Roman SCHWEIDLENKA: Mutter Erde, Magie und Politik. Zwischen Faschismus und neuer Gesellschaft. Wien 1987 (2. Auflage). Bes. S. 272–276. Allerdings leidet das Buch auch unter seiner Stärke – daß es aus der Feder von „Insidern" stammt: die Gewichtung und die Strukturierung sind nicht immer ganz nachvollziehbar.

[117] Zit. nach Gisbert BÖLLING: Craig. Reisenotizen eines eingeborenen Führers. In: Der Grüne Zweig. Nr. 22 (1974). S. 23–27. Hier S. 24.

[118] Zit. nach George TREVELYAN: Unternehmen Erlösung. Hoffnung für die Menschheit. Freiburg/Breisgau 1983. S. 203.

[119] Elmar R. GRUBER: Zentren der Zeitenwende. In: Gert Geisler (Hrsg.): New Age – Zeugnisse der Zeitenwende. Freiburg/Breisgau 1984. S. 139–151. Hier S. 145.

[120] Heide GÖTTNER-ABENDROTH: Das Matriarchat. Bd. I: Geschichte seiner Erforschung. Stuttgart 1988. S. 33.

[121] Zit. nach der von Hans G. KIPPENBERG besorgten Auswahl: Johann Jakob Bachofen – Mutterrecht und Urreligion. Stuttgart 1984 (6. Auflage). S. 256.

[122] Ebd. S. 77.

[123] Ebd. S. 88.

[124] Ebd. S. 35; diese Formulierung verwendete Bachofen schon in der „Gräbersymbolik".

[125] August Bebel: Die Frau und der Sozialismus (1895). Stuttgart – Berlin 1922 (50. Auflage). S. 32f.

[126] „In unserem arischen Stamme, mit Ausnahme der Verfallsepochen, stand die Mutter immer hoch, und dann war ihr Einfluss [sic] segensvoll. Alles das ist jetzt fast vergessen und jetzt mit der Frauenemanzipation, mit der Zivilehe, mit der Ehescheidung führen wir diese Frage zur Lösung auf semitisch-chamitische Art und Weise." Michael von ZMIGRODZKI: Die Mutter bei den Völkern des arischen Stammes. Eine anthropologisch-historische Skizze. München 1886. S. 345.

[127] So im Anhang der Neuausgabe von Ludwig KLAGES: Vom kosmogonischen Eros (1921). Bonn 1988 (9. Auflage). S. 226.

[128] Franziska zu REVENTLOW: Herrn Dames Aufzeichnungen (1912). In: Von Paul zu Pedro – Herrn Dames Aufzeichnungen. Zwei Romane. Tb-Ausgabe. Frankfurt/Main – Berlin 1987. S. 194.

[129] Die Quintessenz dieser Kritik an Bachofen findet sich heute etwa bei dem marxistischen Rechtshistoriker Uwe WESEL: Der Mythos vom Matriarchat. Über Bachofens Mutterrecht und die Stellung von Frauen in frühen Gesellschaften. Frankfurt/Main 1988 (5. Auflage). S. 64: „Johann Jakob Bachofen ist nicht der Entdecker des Matriarchats. Das hat es nicht gegeben. Es gab Matriarchatsmythen. Die hat er entdeckt. Ihre Entdeckung ist seine Leistung."

[130] Sibylle MULOT-DERI: Über Sir Galahad. Im Nachwort zur Neuausgabe von Sir Galahad (d. i. Berta Eckstein-Diener): Mütter und Amazonen. Liebe und Macht im Frauenreich (1932). Frankfurt/Main – Berlin 1987. S. 324.

[131] Die Darstellung folgt Jutta FLATTERS: „Probier den alten weißen Mann aus meinem Kopf zu treiben ... jetzt, wo meine Augen aufgehen ..." Feministische Theologie in den USA. In: Christine Schaumberger und Monika Maaßen (Hrsg.): Handbuch Feministische Theologie. Münster 1988 (2. Auflage). S. 37–50.

[132] Mary DALY: GynÖkologie. Eine Meta-Ethik des radikalen Feminismus. München 1981. S. 104.

[133] Rosemary Radford RUETHER: Frauenbefreiung und Wiederversöhnung mit der

Erde. In: Elisabeth Moltmann-Wendel (Hrsg.): Frauenbefreiung. Biblische und theologische Argumente. 2. veränderte Auflage von „Menschenrechte für die Frau". München 1978. S. 192–202. Hier S. 195f.

134 Elga SORGE: Religion und Frau. Weibliche Spiritualität im Christentum. Stuttgart 1987 (2. Auflage). S. 37.

135 Heide GÖTTNER-ABENDROTH: Die Göttin und ihr Heros. Die matriarchalen Religionen in Mythos, Märchen und Dichtung (1980). München 1984 (6. Auflage). S. 16.

136 Martina MEYER: Glaubensbekenntnis. In: Schlangenbrut. Nr. 25/1989. S. 54.

137 Arkuna. Frauenforschungs- und Bildungszentrum. Programm 90/91. S. 2.

138 Ute SCHIRAN: Diesseits und jenseits des Zaunes. Spirituelle Frauenbewegung. In: Esotera. H. 7/1990. S. 88–93. Hier S. 91.

139 Hans Peter DUERR: Traumzeit. Über die Grenze zwischen Wildnis und Zivilisation (1978). Tb-Ausgabe. Frankfurt/Main 1985. S. 15.

140 Flugschrift des Göttinger Frauen/Lesben-Zentrums zur Walpurgisnacht-Demonstration am 30. April 1990.

141 STARHAWK: Der Hexenkult als Ur-Religion der Großen Göttin. Magische Übungen, Rituale und Anrufungen (1979). Freiburg/Breisgau 1988 (4. Auflage). S. 274.

142 Jörg WICHMANN: Wicca – ein magischer Naturkult. In: Unicorn. H. VIII (1984). S. 29–34. Hier S. 31.

143 Berthold RÖTH: Mescalito Talks: Zur Verwirrung innerhalb der Hexen-Traditionen. In: Abrahadabra. H. 8/1990. S. 45–47. Hier S. 45.

144 Zit. nach Jörg WICHMANN: Wicca. Die magische Kunst der Hexen. Geschichte, Mythen, Rituale. Berlin 1984. Anhang. o. S.

145 Herbstritual vom Blutmond-Coven. In: Hexenmond. H. 6/Sommer 1990. S. 48f. Hier S. 48.

146 Gisela GRAICHEN: Die neuen Hexen. Gespräche mit Hexen. Tb-Ausgabe. München 1989. S. 206f.

147 GARANHIR: Gehen lernen ohne Coven. Der Werdegang einer Einzelhexe. In: Anubis. Nr. 14/Sommer 1990. S. 6–11. Hier S. 10f.

148 Informationsbrief des „Nebelwald-Covens" von Michael FRANTZ. Ungedrucktes Manuskript. Berlin 1990. o. S. Blatt 2.

149 Vgl. EA (d. i. Julius Evola): Betrachtungenn über die Magie und ihre Kräfte. In: Julius Evola und Gruppe von Ur: Magie als Wissenschaft vom Ich. Praktische Grundlegung der Initiation. Interlaken 1985. S. 258– 266. Hier S. 264: „Viele sind in einer geradezu kindlichen Auffassung von magischer Aktion steckengeblieben: als ob es sich um etwas handelte, was ganz ohne Kausalzusammenhang einfach eintritt; mehr oder weniger, wie es für die Zauberstäbe in den Märchen typisch ist, die von selbst und ganz automatisch diesen oder jenen Effekt hervorbringen. Natürlich ist der Horizont nicht viel weitergesteckt, wenn man sich statt auf Zauberstäbe auf mysteriöse Formeln oder geheime Zeichen stützen will, die über eine derartige Macht verfügen sollen. [...] Der wahre magische Akt hingegen ist vom Standpunkt der inneren Erfahrung genau das Gegenteil eines Wunders im vorstehenden Sinne, das heißt eines unverständlichen und Verwunderung erregenden Phänomens. Denn er entsteht aus einem Zustand absoluter Klarheit-Erkenntnis und ist von der Erfahrung einer unmittelbaren, realen Ursache-Wirkungskette sowie der Kraft, die direkt in Wirkung mündet, nicht zu trennen."

150 GÖTTNER-ABENDROTH. Göttin. S. 136.

[151] Vorankündigung für ein Seminar von Gertrud FÜGERT: Runen – Übungen als Zugang zu kosmischen Kräften. In: Programm 8/90–1/91 Frauenbildungsstätte Edertal Anraff e. V. S. 19.
[152] Interview mit einer kalifornischen Hexe: Szusanna Budapest. In: Lichtnetz Frankfurt. Nr. 27/Juli-August 1990. S. 4–6. Hier S. 4.a
[153] Marion Zimmer BRADLEY: Die Nebel von Avalon (1982). Tb-Ausgabe. Frankfurt/Main 1990. S. 1118.
[154] Edouard SCHURE: Die großen Eingeweihten. Geheimlehren der Religionen (1889). München-Planegg 1955. S. 30.
[155] Vgl. GUGENBERGER/SCHWEIDLENKA. Mutter Erde. S. 62f.
[156] Otto RAHN: Kreuzzug gegen den Gral. Die Geschichte der Albigenser. Freiburg/Breisgau 1933. S. 107.
[157] Jean MARKALE: Die Druiden. Gesellschaft und Götter der Kelten. Tb-Ausgabe. München 1990. S. 33.
[158] Leon POLIAKOV: Der arische Mythos. Zu den Quellen von Rassismus und Nationalismus. Wien – München – Zürich 1971. S. 54.
[159] Henri LIZERAY: Le Druidisme restauré. Bases de L'Eglise Druidique et Nationale. Paris 1885. S. 5. 7. Eigene Übersetzung. Zur Geschichte der Eglise Druidique vgl. Pierre de la CRAU: Brè histoire du druidisme et de l' E. D. G. In: Le Druidisme. No. 15/Juillet 1990. S. 3–6. Bes. S. 5.
[160] Louis DOLL: Christianisme et/ou Paganisme? In: Diaspad. No. 5 (1984). S. 6f. Hier S. 7. Eigene Übersetzung.
[161] Vgl. NN: Run Meno 82. In: armor. No. 145/Février 1982. S. 44f.
[162] THE DRUID ORDER (Hrsg.): The Druid Order and Stonehenge. o. O. o. J. o. S. Blatt 1. Eigene Übersetzung.
[163] So die Schilderung des Typus bei Carmen WAGNER: Glastonbursy – Englands lebendige Legende. In: Willi Dommer (Hrsg.): Wie die alten Götter weiterleben. Freiburg/Breisgau 1990. S. 139–144. Hier S. 141.
[164] Brief eines Sid Rawles an die „Times" vom 28. Juni 1978. Zit. nach John MICHELL: Stonehenge, seine Druiden, seine Wächter, seine Festivals und seine Zukunft. In: Werner Pieper (Hrsg.): Starke Plätze. Orte, die zum Herzen sprechen. Der Grüne Zweig. Bd. 110. Löhrbach o. J. S. 19–45. Hier S. 22f.
[165] Dianus-Trikont-Verlag: Gesamtverzeichnis Frühjahr 1984. München o. J. (1984). o. S. Blatt 15.
[166] Peter BRÜGGE: „Kehrt wieder, Kelten, wir brauchen euch". In: Der Spiegel. Nr. 38/1984. S. 242f. 246f. Hier S. 243. 246.
[167] Zit. nach GUGENBERGER/SCHWEIDLENKA. Mutter. S. 277.
[168] Vgl. George TREVELYAN: Eine Vision des Wassermann-Zeitalters (1977). Freiburg/Breisgau 1981 (2. Auflage). S. 141. 148. 161f.
[169] Manfred EHMER: Die Brahmanen Europas? In: Dommer, Götter, (s. Anm. 11). S. 23–35.
[170] Caitlin und John MATTHEWS: Der westliche Weg. Ein praktischer Führer in die alten Geheimlehren. Bd. 1. Reinbek bei Hamburg 1987. S. 99. 19.
[171] Aljoscha SCHWARZ und Ronald SCHWEPPE: Die Kraft des Druiden. In: Esotera. H. 3/März 1990. S. 24–29. Hier S. 26f.
[172] Jay VEST: Ehrfurcht vor der Natur oder Wie die Kelten sie sahen. In: Sphinx. Nr. 24/März-April 1984. S. 16–19. Hier S. 18f.
[173] Vgl. Walter LÜBECK: Triskel. Das Zentrum für keltischen Schamanismus. In: Kontakt-Alternative. H. 1/Februar 1990. S. 5.

[174] „Ich habe keinen Weg, ich habe einen Standpunkt". Interview mit dem Druiden Raborne von Perry Frank Gwydion. In: Mescalito. Nr. 19/20 (1989). S. 48–68. Hier S. 63.

[175] Odfrid JUNGKLAASS: Die religiöse Frage und der Deutschen Zukunft. In: Widar. 74/1983 (1974 nach Teutoburg). NF 22. S. 7.

[176] Gunther DUDA: Was ist und will die Ludendorff-Bewegung? Pähl o. J. S. 14.

[177] Helmut BRÜCKMANN: Spontan – nicht nach Plan! In: Mensch und Maß. 30/1990. S. 726–734. Hier S. 727. 734.

[178] Hans KOPP: Der geschichtliche Weg zur vollendeten Gotteserkenntnis. Ein Gang durch drei Jahrtausende. Pähl 1979. S. 184.

[179] Günther GABKE: Geleitwort. In: K. O. Schmidt: Baldurs Wiederkehr. Die Weisheit des Nordens. Goden-Schriftenreihe. Bd. 1. Schussenried o. J. S. 4.

[180] Imke THOMAS: – Ex oriente lux –, eine Fehlorientierung. In: Nordische Zeitung. H. 1. 58/1990. S. 1–6. Hier S. 6.

[181] Formulierung in einem Brief von Sigrun Freifrau von Schlichting an das bayerische Kultusministerium und den Rektor der Hauptschule Waldram vom 17. Juli 1989; abgedruckt In: Irminsul. H. 5. 21/1989. o. S.

[182] Frau HEDWIG: Wiedergeburt und Garma in armanischer Sicht. In: Irminsul. H. 5. 17/1985. o. S.

[183] Adolf und Sigrun SCHLEIPFER: Leitbild und Aufbau des Armanen-Ordens. Als Manuskript gedruckt. o. O. o. J. (2. Auflage). o. S. Blatt 4.

[184] Matthias WENGER: Ostara – Die Rückkehr der Göttin: Eindrücke und Erlebnisse auf einem Thing. In: Der Hain. H. 7/September 1990. S. 27–34. Hier S. 29. 31.

[185] Sigrun Freifrau von SCHLICHTING: Der wiedergefundene Gral, das große Mysterium der weißen Völker. In: Huginn und Muninn. Nr. 7/Gilbhart 1990. S. 2–6. Hier S. 6.

[186] Vgl. den Bericht von Sigrun von SCHLICHTING: Island-Reise Sommersonnenwende '88. In: Mescalito Nr. 19/20 (1988). S. 36–40. Hier S. 38.

[187] Vgl. dazu das ausführliche Interview bei GRAICHEN: Hexen. S. 283–297 und den Artikel: Weg nach Walhall. In: Der Spiegel. Nr. 22/29–05–1989. S. 179f.

[188] Wilhelm HANDKE: Godenprüfungsrichtlinien. Germanische Reihe. H. 38. o. O. (Berlin). o. J. (1988). o. S. Blatt 2.

[189] Vgl. NN: Die Tempelburg von Groß-Raden. In: Der Runenstein. Ernting 1990. o. S. Blatt 4.

[190] Vgl. die Berichterstattung: Mythos der Edda. In: Der Spiegel. Nr. 2/07–01–1985. S. 71. 74.

[191] Roman SCHWEIDLENKA: Führermythos und Führerkult. In: Unicorn. H. XII (1985). S. 26–30. Hier S. 27.

[192] Hermann KURZKE: Mafia-Kultur und Yogi Hitler. In: Frankfurter Allgemeine Zeitung. Nr. 242/18–10–1986.

[193] Zit. nach HAACK: Wotan. S. 199.

[194] Vgl. Ernesto MILA: Nazisme et Esotérisme. Puiseaux 1990. S. 125. Dort auch alle anderen Informationen über Savitri Devi. [S. 67.

[195] Miguel SERRANO: Das Goldene Band. Esoterischer Hitlerismus. Wetter 1987.

[196] Ebd. S. 29.

[197] Ein besonders gutes Beispiel hierfür ist die dreibändige, wohl im Vorläufer des Verlages Richard Schepmann („Hugin-Gesellschaft") erschienene „Darstellung" „Geheime Wunderwaffen" von D. H. Haarmann (Wetter 1983–1985).

198 Karl-Josef KUSCHEL (Hrsg.): Weil wir uns auf dieser Erde nicht ganz zu Hause fühlen. 12 Schriftsteller über Religion und Literatur. München 1987 (4. Auflage). S. 151f.

199 Margret BURRI: Germanische Mythologie zwischen Verdrängung und Verfälschung. Zürich 1982. S. 50.

200 Klaus BEMMANN: Der Glaube der Ahnen. Die Religion der Deutschen bevor sie Christen wurden. Essen 1990. S. 10.

201 Stephen MCNALLER: An Assembly for the Folk. In: The Runestone. Spring 1985. S. 4–6. Bes. S. 4.

202 NN: Shamanism. In: Shaman's Drum. No. 1. o. J. o. S.

203 Jay KINNEY: North by Northwest. Introducing the Northern Mysteries. In: Gnosis Magazine. No. 9/1988. S. 7.

204 Vgl. zu dem ganzen Zusamenhang Henning EICHBERG: Trommel, Labyrinth und Draußensitzen. Frühgeschichtliches in der alternativen Volkskultur Dänemarks. In: Jürgen Kühnel u. a. (Hrsg.): Mittelalter-Rezeption III. Gesammelte Vorträge des 3. Salzburger Symposions „Mittelalter, Massenmedien, Neue Mythen". Göppinger Arbeiten zur Germanistik. Göppingen 1988. S. 105–133. Hier S. 116f.

205 Victor K. WENDT: Das Geheimnis der Hyperboreer. Legende, Mythos oder Wirklichkeit. Basel 1984. S. 9.

206 Der Arbeit von Spanuth soll der wissenschaftliche Wert damit ausdrücklich nicht abgesprochen werden.

207 David LUCZYN: Orte der Kraft und des Lichtes. In: Atlantis. Nr. 3/November 1990. S. 6–9. Hier S. 7.

208 NN: Der Krieg gegen Heilige Plätze. Teil 2: New Age Arena Externsteine. In: Mescalito. Nr. 19/20 (1989). S. 28f. Hier S. 28.

209 Nigel PENNICK: Das Runenorakel. München 1990. S. 20f.

210 Thomas K.: Runen-Weihe. Ladung von Amuletten und Talismanen durch Runenkraft. In: Anubis. Nr. 12/Juli 1989. S. 30f. Hier S. 30.

211 Hans BIEDERMANN: Die Realität der alten Götter. In: Unicorn. H. I (1982). S. 11–14. Hier S. 14.

212 Michael FRANTZ: Vollmondfest und Feuerlauf. Der internationale Hexensabbat bei Höxter. In: Aha (bisher Abrahadabra). H. 11/1990. S. 30–33. Hier S. 31.

213 Andreas LENTZ: Herman Wirth – Eine kritische Würdigung unter besonderer Berücksichtigung der menschlichen Würde. Als Ms. gedruckt. Frauenberg 1981. S. 12.

214 Werner PIEPER: Edel-Stein oder Grober Klotz? Die Externsteine im Teutoburger Wald. In: ders. (Hrsg.): Starke Plätze. S. 46–76. Hier S. 60.

215 Der Wanderer (Pseud.): Heidnischer Zauber – Tun was natürlich ist. In: Unicorn. H. IV (1983). S. 33–36. Hier S. 36.

216 Wilhelm SCHWANER: Gottsuchen der Völker. Aus heiligen Schriften aller Zeiten. Berlin 1908. S. 9.

217 Hermann MANDEL: Nordisch-Deutsches Seelentum im Gegensatz zum Morgenländischen. Stuttgart 1934. Hier S. III. 82.

218 Sigrid HUNKE: Europas wahre Religion (1972). In: Europas eigene Religion. Sonderheft 1988. S. 6–38. Hier S. 9.

219 Sigrid HUNKE: Das nach-kommunistische Manifest. Der dialektische Unitarismus als Alternative. Stuttgart-Degerloch 1974. S. 145.

220 Sigrid HUNKE: Der dialektische Unitarismus. In: Von Wegen ins 3. Jahrtausend. Jahrbuch I der Philosophinnen. o. O. 1983. S. 10–20. Hier S. 20.

[221] Sigrid HUNKE: Europas andere Religion. Die Überwindung der religiösen Krise. Düsseldorf – Wien 1969. S. 13.

[222] Henning EICHBERG: Nationale Identität. München 1978. S. 7.

[223] Henning EICHBERG: Ethnopluralismus. Eine Kritik des naiven Ethnozentrismus. In: Junges Forum. H. 5/1973. S. 3–12. Hier S. 5.

[224] Henning EICHBERG: Wer sind wir eigentlich? Zur Kultursoziologie als Identitätswissenschaft. In: Wir selbst. H. 2/1990. S. 20–29. Hier S. 27.

[225] Henning EICHBERG: Balkanisierung für jedermann? – Nation, Identität und Entfremdung in der Industriegesellschaft. In: Befreiung. H. 19/20 (ca. 1981). S. 46–69.

[226] Henning EICHBERG: Abkoppelung. Nachdenken über die neue deutsche Frage. Koblenz 1987. S. 203.

[227] Alain de Benoist in dem Buch „L'Europe païenne"; zit. nach Pierre Vial: Apollon reviendra. In: Eléments. No.34/avril-mai 1980. S. 37–40. Hier S. 40. Eigene Übersetzung.

[228] Alain de BENOIST: Heide sein zu einem neuen Anfang. Die eureopäische Glaubensalternative. Tübingen 1982. S. 293. 303. Der Band ist die deutsche Übersetzung des Buches „Comment peut-on être païen?"

[229] Alain de BENOIST: Mythe. In: Krisis. No. 6/octobre 1990. S. 2–31. Hier S. 24. Eigene Übersetzung.

[230] Bernard-Henri LEVY: Das Testament Gottes. Der Mensche im Kampf gegen Gewalt und Ideologie. Wien – München – Zürich – Innsbruck 1980. S. 108.

[231] Géza von NEMENYI: Heidnische Naturreligion. Altüberlieferte Glaubensvorstellungen, Riten und Bräuche. Bergen/Dumme 1988. S. 25.

[232] Ebd. S. 412.

[233] Björn ULBRICH: Im Tanz der Elemente. Kult und Ritus der heidnischen Gemeinschaft. Vilsbiburg 1990. S. 11.

[234] Wilhelm E. MÜHLMANN: Chiliasmus und Nativismus. Studien zur Psychologie, Soziologie und Kasuistik der Umsturzbewegungen. Studien zur Soziologie der Revolution. Bd. 1. Berlin 1961. S. 291.

[235] Jacques MARLAUD: Le Renouveau Païen dans la pensée française. Paris 1986. S. 257.

[236] Gerd BERGFLETH: Zehn Thesen zur Vernunftkritik. In: ders. u. a.: Zur Kritik der palavernden Aufklärung. Debatte. Bd. 1. München 1984. S. 7–13. Hier S. 12.

[237] Odo MARQUARD: Lob des Polytheismus (1978). In: ders.: Abschied vom Prinzipiellen. Stuttgart 1981. S. 91–116. Hier S. 107. 106.

[238] Hartmut LANGE: Deutsche Empfindungen. Tagebuch eines Melancholikers. Berlin 1983. S. 33f.

[239] Adolf HARNACK: Mission und Ausbreitung des Christentums in den ersten drei Jahrhunderten. Bd. 1. Leipzig 1906 (2. Auflage). S. 421.